인문정신의 회복과 한국학의 길 찾기

계명대학교 한국학연구 총서 22

인문정신의 회복과 한국학의 길 찾기

이윤갑 외

계명대학교출판부

책을 펴내며

인문학은 삶의 의미와 가능성을 높이려는 인류의 오랜 고뇌와 노력의 결실이다. 사람은 언제나 타 존재들과 관계를 맺으며 살아간다. 사람이 추구하는 자유와 행복, 평화 등의 삶의 가치는 이 관계 속에서만 성취될 수 있다. 사람의 순리적인 관계 맺기를 고민하는 과정에서 태동하고 발전한 삶의 학문이 인문학이다.

하지만 오늘 우리 사회의 현실을 보면 눈앞의 실리와 실용에만 집착해 인문학을 경시하는 풍조가 만연해 있다. 심지어 학문의 전당인 대학에서조차 경영논리를 앞세워 이른바 비인기 인문학과를 폐과시키는 만행을 서슴없이 자행하고 있다. 이렇게 된 데에는 세계화가 확대되면서 생존 경쟁이 더욱 치열해진 탓도 있고, 동시에 이러한 환경 변화와 인문학이 적절하게 대처하지 못한 탓도 있다.

그러나 역사를 돌이켜 보면 이러한 사태는 매우 심각한 문제를 내포하고 있다. 인문정신이 약화되거나 실종된 사회에서는 예외 없이 극심한 분열과 반목이, 생명과 평화의 가치를 짓밟는 야만적인 대립이 격화되었다. 사람은 더 이상 희망이

되지 못하였으며, 야만적 경쟁에서 성공한 자일수록 더 큰 사회적, 생태적 재앙을 만들어 냈다. 인문학의 위기는 결국 공동체적인 생존의 위기를, 나아가 우리 삶의 근본적 토대를 허무는 생태적 위기를 초래할 수밖에 없다. 우리가 인문학 경시 풍조를 우려하지 않을 수 없는 이유는 여기에 있다.

이러한 사태를 우려할 때 지금 우리에게 시급한 것은 현재의 인문학에 대한 자기성찰이다. 현재의 인문학이 얼마만큼 삶의 의미를 탐구하는 인문성에서, 삶의 현장에 뿌리를 내리는 현장성에서, 삶을 종합적으로 이해하는 총체성에서 그 학문성을 확립하고 있는가? 등골을 오싹하게 만드는 이 질문들을 우리는 자신에게 던지면서 스스로의 인문학을 냉철하게 점검해야 한다. 지금 이 자리에서 생명력을 지니는 성성한 인문학은 그러한 성찰 위에서만 비로소 새롭게 정립될 수 있을 것이다.

이 책은 이러한 문제의식에서 기획된 2007년도 계명대학교 한국학연구원 학술대회 「인문정신의 회복과 한국학의 길 찾기」

에서 발표된 논문들을 한 권으로 묶었다. 김중순, 정재걸 교수의 논문은 학술대회에서는 발표되지 않았으나 당초 기획 의도를 살리기 위해 별도로 청탁하여 이 책에 실리게 되었다.

이 책과 학술대회 기획에 노고를 아끼지 않으신 한국학연구원의 연구부장 홍승표 교수, 홍원식 교수, 번거로운 편집업무를 맡아주신 편집위원장 이영찬 교수와 정혜숙 박사에게 감사드린다. 모쪼록 이 책이 한국사회에서 인문학을 되살리는데 일조할 수 있기를 기대한다.

2008년 6월 10일

한국학연구원장 이 윤 갑

차 례

책을 펴내며 5

제1부 : 한국학과 인문 정신의 회복 13

현대 학문 위기와 새로운 학문관 홍승표 15

1. 현대 학문의 성취와 위기에 대해서 15
2. 현대 학문 위기의 근원은 무엇인가 20
3. 동양사상에 바탕 한 새로운 학문관을 찾아서 26

학문의 통섭(統攝)과 21세기 한국학의 전망 최재천 36

1. 통섭(統攝)－지식의 대통합 38
2. 전통 한국학에서 통섭 가능성의 모색 44
3. 학문 간의 눈 녹이기와 통섭교육의 필요성 48

한국학 연구 패러다임을 둘러싼 논의 박찬승 57
—내재적 발전론을 중심으로—

1. 전환점에 선 한국학 연구 57
2. 1960년대 이후 한국학계의 내재적 발전론 58
3. 근대화론자의 내재적 발전론 비판 69
4. 탈근대론자들의 내재적 발전론 비판 80
5. 내재적 발전론의 진로 85

문화교육을 통한 동아시아 한국학의 방법과 전략 김중순 103

1. 여는 글 103
2. 동아시아 한국학의 현재 108
3. 대중적 한국문화론의 현주소 113
4. 동아시아 한국학의 내용과 실제 119
5. 동아시아 한국학의 지식생산 방법 124
6. 나가는 글 131

제 2 부 : 한국학의 통섭을 위한 길 찾기 139

인문학의 위기와 한국 철학의 새로운 길 찾기 홍원식 141

1. 문제제기 141
2. 인문학의 분화와 한국 철학 연구 143
3. 인문학의 객관성과 한국 철학 연구 150
4. 맺는 말 155

한국 역사학의 새로운 길 찾기 이윤갑 159
—민족주의 역사학의 전망—

1. 급변하는 시대, 흔들리는 역사학 159
2. 민족주의 역사학에 대한 비판과 논쟁 167
3. 진전을 위한 단서들과 역사학의 길 찾기 185

한국 미학: '무의식의 미'에서 한국인의 미의식으로 강영희 203

1. 야나기 무네요시의 한국미론과 일본 국학의 사상 203
2. 일본판 오리엔탈리즘과 '무의식의 미' 214
3. 한국미의 현상적 범주들에 대한 본질적 재해석 221
4. 상(象)의 미의식과 음양오행사상 228

유교사회학의 정립과 한국학의 길 찾기 이영찬 242

1. 사회학과 인문학의 거리 242
2. 서구 사회학의 위기와 인간주의 이념 244
3. 유교적 앎과 인문정신 247
4. 유교사회학과 한국학 251
5. 한국학의 길 찾기와 유교사회학의 길 256
6. 맺는 말 270

한국교육학의 새로운 길 찾기 정재걸 274

1. 완제품으로 수입된 교육학 274
2. 근대 교육학의 제 문제 284
3. 새로운 교육학 297
4. 맺는 말 318

제1부

한국학과 인문 정신의 회복

현대 학문 위기와 새로운 학문관

홍 승 표(계명대학교 사회학)

1. 현대 학문의 성취와 위기에 대해서

과학으로 대표되는 현대 학문은 근대 초에 출현했다. 그 동안 현대 학문은 엄청난 발전을 거듭했고, 인류의 행복 증진에 크게 기여했다. 하지만 오늘날에 이르러, 현대 학문은 현 시대의 문제를 해명하고 새로운 시대를 열어가야 하는 학문에 주어진 본연의 과제를 이행하는데 있어서 무력함을 드러내고 있으며, 소외된 학문으로 전락했다.

1) 현대 학문의 등장과 성취

과학은 현대 학문을 대표하는 학문 형태이다. 과학은 중세 학문을 대표하는 신학을 대신하는 새로운 학문으로 출현했다. 중세 학문이 '신에 대한 앎'을 추구했던 반면에, 현대 학문은 '자연과 인간, 그리고 사회에 대한 앎'을 추구한다. 현대 학문의 세계관적 기초는 무엇인가? 근대적 세계관이다. 근대적 세계관은 '모든 존재들 간의 근원적인 분리'를 전제한다. 현대 학문은 연구자와 연구 대상 간의 근원적인 분리를 전제로 해서, 연구 대상에 대한 실험 · 관찰 · 비교 등의 방법을 사용하여, 대상에 대한 체계적인 앎을 구축하고자 한다.

과학은 중세 말 · 근대 초 사회가 직면하고 있었던 중대한 문제를 해결하는데 크게 기여했다. 당시 사회에서, 인간은 기아 · 빈곤 · 전염병 · 영양실조 · 자연재해 등 자연의 힘 앞에 무력한 존재였다. 뿐만 아니라 중세 말 사회의 부자유와 불평등을 포함한 비합리적인 사회제도와 사회적 관행에 대한 문제의식도 생겨났다. 신학은 신에 대한 앎을 추구했고, 이것으로는 당시 사회가 직면하고 있었던 사회문제를 해결할 수 없었으며, 새로운 시대를 열어가는 선도적인 역할을 감당할 수는 더군다나 없었다. 바로 이런 시대의 요구를 충족시키기 위해서 과학이라는 신학문이 출현했다. 과학은 자연을 극복하고, 자연의 힘으로부터 인간을 해방시키는 데 큰 역할을 했다.

과학은 당시 사회문제를 해결하는데 유능했을 뿐만 아니라 '욕망 충족적인 사회 건설'을 목표로 하는 새로운 시대를 열어가는 데 있어서 선도적인 역할을 수행했다. 과학이라는 새로운 학문 발전에 힘입어, 수많은 기술혁신이 이루어졌고, 새로운 기술은 삶과 사회를 엄청나게 변모시켰다.

근대 자연과학의 발전이 본격적으로 시작된 것은 물리학 분야에서였다. 뉴턴(Issac Newton : 1642-1727)의 역학이론은 그 대표적인 경우이다. 보일(Robert Boyle : 1627-1691)은 근대 화학의 문을 열었다. 19세기에 이르면, 기계학, 토목공학, 동력공학, 응용역학을 비롯한 공학이 발전하고,

근대농학도 발전한다. 공기화학과 전기학, 패러데이(M. Faraday : 1791-1867)의 전자기학, 열역학, 유기화학, 생물학 등도 이 시기에 큰 발전을 이룩했다[1].

20세기가 되면, 과학은 제도화된다. 대학은 과학적인 연구의 중심 기관이 되며, 과학 연구를 위해 수많은 연구소가 설립된다. 이런 제도적인 기반 위에서, 물리학, 분자생물학, 생화학, 전자공학, 유전공학, 우주과학, 환경과학을 비롯해서 과학은 비약적인 발전을 이룬다. 물리학에서는 아인슈타인(Albert Einstein : 1879-1955)이 상대성이론을 발표하고, 하이젠베르크(Werner Heisenberg : 1901-1976)와 슈뢰딩거(Erwin Schrödinger : 1887-1961) 등은 양자역학을 발전시켰다. 이는 그 때까지 과학계를 지배하던 기계적 자연관의 붕괴를 뜻하는 것이기도 했다.[2]

기술 영역에서도, 현대사회는 엄청난 성취를 이루었다. 18세기에 직조기계를 비롯한 다양한 기계가 발명되었고, 19세기에는 증기기관의 발명, 철도의 발달, 전기의 발견, 19세기말 수력발전, 제강기술의 발달 등을 이루었으며, 20세기에 접어들면서 전화와 자동차가 발명되고, 자동제어 장치, 비행기, 라디오, TV, 우주선, 컴퓨터, 휴대전화, 산업용 로봇 등 과학적 연구에 힘입어 엄청난 기술혁신이 일어났고, 이런 변화는 지금도 계속되고 있다.

사회과학의 발전 역시 눈부신 것이었다. 경제학이나 경영학 등은 자본주의 체제의 유지와 발전에 기여했고, 정치학은 현대 민주주의의 발전에 기여했다. 교육학은 현대 대중 교육의 발전에 기여했으며, 사회학은 현대

---

1) 석동호 편. 1984. 『과학기술사』. 중음문화. 144-157쪽.

2) 같은책. 227-253쪽.

사회의 사회구조와 변동에 대한 포괄적인 지식을 제공했다. 행정학, 법학, 신문방송학, 광고홍보학 등 다양한 형태의 사회과학이 발전했고, 현대사회의 형성과 발전에 나름의 기여를 했다.

과학의 혁명적인 발전의 결과로 현대인의 삶은 놀라울 정도로 안락하고 편리해졌다. 자연재해로부터도 크게 안전해졌으며, 오랜 세월 인류를 괴롭히던 전염병은 거의 퇴치되었다. 생산은 비약적으로 증대되고, 소비수준도 엄청나게 높아졌다. 또한 사회의 합리화 과정에도 과학의 기여는 컸다. 현 인류는 과학이 주는 혜택이 없이는 이제 생존조차 힘든 상태에 이르렀다.

2) 현대 학문의 위기

이렇듯, 과학은 엄청난 성공을 거두었다. 하지만 20세기에 경험한 2차례의 세계대전을 전후해서, 인류가 과학과 과학자에 부여했던 커다란 신뢰는 상당히 철회되었다. 과학은 대량살상무기를 생산하는데 이용되면서, 과학에 대한 회의가 싹트게 되었다. 과학과 기술 발전의 필연적인 부산물로 환경오염과 생태계 붕괴가 심화되면서 과학에 대한 의심은 심화되었고, 최근 유전공학의 비약적인 발전은 과학 발전이 가져올 예기치 않은 결과에 대한 우려를 증폭시켰다. 오늘날 아무도 과학이 계속해서 발전하리라는 것을 의심하는 사람은 없지만 과학의 계속적인 발전이 미래를 유토피아 사회로 만들어 주리라고 생각하는 사람도 거의 없다. 과학 발전이 계속된 미래사회에 대한 일반인들의 음울한 예상은 미래공상영화의 어두운 색조에도 그대로 반영되어 있다.

오늘날 과학의 처지는 중세 말 신학의 처지와 흡사하다. 중세 말 신학은 무력하고 소외된 학문이었다. 하지만, 중세 말 사회에서 신학이 어느 정도의 지배력을 갖고 있었는가 하는 점에서 보면, 신학은 단연히 그 시대의 지배력인 학문이었다. 현대 말이라고 할 지금 과학은 무력하고 소외된 학문이 되었다. 하지만, 현재 사회에서 과학이 어느 정도의 지배력을 갖고 있는가 하는 점에서 보면, 과학의 지배력은 절대적이다. 현대 학문의 세계에서 '비과학적이다'라는 말은 '비학문적이다'라는 말과 거의 동의어로 사용되며, 특정 학문에 대한 최대의 모욕으로 인식된다.

그래서 너도 나도 자신이 하는 학문이 '과학'임을 표방하고자 한다. 이런 경향은 자연학의 영역에만 국한되는 것이 아니다. 사회를 연구하는 학문도 모두 자신의 학문을 과학이라 명명하고, '사회과학'이라는 말은 '사회를 연구하는 학문'이라는 말과 거의 동일한 의미로 사용된다. 심지어는 인문학조차도 스스로 '인문과학'이라는 용어를 쓰면서, 과학의 범주에 자신이 편입되기를 간절히 바라고 있다. 특정 학문에 대해 '비과학적'이라는 규정은 현대 학문세계에서 거의 파문을 뜻하게 된 것이다.

학문세계에서 과학의 위세가 이렇게 높아졌음에도 불구하고, 오늘날 과학의 처지는 옹색하기 짝이 없다. 중세 말 신학이 자신의 시대 속에서 학문의 소임을 다하지 못하는 무력하고 소외된 학문으로 전락했던 것과 마찬가지로, 현대 말 과학은 현 시대 속에서 학문의 소임을 다하지 못하는 무력하고 소외된 학문으로 전락해 버렸다. 현대사회에서 '과학은 바로 학문'을 뜻하게 되었기에, 과학이 겪는 이런 위기 상황은 곧바로 현대 학문의 위기를 뜻한다.

중세 말 신학이 빈곤, 자연재해, 전염병, 기아, 부자유, 불평등 등의 문제에 무력했던 것과 마찬가지로, 현대 말 과학은 환경파괴, 집단 간의 적대와 갈등, 인간 소외 등의 문제에 무력하다. 중세 말의 신학이 '욕망 충족적인 사회 건설'이라는 새로운 시대를 선도하는 학문이 될 수 없었듯이, 현대 말 과학은 '평화롭고 사랑이 넘치는 사회 건설'이라는 새로운 시대를 선도하는 학문이 될 수 없다.

이렇듯, 중세 말 신학이 위기에 직면했듯이, 현대 말 과학도 위기에 직면하고 있다. 중세 말 신학이 과학이라는 신학문에 학문의 왕좌를 물려주었듯이, 현대 말 과학도 새로운 신학문에 학문의 왕좌를 물려주어야 한다. 근대의 건설자들이 과학이라는 신학문의 탄생을 위해서 엄청난 노력을 기울였듯이, 탈근대의 건설자들이어야 할 현 인류는 새로운 신학문의 탄생을 위해 엄청난 노력을 기울여야 한다.

이 글은 비로 이런 시대적인 요청에 의해서 이루어진 신학문에 대한 암중모색이다. 근대 초에 근대의 건설자들이 고대 그리스와 로마 사상에서 신학문 건설을 위한 기초를 찾아내었듯이, 본 연구는 고대 동양사상에서 신학문 건설을 위한 기초를 찾고자 한다.

2. 현대 학문 위기의 근원은 무엇인가

현대 학문은 심각한 위기에 직면해 있다. 위기의 진상은 현대 학문이 이 시대가 겪고 있는 문제를 해명하고 해결하는데 무력하며, 새로운 시대를 선도하는 역할을 수행하지 못한다는 것이다. 현대 학문 위기의 근원은 무엇인가? 세계관의 위기이다.

아래 <표 1>에서 볼 수 있듯이, 세계관에 따라서 학문의 정체성은 달라진다. 학문의 궁극적인 목적은 '앎의 형성을 통해서 인간다운 삶과 살기 좋은 사회 건설에 기여하는 것'이다. 그런데 '인간다운 삶과 살기 좋은 사회'의 의미는 세계관에 따라서 달라진다. '인간다운 삶과 살기 좋은 세상'의 의미가 변화하면, 이에 기여할 수 있는 앎의 목적, 앎의 내용, 앎을 얻는 방법 등도 달라진다. 예를 들어 설명하자면, 중세적 세계관이 지배하던 중세사회에서 가장 중요한 앎은 '신에 대한 앎'이었으며, 학문이란 바로 '신에 대한 앎'을 추구하는 것이었다. 그러므로 세계관이 바뀌면 학문의 정체성도 바뀌게 된다. 현대 학문이란 근대적 세계관에 바탕하고 있는 특수한 형태의 학문이다.

〈표 1〉 세계관과 학문의 형태

	이상적인 삶과 사회		학문의 형태	학문의 특정화된 목적
	인간다운 삶	살기 좋은 세상		
중세적 세계관	신앙심이 깊은 삶	신앙심이 깊은 사회	신학	신에 대한 지식의 축적을 통해서 신앙심이 깊은 삶과 사회 건설에 기여
근대적 세계관	욕망 충족적인 삶	욕망 충족적인 사회	과학	과학적인 지식의 축적을 통해서 욕망 충족적인 삶과 사회 건설에 기여

세계관에 따라서 학문의 정체성이 바뀐다면, 세계관의 위기가 오면 학문은 어떻게 될까? 세계관의 위기가 오면, 위기를 겪고 있는 세계관에 바탕 하고 있는 특정 학문도 위기를 겪게 된다. 세계관이란 세계를 바라보는 관점이며, 세계관의 위기란 세계를 바라보는 관점의 위기이다. 세계관의 위기는 특정 세계관이 그 시대 상황에 적합한 인식 틀을 제공하지

못할 때 발생한다. 현재의 문명과 중세 말・근대 초의 문명은 모두 세계관의 위기를 겪는 사회의 대표적인 사례이다.

먼저 중세 말・근대 초에 겪은 세계관의 위기를 설명해 보자. 중세적 세계관에 따르면, '신의 뜻에 충실한 삶', '신앙심이 깊은 인간'을 이상적인 삶과 인간의 모습으로 생각했고, 이상적인 사회 역시 '신앙심이 깊은 사회'를 의미했다. 이런 중세적인 세계관으로는 빈곤・자연재해・인간소외・전염병・미신・무지 등 중세 말 사회가 직면하고 있었던 사회문제를 적절하게 진단하고 해결해나갈 수 없었다. 오히려 중세적 세계관에 묶여, 중세적인 의미에서 이상을 추구하고 달성할수록, 중세 말 사회의 모순은 심화될 수밖에 없는 구조적인 문제점을 갖고 있었다.

더군다나 근대가 시작되던 16, 17세기는 사회구조적으로 커다란 변화가 일어난 시기였다. 지리상의 발견, 과학혁명, 도시의 발달, 시민계급의 출현, 자본주의의 발달 등 새로운 사회를 향한 구조적인 격변이 이 시기에 일어나고 있었고, 이런 모든 변화는 새로운 문명의 출현을 예고하는 것이었다.[3] 하지만 중세적 세계관으로는 이런 새로운 사회구조의 출현을 창조적으로 해석하고, 새로운 문명의 형성으로 연결 지을 수 없었다. 이에 따라서, 중세적 세계관과 새로운 사회구조 간의 충돌이 심화되고 세계관의 위기는 깊어 갔다.

근대 말・탈근대 초에 해당하는 현재의 문명 역시 심각한 세계관의 위기를 겪고 있다. 현대를 지배하고 있는 근대적 세계관에 따르면, '욕망 충족적인 삶'과 '욕망 충족적인 사회'야말로, 이상적인 삶과 사회의 전형

3) 강영한. 1984. 『르네상스의 유토피아 사상』. 탐구당. 23쪽.

이다. 그러나 이런 근대적 세계관으로는 환경문제 · 인간관계의 악화 · 집단 간 갈등의 증대 · 인간 소외의 심화 등과 같은 현재 사회가 직면하고 있는 사회문제를 진단하고 해결해나갈 수 없다. 오히려 근대적 세계관의 관점에서, 발전을 추구하고 달성할수록, 현대사회의 모순은 심화될 수밖에 없는 구조적인 문제점을 현대사회는 갖고 있다.

또한 21세기에 접어들면서, 사회구조적으로 커다란 변화가 일어나고 있다. 자동화 신기술의 확산, 노동시간의 급격한 축소와 여가시간의 증대, 노인인구의 급속한 증가 등이 새로운 사회를 향한 구조적인 변화의 주요 양상들이다. 그러나 근대적 세계관으로서는 이런 새로운 사회구조의 출현을 창조적으로 해석하고, 새로운 문명의 발전으로 연결 지을 수가 없다. 이에 따라서, 근대적 세계관과 새로운 사회구조 간의 충돌이 심화되고 세계관의 위기는 깊어 가고 있다.

근대 초기와 탈현대 초기에 발생한 세계관의 위기에 대한 위의 논의를 표로 정리하면 다음과 같다.

〈표 2〉 근대 초·탈현대 초 세계관 위기의 양상

		근대 초	탈현대 초
기존 세계관의 관점	이상적인 삶	신의 뜻에 충실한 삶	욕망 충족적인 삶
	이상적인 사회	신의 뜻에 충실한 사회	욕망 충족적인 사회
세계관의 위기 1: 기존 사회문제에 성공적으로 대처하지 못함		중세적 세계관으로는 빈곤 · 자연재해 · 부자유 · 불평등 · 불합리 · 인간 소외 · 전염병 · 미신 · 무지 등 중세 말 사회가 직면하고 있었던 사회문제에 성공적으로 대처하지 못함	근대적 세계관으로는 환경문제 · 인간관계의 악화 · 집단 간 갈등의 증대 · 인간 소외의 심화 등과 같은 현재 사회가 직면하고 있는 사회문제에 성공적으로 대처하지 못함

세계관의 위기 2: 새로운 사회구조와 조응하여 새로운 문명 건설을 선도하지 못함	중세적 세계관으로는 지리상의 발견, 과학혁명, 도시의 발달, 시민계급의 출현, 자본주의의 발달 등 새로운 사회를 향한 구조적인 격변에 창조적으로 조응하여 새로운 문명건설을 선도하지 못함	근대적 세계관으로는 신기술의 확산, 노동시간의 축소, 여가시간의 증대, 노인인구의 급속한 증가 등 새로운 사회를 향한 구조적인 변화에 창조적으로 조응하여 새로운 문명건설을 선도하지 못함

이와 같이, 세계관의 위기란 특정 세계관이 특정 시대의 맥락 속에서 더 이상 순조롭게 기능하지 않는 상황을 가리킨다. 과거 역사를 돌이켜보면, 세계관의 위기는 언제나 새로운 세계관의 출현을 촉발시키는 원인이었다. 세계관이 위기에 처하면, 그 세계관에 기초하고 있는 학문도 위기에 처한다. 왜냐하면, 특정 학문의 시대 속에서 특정화된 목적과 모든 학문이 지향해야할 학문의 궁극적인 목적 간의 괴리와 충돌 현상이 빚어지기 때문이다.

학문의 궁극적인 목적은 '인간다운 삶과 살기 좋은 사회 건설'에 기여하는 것이다. 이것은 변화하지 않는 학문의 목적이다. 그런데 '인간다운 삶과 살기 좋은 사회'의 의미는 세계관에 따라서 변화한다. 특정의 세계관에 입각하고 있는 특정 형태의 학문의 목적을 '학문의 특정화된 목적'이라고 명명했다.

세계관이 안정된 시기에는 학문의 특정화된 목적과 궁극적인 목적은 일치한다. 그러나 세계관의 위기가 심화되면 학문의 특정화된 목적과 궁극적인 목적 간에는 괴리가 빚어진다. 그러므로 세계관의 위기는 필연적으로 학문의 위기를 초래하며, 학문의 자기 소외를 야기 시킨다. 현 인류가 살고 있는 지금 이 시점은 세계관의 위기가 심각한 수준에 이르러 있다. 근대적 세계관에 입각해서, 현 인류는 열심히 발전을 추구하고 달성하고 있다. 그러나 더욱 열심히 발전을 추구하고 달성할수록, 문명의 위기는 더욱 심화되는 악순환의 고리를 벗어날 수 없다. 현대가 직면하고 있는 이런 세계관의 위기가 현대 학문 위기의 근원으로 작용하고 있는 것이다.

세계관의 위기	'이상적인 삶과 문명'의 모습에 대한 세계관과 현실의 충돌
근대 초 세계관의 위기	중세적 세계관이 제시하는 '신에 충실한 삶과 문명'과 현실이 요구하는 '욕망 충족적인 삶과 문명' 간의 충돌
탈현대 초 세계관의 위기	근대적 세계관이 제시하는 '욕망 충족적인 삶과 문명'과 현실이 요구하는 '평화롭고 사랑이 넘치는 삶과 문명' 간의 충돌

⇨

학문의 위기	학문의 궁극적인 목적과 특정화된 목적 간의 충돌
근대 초 신학의 위기	'신에 충실한 삶과 문명' 건설에 기여하고자 하는 신학의 특정화된 목적과 '인간다운 삶과 문명' 건설에 기여하고자 하는 학문의 궁극적인 목적 간의 충돌
탈현대 초 과학의 위기	'욕망 충족적인 삶과 문명' 건설에 기여하고자 하는 과학의 특정화된 목적과 '인간다운 삶과 문명' 건설에 기여하고자 하는 학문의 궁극적인 목적 간의 충돌

〈그림 1〉 세계관의 위기와 학문의 위기

3. 동양사상에 바탕 한 새로운 학문관을 찾아서

현대 학문 위기의 근원은 현대 학문의 세계관적 기초인 근대적 세계관의 위기이다. 그러므로 '현대 학문이 위기를 벗어나 이 시대 속에 자신의 소명을 다할 수 있는 새로운 학문을 구축하기 위해서는 어떤 노력을 기울여야만 할 것인가?'에 대한 답은 명백하다. 새로운 학문의 기초가 될 수 있는 새로운 세계관을 구축해야 한다. 본 연구자는 동양사상의 바탕 위에서 새로운 학문의 기초가 될 수 있는 새로운 세계관을 구축하고, 이에 바탕 해서 새로운 학문의 정체성을 모색하고자 한다.

1) 동양사상과 새로운 학문의 세계관적 기초

새로운 학문 형성을 위해서 새로운 세계관을 구축해야 한다면, 그 작업을 위해서 우리는 어디에 의거할 수 있겠는가? 그 답은 '동양사상에 의거해야한다'이다. 동양사상은 어떻게 새로운 세계관 구축을 위한 중요한 기반이 될 수 있는가? 과거의 역사적 경험을 토대로 유추해보면 그 이유를 알 수 있다.

현대사회에 지배적인 영향력을 행사하고 있는 세계관은 근대 초 서구사회에서 형성된 근대적 세계관이다. 중세적 세계관이 위기를 겪던 중세말·근대 초 사회에서, 근대적 세계관을 구축한 근대의 선구자들은 고대 그리스와 로마 사상에 의거했다. 왜 그랬을까? 중세적 세계관의 핵심은 신 중심적인 세계관이었고, 이것이 위기에 직면하자, 사람들은 인간의 감정·육체·이성·욕망 등을 긍정하고 중시하는 인간 중심적인 세계관을 구축해야할 필요성을 느꼈다. 고대 그리스와 로마 사회는 신과 신화가 지배하던 서구 고대 세계 중에서 거의 유일하게, 인간의 감정·육체·이성·욕망 등을 긍정하고 중시하는 세계관을 발전시켰다. 이것이 근대적 세계관의 구축을 위해, 그들이 고대 그리스와 로마 사상에 의거했던 이유이다.

오늘날 탈현대적 세계관을 구축하고자 할 때, 우리가 동양사상에 의거하고자 하는 것도 논리적으로 동일한 이유에서이다. 근대적 세계관의 핵심적인 전제는 '모든 존재들 간의 근원적인 분리'이고, 이것이 현대 문명의 위기를 가속화시키는 근원이 되고 있다. 이 시대는 '모든 존재들 간의 근원적인 통일성'을 전제하는 새로운 세계관을 필요로 한다. 그러나 이 시대가 필요로 하는 '근원적인 통일성'은 전근대적 세계관 일반에서 볼 수 있는 개체의 개성이 존중되지 않는 '합체(合體)' 상태의 통일성이 아니다. 이 시대가 요구하는 통일성이란 개체의 개성이 존중되고 개체의 개성 실현을 통해 이루어지는 전체의 통일성이다. 그것은 '동(同)'의 상태가 아니라 '이(異)가 화(和)'를 이룬 상태를 가리킨다.

'모든 존재들 간의 근원적인 통일성'을 전제하는 새로운 세계관을 구축하는데 있어서, 유불도의 동양사상은 이런 작업을 위한 보고이다. 유불도 사상은 '시간과 공간을 넘어 우주만물의 근원적인 통일성'에 대한 사상을 체계적으로 발전시켰다. 물론 고대 그리스와 로마 사상의 모든 부분이 근대적 세계관과 합치하는 것이 아니었듯이, 고대 동양사상에는 탈근대적 세계관과 합치하지 않는 전근대적인 또는 근대적인 요소들도 많이 내포되어 있다. 하지만 동양사상은 이 시대가 필요로 하는 광물질을 풍부하게 내장하고 있는 원광석과도 같다. 그러므로 이를 제련하면, 탈현대적 세계관의 구축을 위한 좋은 발판을 얻을 수 있다.

새로운 세계관의 구축을 위해서, 유불도의 동양사상에 내재해 있는 가치 있는 요소들을 표로 정리하면, <표 4>, <표 5>, <표 6>과 같다.

〈표 4〉 도가 사상과 통일체적 세계관의 구축

통일체적 세계관		사상의 내용
통일체적 세계상	우주 만물의 통일성	『莊子』, 「齊物論」, "참된 도의 입장에서는 다 같이 하나가 된다."(道通爲一.)
		『莊子』, 「齊物論」, "천지는 나와 함께 태어났으며, 만물은 나와 일체가 된다."(天地與我竝生, 而萬物與我爲一.)
		『莊子』, 「齊物論」, "오직 도에 다달은 자는 모든 것이 하나임을 깨닫게 된다."(唯達者知通爲一.)
		『莊子』, 「齊物論」, "천지도 하나의 손가락이고 만물도 한 마리의 말이다."(天地一指也. 萬物一馬也.)
		『莊子』, 「大宗師」, "고요한 하늘과 하나가 되는 경지에 든다."(乃入於寥天一.)
		嚴君平의 '獨'(개인의 독자적 자유 상태)과 '玄同'(사회의 공동체적 통일 상태)의 통섭성에 대한 주장
	개체의 독자성	『莊子』, 「德充符」, "그 다른 것으로부터 본다면 간과 쓸개도 초나라와 월나라 같고, 그 같은 것으로부터 본다면 만물은 모두 하나이다."(自其異者視之, 肝膽楚越也. 自其同者視之, 萬物皆一也.)
	道의 편재성	『老子道德經』, 「34章」, "대도가 넘쳐남이여! 그 좌우로 넘치는구나."(大道氾兮! 其可左右.)
		『莊子』, 「齊物論」, "도는 어디에나 없는 곳이 없다."(道惡乎往而不存.)
		莊子와 동곽자東郭子가 『莊子』, 「知北遊」에서 주고받은 문답
		『莊子』에서 庖丁이 소를 잡는 과정에서 도를 깨닫는 일화나 바퀴를 만드는 장인이 작업 과정을 통해서 도를 깨닫는 것
	일체 만물의 평등관	『莊子』, 「秋水」, "만물은 한 결 같이 평등하다."(萬物一齊.)
		『莊子』, 「齊物論」, "문둥병 환자와 미인 서시를 비교한다는 것은, 매우 괴이하고 야릇한 대조이지만 참된 도의 입장에서는 다 같이 하나가 된다."(厲與西施, 恢忄危憰怪, 道通爲一.)

통일체적 인간관	우주적인 존재	道와 하나가 될 수 있는 존재	
	깨달을 수 있는 존재	수행방법	道家의 수행 방법: 虛靜, 虛其心 『老子道德經』, 48章, “배움을 이루는 것은 날로 더하는 것이요, 도를 이루는 것은 날로 덜어내는 것이다. 그러므로 덜어내고 또 덜어내어 무위에 이른다.”(爲學日益, 爲道日損. 損之又損, 以至於無爲.) 『莊子』, 「人間世」, “도란 텅 빈 상태에만 깃든다.”(唯道集虛.)
		깨달음	坐忘, 朝徹

〈표 5〉 불가 사상과 통일체적 세계관의 구축

통일체적 세계관		사상의 내용	
통일체적 세계상	우주 만물의 통일성	개체와 전체의 통일성	『한글대장경 華嚴經(六十卷本) 2』, 「入法界品 9」, “하나 하나의 그 티끌 속에서 시방의 모든 국토 두루 보았네.”
			『한글대장경 華嚴經(六十卷本) 2』, 「入法界品 9」, “하나 하나 티끌 속에 나타나는 모든 세계”
			『한글대장경 華嚴經(六十卷本) 2』, 「賢首菩薩品 1」, “한 티끌 속에 있는 많은 세계들”
			『한글대장경 華嚴經(六十卷本) 2』, 「普賢菩薩行品」, “낱낱의 작은 그 티끌 속에 한량이 없는 부처 세계 있나니 하나 속에서 무량을 알고 무량 속에서 하나를 아네.”
		순간과 영원의 통일성	『한글대장경 華嚴經(六十卷本) 1』, 「如來光明覺品」, “한량없고 수없는 그 많은 겁을 한 생각 가운데서 다 관찰할 때”
			『한글대장경 華嚴經(六十卷本) 1』, 「世間淨眼品 2」, “세 세상의 한량없는 그 동안에 하시던 일, 찰나 찰나 그 사이에 남김없이 다 보시네.”
			『한글대장경 華嚴經(六十卷本) 2』, 「普賢菩薩品」, “과거

<table>
<tr><td rowspan="3"></td><td rowspan="3"></td><td rowspan="3"></td><td>가 바로 그 미래요 미래가 바로 그 과거요 현재가 바로 과거요 미래거니 보살은 그것 모두 환히 아네."</td></tr>
<tr><td>『한글대장경 華嚴經(六十卷本) 3』, 「入法界品 15」, "한찰나 사이에 말할 수 없는 모든 겁의 바다에 두루 들어가"</td></tr>
<tr><td>『한글대장경 華嚴經(六十卷本) 3』, 「盧舍那佛品 2」, "지난 세상 오는 세상 지금 세상의 시방에 벌려 있는 모든 세계들 한량없는 겁 동안의 깨끗한 장엄 낱낱 부처 세계에 다 나타나네."</td></tr>
<tr><td rowspan="2"></td><td rowspan="2">道의 편재성</td><td colspan="2">洞山(807-869)의 偈頌
나는 오늘 홀로 가다가 我今獨自往
곳곳마다 그대를 만나게 되었네. 處處得逢渠</td></tr>
<tr><td colspan="2">『한글대장경 華嚴經(六十卷本) 1』, 「盧舍那佛品 1」, "부처님 몸 온 법계에 두루 계시어 간 데마다 중생 앞에 나타나시며"</td></tr>
<tr><td rowspan="3">통일체적 인간관</td><td>우주적인 존재</td><td colspan="2">'부처를 품고 있는 존재'(佛性, 眞如, 眞我, 如來藏)</td></tr>
<tr><td rowspan="2">깨달을 수 있는 존재</td><td>수행 방법</td><td>佛家의 수행법 : 坐禪, 話頭, 걷기 수행</td></tr>
<tr><td>깨달음</td><td>見性, 覺, 解脫</td></tr>
<tr><td colspan="2">통일체적 관계관</td><td colspan="2">Nhat Hanh Thich, Being Peace에서
나는 내 자신을 땅에 맡기고(I entrust myself to earth),
땅은 그 자신을 나에게 맡깁니다(Earth entrusts herself to me).</td></tr>
</table>

〈표 6〉 유가 사상과 통일체적 세계관의 구축

<table>
<tr><th colspan="2">통일체적 세계관</th><th>사상의 내용</th></tr>
<tr><td>통일체적</td><td>우주 만물의 통일성</td><td>張載의 萬物一體思想:
『張子集』, 「西銘」, "건은 (하늘로서) 아버지라 부르고 곤은 (땅으로서) 어머니라고 부른다. 나는 여기서 아득하게 작지만 하늘·땅과 한데 섞여져서 그 가운데 있다. 하늘과 땅의 가득찬 것은 나의 몸이고, 하늘과 땅을 이끌고 가는 것은 나의 본성이다. (사람</td></tr>
</table>

<table>
<tr><td rowspan="3">세계상</td><td rowspan="2"></td><td>이나 사물은 만유의 기가 모여서 이루어진 것으로) 사람들은 모두 한 뱃속의 형제와 같고, 모든 만물은 나와 함께 있는 (친구인) 것이다."(乾稱父, 坤稱母. 豫玆藐焉, 乃混然中處. 天地之塞吾其體, 天地之師吾其性. 民吾同胞, 爲吾與也.)
『張子集』, 「西銘」, "천하를 보건대 어떠한 사물도 자기가 아님이 없다."(視天下無一物非我.)</td></tr>
<tr><td>신유가의 理一分殊論:
『通書』, "만물은 일(태극)이 되고, 일(태극)은 만물로 나누어진다."(是萬爲一, 一實萬分.)
『程傳』, 「易傳序」, "흩어서 이치로 보면 만 가지로 다르고, 모아서 도로 보면 두 가지가 아니다."(散之在理則有萬殊, 統之在道則无二致.)
『程傳』, 「泰卦」, "천하의 뜻이 만 가지로 다양하지만 그 이치는 하나이다."(天下之志萬殊, 理則一也.)
『程傳』, 「咸卦」, "천하의 이치는 하나이니, 길은 비록 다양하지만 돌아가는 곳은 동일하며 사려함은 백 가지이지만 이루는 것은 하나이다."(天下之理一也. 塗雖殊而其歸則同, 慮雖百而其致則一.)
『程傳』, 「火宅睽卦」, "생물은 만 가지로 다르니 어긋난 것이나, 하늘과 땅이 화합함을 얻어 음양의 기운을 부여받은 것은 서로 같으니, 물건이 비록 다르나 이치는 본래 같다."(生物萬殊睽也, 然而得天地之和, 稟陰陽之氣則相類也, 物雖異而理本同.)</td></tr>
<tr><td>道의 편재성</td><td>『朱子語類』, 「理氣上」, '리'는 "마치 커다란 호수에 담긴 물과 같은 것이다. 그것이 혹 하나의 국자에 떠지건, 혹 커다란 통에 담기건, 혹 작은 그릇에 채워지건, 이 모두가 같은 물이라는 사실에는 변함이 없다."(如一海水. 或取得一杓, 或取得一擔, 或取得一椀, 都是這海水.)</td></tr>
<tr><td rowspan="7">통일체적 인간관</td><td rowspan="3">우주적인 존재</td><td>『中庸』, 1章, "하늘이 명하신 것을 성이라 이른다."(天命之謂性.)</td></tr>
<tr><td>『大學』의 '明德'</td></tr>
<tr><td>孔子나 孟子의 '仁'</td></tr>
<tr><td rowspan="4">깨달을 수 있는 존재</td><td>『論語』, 「顏淵篇」, "극기복례하여 인에 이른다."(克己復禮爲仁.)</td></tr>
<tr><td>孟子의 '盡心'과 '存心養性'</td></tr>
<tr><td>'敬' 공부</td></tr>
<tr><td>『中庸』, 「20章」, "擇善而固執之者."
『中庸』, 「1章」, "戒愼乎其所不睹, 恐懼乎其所不聞."</td></tr>
</table>

	『中庸』과 『大學』의 '愼獨' 공부.
	『大學』의 '格物致知'와 '誠意正心'
통일체적 관계관	『中庸』, 30장, "만물이 함께 길러져 서로 해치지 않으며, 도가 함께 행하여 서로 위배되지 않는다."(萬物竝育而不相害, 道竝行而不相悖.)
	『周易』, 「兌卦」, "「상전」에 말하기를, 연접한 못이 兌이니, 군자가 이를 본받아서 붕우가 강론하고 익히느니라."(象曰, 麗澤, 兌, 君子以朋友講習.)

2) 새로운 학문의 정체성

동양사상의 바탕 위에서 통일체적 세계관이라고 명명한 새로운 세계관을 구축하였다면, 통일체적 세계관에 바탕 한 새로운 학문의 정체성은 어떤 것일까? 과학으로 대표되는 현대 학문이 '모든 존재들 간의 근원적인 분리'를 전제로 학문 활동을 전개한다면, 새로운 학문은 '모든 존재들 간의 근원적인 통일성'을 전제로 학문 활동을 전개한다. 현대 학문의 정체성과의 비교를 통해서 새로운 학문의 정체성을 정리하면 아래 <표 7>와 같다.

〈표 7〉 현대 학문과 새로운 학문의 비교

영역	현대 학문	새로운 학문
앎의 목적	'욕망 충족적인 삶과 문명 건설'에 기여할 수 있는 지식을 생산	'평화롭고 사랑에 넘치는 삶과 문명 건설'에 기여할 수 있는 지식을 생산
앎의 의미	나와 분리된 대상으로서의 세계에 대한 '대상적 지식의 획득'	나와 하나인 세계에 대한 '우주만물의 통일성에 대한 깨달음'
앎의 방법	객체로서의 세계에 대한 관찰 · 실험 · 비교의 방법	세계와 하나가 되어 연구대상의 안으로부터 연구대상을 바라봄

현대 학문과 새로운 학문 간에는 학문의 목적에 있어서 커다란 차이가 있다. '인간다운 삶과 살기 좋은 사회 건설에 기여'한다고 하는 학문의 궁극적인 목적에서 보면, 양자의 목적은 동일하다. 하지만, 두 가지 학문의 세계관적 기초가 다르기 때문에 '학문의 특정적인 목적'이라는 측면에서 보면, 양자 간에는 근본적인 차이점이 존재한다. 현대 학문의 특정적인 목적은 '욕망 충족적인 삶과 문명 건설'에 기여할 수 있는 지식을 생산하는 것이다. 이에 비해서, 새로운 학문의 특정적인 목적은 '평화롭고 사랑에 넘치는 삶과 문명'을 건설하는데 기여할 수 있는 지식을 생산하는 것이다.

그러므로 현대 학문과 새로운 학문 간에는 '앎의 의미'에 있어서도 차이가 있다. 현대 학문에 있어서 앎이란 나와 분리된 대상으로서의 세계에 대한 '대상적 지식을 획득하는 것'을 의미한다. 이에 비해서, 새로운 학문에서 앎이란 나와 하나인 세계에 대해 '우주만물의 통일성에 대한 깨달음'을 의미한다.

이렇듯 현대 학문과 새로운 학문 간에는 얻고자 하는 '앎의 형태'가 다르기 때문에, '앎을 얻는 방법'도 다르다. 현대 학문에 있어서는 자신에 외재하는 객체로서의 세계에 대해서 관찰 · 실험 · 비교 등의 방법을 활용해서 앎을 얻는다. 이에 반해서, 새로운 학문에 있어서 앎은 연구 대상과 '하나 됨'을 통해서, 연구 대상을 '안으로부터 바라봄'을 통해서 얻어진다.

양자 간의 차이점을 분명히 하기 위해서, 사례를 들어 설명해 보자. 한국의 사회연구자가 현재의 중국사회를 연구한다고 가정해 보자. 현대 학문과 새로운 학문의 연구자는 각각 어떤 형태의 연구를 진행하게 될 것인가?

먼저 현대 학문의 관점에서 현재 중국사회를 연구하는 한국인 사회연구자의 경우를 살펴보기로 한다. 그는 한국사회와 근본적으로 분리된 존재로 중국사회를 전제한다. 이런 전제 하에서, 그의 궁극적인 관심은 '한국사회의 욕망을 충족시키는데 있어서 중국사회가 어떤 가치를 갖고 있는가?'를 파악하는 것이다. 경제학자라면 중국시장의 크기, 중국으로부터의 수입품목, 중국인의 상품에 대한 기호 등이 주 관심 영역이 될 것이다. 정치학자나 역사학자라면 중국의 동북공정, 중국의 대한정책 등에 관심을 기울일 것이다. 이런 관심 아래, 사회조사 · 참여관찰 · 문헌연구의 방법 등을 통해서 자료를 수집하고 분석해서, 전체적인 특징이나 변동의 경향성 등을 파악하고자 할 것이다.

반면에 새로운 학문의 관점에서 현재 중국사회를 연구하는 한국인 사회연구자는 판이한 형태의 연구를 수행한다. 그는 한국사회와 근본적으로 하나인 존재로 중국사회를 전제한다. 이런 전제 하에서, 그의 궁극적인 관심은 '한국사회와 중국사회가 서로 간의 진정한 이해에 바탕 한 우호 관계를 형성'하는 것이다. 그는 중국사회와 하나가 되어 중국사회를 안으로부터 바라보고, 깊이 이해하고자 한다. 중국인과 하나가 되어 중국인의 기쁨과 슬픔을 알고자 한다. 중국인과 중국사회의 소외에 대해서 측은한 마음을 갖고서 이해하고자 한다.

이렇듯 관점에 따라서, 동일한 대상을 연구하더라도, 상이한 방법으로 연구가 진행되며, 상이한 형태의 지식을 형성한다. 또한 형성된 지식이 봉사하는 목적도 달라진다. 현대 학문이 획득한 지식이 '욕망 충족적인 한국인의 삶과 한국사회 건설'이란 목적에 봉사한다면, 새로운 학문이 획득한 지식은 '한국인과 중국인 · 한국사회와 중국사회 간의 진정한 우정과 평화 그리고 사랑의 관계를 건설'하는데 활용된다.

참고문헌

『周易』(影印本). 1989. 學民文化社.

『論語』(影印本). 1989. 學民文化社.

『孟子』(影印本). 1989. 學民文化社.

『大學』(影印本). 1989. 學民文化社.

『中庸』(影印本). 1989. 學民文化社.

周惇頤 지음. 朱熹 주석. 2000. 권정안・김상래 옮김. 『通書解』. 청계.

張載. 1978. 『張載集』. 北京 : 中華書局.

朱熹. 1994. 『朱子語類』. 黎靖德(編). 王星賢(點校). 北京 : 中華書局出版.

『老子道德經』.

『莊子』.

『한글대장경 華嚴經(六十卷本) 1・2・3』. 1989. 東國譯經院.

『한글대장경 華嚴經(八十卷本) 1・2・3』. 1992. 東國譯經院.

강영한. 1984. 『르네상스의 유토피아 思想』. 탐구당.

석동호 편. 1984. 『과학기술사』. 중원문화.

吳經熊. 1986. 류시화 옮김. 『禪의 황금시대』. 경서원.

Thich. Nhat Hanh. 1987. *Being Peace, Berkeley*. California : Parallax Press.

학문의 통섭(統攝)과 21세기 한국학의 전망[4)]

최 재 천 (이화여자대학교 에코과학부)

아리스토텔레스, 레오나르도 다빈치, 연암 박지원, 다산 정약용. 언뜻 보아 한데 묶일 수 있는 공통점이 전혀 없어 보이는 이들은 모두 한 분야가 아닌 여러 분야에서 탁월한 업적을 남긴 전천후 학자들이다. 남들은 평생 한 분야에서도 이렇다 할 업적을 세우지 못해 쩔쩔매건만 이들은 어떻게 그 많은 분야들을 넘나들며 종횡무진 활약할 수 있었을까?

여러 가지 긍정적인 평가들이 가능하겠지만 나는 여기서 대단히 인색한 평가를 하나 내놓으려 한다. 그들이 활약하던 시절에는 다뤄야 했던 지식의 총량이 그리 방대하지 않아 한 특출한 개인이 여러 분야를 섭렵할

4) 이 글은 다음에 열거한 본인의 글들을 일부 수정하여 재수록 했음을 밝혀둔다. 『통섭－지식의 대통합』 옮긴이 서문. 최재천 · 장대익 옮김, 사이언스북스 (2005) ; 『지식의 통섭－학문의 경계를 넘다』 에필로그. 최재천 · 주일우 엮음, 이음(2007) ; 국제신문 신년 특집. [석학에게 듣는다] “공부하는 한국이어야 희망 있다.” 최재천 (2007.1.1.).

수 있었다고 감히 그들을 폄하하려 한다. 나는 더 이상 우리 사회에 그들과 같은 학자는 나타나지 않을 것이라고 단언할 수 있다. 지난 두 세기 동안 즉 19세기와 20세기를 거치며 우리 인류가 축적한 지식의 종류와 규모가 한 개인이 감당할 수 있는 수준을 훨씬 넘어섰기 때문이다.

그래서 우리는 언제부터인가 한 분야를 좁고 깊게 파고들어가는 시도를 해왔다. 이것이 바로 전문화이며 우리들 대부분은 모두 나름대로 자기 분야의 전문가들이다. 그런데 자칭 전문가들인 우리들은 각자 자기 분야에서 진리를 향해 파고드는 데 상당한 어려움을 느끼고 있다. 깊게 파고들면 들수록 점점 더 좁아지는 전문공간에서 몸을 제대로 움직이기조차 힘들어하고 있다.

무슨 연유일까 고민하던 나는 2006년 연말 동아일보의 '내 마음속의 별'이라는 코너에서 가야금의 명인 황병기 선생님이 첼리스트 장한나에게 덕담으로 들려준 우리 옛말을 듣고 깨달음을 얻었다. "우물을 깊이 파려면 넓게 파라." 요즘에는 집집마다 김치냉장고가 있어서 더 이상 하고 있지 않지만 얼마 전까지만 해도 우리는 김장을 하고 나면 김장독을 묻어야 했다. 김장독을 한 번이라도 묻어본 사람 중에 묻어야 할 독의 지름을 재고 정확하게 그 넓이만큼 땅을 판 사람은 아무도 없을 것이다. 독의 지름보다는 훨씬 넓게 파기 시작해야 묻을 수 있다는 것을 우리는 거의 본능적으로 안다.

진리를 파고드는 것도 마찬가지다. 나는 21세기의 학문 중 그 어느 것도 다른 학문의 도움 없이 홀로 존재할 수 있는 것은 없다고 생각한다. 설령 있다 하더라도 홀로 좁고 깊게 파는 일은 여전히 힘든 일이다. 진리의 심연에 이르려면 깊게 파야 하고, 그러자면 넓게 파기 시작해야 하는

데 혼자서는 평생 동안 파도 표면조차 제대로 긁지 못하는 게 현실이다. 나는 이것이 바로 통섭統攝을 해야 하는 무식하리만치 단순한 이유라고 생각한다. 분과학문의 20세기가 저물고 바야흐로 '통섭학문의 21세기'가 열렸다.

1. 통섭(統攝) — 지식의 대통합

통섭은 내가 2005년 하버드 대학의 진화생물학자 윌슨(Edward Wilson)의 저서 『Consilience: The Unity of Knowledge (1998)』를 번역하며 우리 사회에 화두로 던진 개념이다.[5] 'Consilience'는 19세기 영국의 자연철학자 휴얼(William Whewell)이 1840년 『The Philosophy of the Inductive Sciences』에서 처음 소개한 개념으로서 다양한 학문 분야들을 가로지르며 현상들과 그 현상들에 기초한 이론들을 한데 묶어 공통된 하나의 설명체계를 이끌어내는 것을 의미한다. 윌슨은 'coherence(일관성, 일치)'나 'convergence(합일)'처럼 사람들에게 이미 친숙해져 있는 단어를 택하지 않고 굳이 잊혀진 단어인 consilience를 택한 이유를 오히려 희귀하여 그 의미가 훼손되지 않고 잘 보전되어 있기 때문이라고 설명했다. 나도 똑 같은 이유로 '일치', '합치', '합일', '통일', '통합' '정합'과 같은 기존의 단어들을 붙들고 숙고하다 우리말 사전에도 잘 나오지 않는 '통섭'을 택했다.

통섭은 사실 새로운 용어가 아니다. Consilience에 대한 적절한 번역어

5) Wilson, Edward O. 2005. 최재천 · 장대익 옮김. 『통섭 – 지식의 대통합』. 사이언스북스.

를 찾느라 고심하던 중 우리말 사전에서 '통섭通涉'을 찾았다. 하지만 나는 consilience가 "사물에 널리 통함"이라는 뜻의 '통섭通涉'보다는 좀더 포괄적인 개념이라고 생각하여 '큰 줄기' 또는 '실마리'의 뜻을 지닌 '거느릴 통統'과 '잡다' 또는 '쥐다'의 뜻을 지닌 '잡을 섭攝'을 붙여 새로운 단어를 만들었다. 쉽게 말하면 "큰 줄기를 잡다"라는 의미가 된다. 그러나 책이 출간되자마자 어느 불교학자의 지적으로 '통섭統攝'은 원효대사가 화엄을 불교의 가장 최고 경지로 상정하고 그 경지에 이르는 방법론으로 제시한 개념이었다는 것을 알게 되었다. 화쟁사상和諍思想을 설명하며 원효대사가 자주 사용하던 용어다. 훗날 조선의 실학자 최한기도 그의 기氣 철학을 설명할 때 이 말을 종종 사용한 것으로 드러났다. 정치적으로는 '총괄하여 관할한다'는 뜻으로 '삼군三軍을 통섭한다'는 방식으로 쓰이기도 했다.

윌슨의 Consilience 개념에 가장 부정적인 견해를 피력한 두 인문학자를 꼽으라면 나는 철학자 포더(Jerry Fodor)와 로티(Richard Rorty)를 들 것이다. 이런 종류의 연구에 거의 어김없이 불평만 늘어놓는 포더는 제쳐놓더라도 로티의 비평도 실망스럽기는 마찬가지다. 로티는 기본적으로 스노우(C. P. Snow)가 거의 반세기 전에 이미 한탄해 마지않았던 두 문화 간의 장벽을 오히려 합리적인 현실로 인정한다. 그는 "비버의 꼬리와 이빨이 합쳐질 필요가 없듯이 물리학과 정치학의 용어들도 서로 통합될 까닭이 없다"고 힐난한다. 나는 로티가 스스로 그 자신의 철학이 엄청나게 좁은 학문이라고 고백하는 우를 범했다고 생각한다. 로티가 인용하는 퍼트남(Hilary Putnam)의 '하드웨어-소프트웨어 유비'는 아무리 좋게 생각하려 해도 결국 과학에 대한 몰이해에서 비롯된 것이라는 결론 밖에는 내릴 수가 없다. 소프트웨어도 과학의 영역이다. 그것이 바로 윌슨이 설명하려는 핵심 주제이다.

윌슨이 부활시킨 또 하나의 과거는 바로 계몽주의다. 계몽사상은 흔히 "18세기 프랑스 사상의 주류를 이루며 프랑스 혁명에 원리를 제공한 사상"으로 알려져 있다. 프랑스의 계몽사상은 볼테르의 『철학서간(1734)』, 몽테스키외의 『법의 정신(1748)』, 칸트의 『계몽이란 무엇인가(1784)』 등을 통해 정립된 사상으로 알려져 있지만 크로커[6]에 따르면 계몽주의는 인류 역사에서 어느 한 시대에만 국한되어 존재했던 것이 아니다. 르네상스나 낭만주의 시대는 역사 속의 뚜렷한 시간적 존재로 인식될 수 있지만 계몽주의는 어쩌면 인류의 지성사와 처음부터 흐름을 같이 하고 있는지도 모른다. 인간이 집단적인 사고를 하기 시작한 시절부터 계몽은 늘 우리와 함께 했다. 그런 의미에서 보면 우리는 지금도 여전히 계몽주의 시대에 살고 있다. 학문을 하는 사람이라면 누구나 자연 및 사회 현상에 대하여 일관성 있는 설명을 도출하여 세상을 계몽하려 한다.

나는 우리 학계에 통섭의 개념을 소개하며 동료학자들에게 진리의 궤적을 따라 과감히 그리고 자유롭게 학문의 국경을 넘나들 것을 요청했다. 진리의 행보는 학문의 경계 따위는 존중해주지도 않건만 우리는 스스로 쳐놓은 학문의 울타리 안에 갇혀 잠시 들렀다 사라지는 진리의 옆모습 또는 뒷모습만 바라보며 학문을 하고 있다고 자위하며 산다. 나는 이제 우리 학자들이 학문의 국경을 넘을 때 여권을 검사하는 거추장스러운 입국절차를 생략할 때가 되었다고 생각한다. 간학문적(inter-disciplinary) 연

6) Crocker, Lester G. ed., 1969. *The Age of Enlightenment*. New York: Harper 8 Row.

구를 한다고 하면서 사실은 다학문적('multi'-disciplinary) 유희를 하고 끝나는 수준을 넘어 진정한 의미의 범학문적 접근(trans-disciplinary approach)을 통해 지식의 큰 줄기를 잡아야 한다.

통섭을 논의하다 보면 기존에 흔히 사용하던 유사한 용어들과 어떤 차이가 있는지 묻게 된다. 통합統合과 융합融合이 대표적인 예들이다. 내가 최근에 엮어낸 책 『지식의 통섭 : 학문의 경계를 넘다(2007)』에서 조선시대의 학學을 논한 김호 박사는 총섭總攝이라는 용어를 사용하고 있지만 이는 통섭과 거의 같은 의미로 보아도 무방할 것 같다. 참고로 여기에 정리하는 용어의 정의들은 2006년 10월 13일 서울대학교 개교 60주년 기념 학술심포지엄에서 '미래의 학문, 대학의 미래'라는 제목의 발제를 한 서울대학교 행정대학원 김광웅 교수가 미래의 대학에는 '통섭대학원'을 만들어야 한다고 제안하는 과정에서 토론에 참여한 여러 교수들이 마치 인터넷 백과사전 위키피디아(Wikipedia)에서 특정한 단어 또는 개념이 규정되는 과정과 흡사하게 수렴해준 것임을 밝혀둔다.

통합은 "모두 합쳐서 하나로 모음 또는 둘 이상의 것을 하나로 모아서 다스림"이라는 뜻으로 통일統一(unification, integration) 또는 응집凝集(cohesion)의 의미를 포괄한다. '학과 통합' 또는 '통합신당' 등은 통합의 용례로 그리 낯설지 않을 것이다. 융합(syncretism, convergence, fusion)은 "녹아서 또는 녹여서 하나로 합침"이라는 뜻으로 흔히 핵, 세포, 조직 등이 합쳐지는 과정을 묘사할 때 쓰인다. 서울대학교 개교 60주년 기념 학술심포지엄에 모였던 학자들은 통섭을 "서로 다른 요소 또는 이론들이 한데 모여 새로운 단위 또는 개념으로 거듭남"의 과정으로 정의할 것에 합의를 보았다. 다시 말하면, 통합이 물리적인(physical) 합침이라면, 융합은 화학적(chemical) 합침이고 통섭은 생물학적(biological) 합침인 것이다.

나는 일반인들을 상대로 통섭의 개념을 설명할 때 종종 비빔밥에 비유해왔다. 하지만 흥미롭게도 그런 내 글이 인터넷에 소개되어 있는 곳에 어느 독자는 "통섭은 비빔밥보다 김치나 장에 가깝다"는 내용의 덧글을 올렸다. 다분히 이질적인 여러 재료들이 한데 섞여 있는 '비빔밥'은 통합 또는 융합의 단계를 벗어나지 못한 것이라며 통섭은 그 재료들이 발효 과정을 거쳐 전혀 새로운 맛으로 거듭나는 '김치'나 '장'에 비유할 수 있을 것이라는 주장이었다. 단순한 병렬적 수준의 통합이나 융합을 넘어 새로운 이론체계를 찾으려는 노력이 바로 통섭이라는 점을 받아들이면 그의 주장은 상당한 설득력을 지닌다.

'통섭'이라는 용어와 개념은 꺼내놓기 무섭게 마치 날개가 달린 듯 학계는 물론 기업과 사회로 퍼져나갔다. 마치 도킨스(Richard Dawkins, 2006)가 '문화유전자'의 개념어로 설정한 meme(파전자播傳子) 처럼 횡적으로 우리 사회 곳곳으로 전파된 것이다. 통섭은 비록 consilience의 번역어로서 출발했지만 나름대로 생명을 지닌 존재처럼 새로운 의미로 진화했다. Consilience의 번역어로 "사물에 널리 통함"이라는 의미를 지닌 보다 많이 알려진 통섭通涉 대신 통섭統攝을 택함으로써 나는 휴얼과 윌슨의 서양적 개념에 동양적인 변이를 보탰다고 생각한다.

휴얼의 통섭은 다분히 가법적 통섭(additive consilience) 또는 융합적 통섭(confluent consilience)이다. 그의 저서 『귀납적 과학의 역사(History of the Inductive Sciences, 1837)』에서 휴얼은 consilience를 강에 비유한다. 여러 갈래의 냇물들이 모여 강을 이루듯이 먼저 밝혀진 진리들은 하나 둘씩 합쳐져 결국 하나의 강령에 포함될 뿐 그 어느 것도 다른 것으로 환원되지 않는다는 것이다. 냇물이 강으로 환원되지 않듯 진리는 환원되는 것이 아니라 다른 진리들과 합류될 뿐이라는 것이다.

나는 휴얼의 통섭에는 아무런 매력을 느끼지 못한다. 그런 통섭은 우리가 오랜 세월 해오던 방법과 그리 다르지 않다고 생각한다. 특히 동양의 전통적인 전일론(holism)과는 거의 다를 바 없어 보인다. 그래서 윌슨은 자연과학에 바탕을 둔 환원적 통섭(reductionistic consilience)을 주장한 것이다. 휴얼의 강 유비의 합류성에는 동의하지만 강물은 한번 흘러가면 영원히 돌아오지 못한다. 휴얼의 통섭 개념은 각 합류점마다 이른바 창발성(emergent properties)의 가능성을 열어놓은 점을 장점으로 들고 있지만, 창발성은 그 자체가 언젠가는 반드시 설명되어야 할 개념이다.

나는 윌슨의 통섭 개념에도 한계가 있다고 생각한다. 환원주의와 통섭은 태생적으로 상반되는 개념이기 때문이다. 그럼에도 불구하고 환원주의가 통섭적 연구를 하기 위한 하나의 방법론일 수는 있다고 본다. 그러나 모든 통섭적 연구가 다 환원주의적으로 이뤄질 수는 없을 것이다. 이런 점에서 나는 '강의 유비'가 아니라 '나무의 유비'로 통섭을 설명한다. 나무는 줄기를 가운데 두고 위로는 가지와 이파리들로 분화되어 있으며 땅 밑으로는 많은 뿌리들을 뻗고 있다. 하늘을 향해 펼쳐진 수많은 가지들이 다양한 현상들을 관찰하고 기술하며 의미를 부여하는 인문학과 자연과학의 일부를 의미한다면, 땅 밑의 뿌리들은 우리 눈에 보이지 않는 부분을 측정하고 이론화하는 학문들을 나타낸다. 대부분의 분석과학 분야들이 여기에 속할 것이다. 나는 뿌리와 가지들을 연결하는 줄기가 통섭의 현장이라고 생각한다. 나는 통섭이 일방적이 아니라 상호영향적이어야 한다고 생각한다. 내가 생각하는 통섭은 분석과 종합을 모두 포괄하는 호상적 통섭(interactive consilience)이다.

이쯤 되면 어느덧 내가 말하는 통섭은 휴얼과 윌슨의 consilience로부터 분화되어 또 다른 갈래로 진화된 새로운 개념으로 봐야 할지도 모른다. 나의 통섭은 적어도 윌슨의 consilience에 비해 다분히 동양적인 배경을 지닌다. 나 자신의 성장과정이 어쩔 수 없이 영향을 미쳤으리라 생각한다. 나는 학문의 대통합이 오로지 자연과학의 주도로 이뤄져야 한다고 생각하지 않는다. 진정한 통섭은 자연과학과 인문학의 원활한 소통으로부터 나온다. 나는 자연과학자이지만 모든 학문은 인문학에서 출발하여 인문학으로 마무리된다고 생각한다. 학문이란 어차피 언어를 사용하는 인간이라는 동물의 지적 활동이기 때문이다. 인문학과 자연과학은 방법론의 본질적인 차이 때문에 통섭되기 대단히 어려울 것이라는 걸 모르는 이는 없다. 그래도 나는 인문학과 자연과학의 통섭을 위한 노력이야말로 윌슨의 표현대로 "인간 지성의 위대한 도전"이라고 생각한다. 그리고 그 노력의 결실이 맺어지는 일이 21세기에 벌어지리라고 믿는다.

2. 전통 한국학에서 통섭 가능성의 모색

나는 여기서 전통 한국학이라고 해서 특별히 통섭 가능성이 높다고 주장하려는 것은 아니다. 21세기에는 거의 모든 학문 분야들에 통섭의 바람이 거세게 불 것이고 한국학도 결코 예외는 아닐 것이라고 생각할 뿐이다. 다만 개인적으로 한국학 분야로 포괄될 수 있는 작은 연구를 수행했던 경험을 가지고 있고 그 연구가 어느 정도는 통섭적이었기에 이곳에 간략하게 소개하고자 한다.

내가 서울대학에 재직하던 시절인 2000년대 초 서울대학교는 "한국학은 한국사회의 경험을 연구하되, 그것을 21세기 세계사적 과제들과 더불어 사고함으로써 새로운 문명적 대안을 모색하는 전 지구적 논의에 적극적으로 동참하는 작업이 되어야 한다"는 취지로 별도의 연구기금을 마련하여 "인문학적 논의와 사회과학적 관심은 물론이고 자연과학적 문제의식과 예술적 시각이 함께 어우러지는" 학제적 연구 성격의 '한국학 장기기초연구 지원사업'을 추진했다. 나는 한영우, 김호 등 인문학자들과 황희선, 홍승효, 장대익 등 자연과학자 및 과학철학자 들과 함께 '조선 후기의 가족 살해와 배우자 살해에 관한 진화심리학적 연구'라는 주제로 참여하여 자연과학자로서는 유일하게 지원을 이끌어냈다. 그 연구의 결과는 훗날 서울대학교 한국학 모노그래프(3호)로 출간되었다.[7]

서울대학교 규장각이 소장하고 있는 '규장각한국본종합목록(奎章閣韓國本綜合目錄)'에 수록된 531건의 19세기 후반 및 20세기 초반의 공식 살인사건 검시문안을 번안 및 데이터베이스화한 국사학자팀의 연구 성과를 바탕으로 생물학자팀이 자연과학적 방법론을 적용해 분석했다. 분석 과정에서는 당대의 사회문화적 배경을 동시에 고려하며 의미를 해석하기 위해 국사학자와 생물학자 들간의 토론이 수시로 진행되었다. 살인에 관한 연구는 원래 범죄학, 법학, 사회학 등에서 주로 수행되었지만 서양학계에서는 비교적 오래 전부터 생물학적 분석 연구가 진행되어왔다. 살인에 대한 동양학자의 연구로는 일본 동경대학 연구진과 더불어

7) 최재천, 한영우, 김호, 황희선, 홍승효, 장대익. 2003. 『살인의 진화심리학－조선 후기의 가족 살해와 배우자 살해』. 서울대학교 출판부.

본 연구가 최초의 시도다. 또한 본 연구는 고문서를 분석했다는 점에서 세계학계로부터 신선한 주목을 받았다. 나는 국제학술대회에서 두 차례에 걸쳐 이 연구에 관한 논문을 발표하여 진화심리학자들로부터 많은 관심을 불러 모았다.

『살인의 진화심리학』은 먼저 자연선택에 의한 진화가 인간의 심리 특징들을 어떻게 형상화했는지 성선택론(theory of sexual selection), 친족선택론(kin selection theory), 호혜성 이론(reciprocity theory) 등을 토대로 진행된 고전적 연구사례들을 소개하고 진화심리학이 갖는 가능성을 고찰한 다음, 그런 관점에 비추어 기존의 정신병리학적 또는·사회학적 살인 연구들이 갖는 한계성을 지적했다. 조선시대 검안문서에 기록된 살인 사건들의 문화보편적 요소들을 분석해보면, 가족 내 살인은 대부분 혈연관계가 있는 가족구성원보다는 인척간에 발생할 가능성이 높고, 그 중에서도 가장 큰 비중을 차지하는 부분은 배우자 살해였다. 이 점은 현대 사회에서의 연구 결과들과도 일치한다. 진화생물학적 관점에서 보면, 배우자 살해를 포함한 모든 가족살해 사건의 발단은 번식 전략의 충돌에서 빚어진다. 인류 문화는 자손의 부성(paternity)을 보증 받기 위해 여성의 성적 접근을 차단하는 데 있어서, 배우자인 남성에게는 성적 독점욕과 같은 심리 메커니즘을, 사회문화적으로는 성차별적인 간통 규제 규범들을 만들어냈다. 이런 현상은 비단 조선시대에 특유한 것이 아니라 대부분의 인류 사회가 공유하는 보편적 양상이며, 범위를 좀 더 확장시키면 인간뿐만 아니라 장기적인 파트너쉽이 유지되는 종, 즉 수컷의 부모투자가 지속됨에도 부성불확실성(paternity uncertainty)의 제한이 있는 종에서도 비견할 만한 현상들이 발견된다.

나는 이 연구를 통해 한국학, 더 넓게 말하면 인문학과 자연과학이 함께 통섭적인 접근을 시도할 수 있는 가능성을 체험했다. 새로운 과학적 방법론인 진화심리학적 분석을 통해 살인의 보다 근원적인 동기와 행태들을 재조명함으로써 종전의 인문사회학 일변도의 연구가 제공하지 못한 다양한 각도들을 제공했다고 생각한다. 그런가 하면 자연과학적인 분석에서 그치지 않고 인문사회학적 의미 해석을 시도하여 보다 포괄적인 연구결과를 도출할 수 있었다고 조심스런 자평을 내놓을 수 있다.

내친 김에 지난 몇 년간 가까이 지내는 인문학자들과 앞으로 기회가 주어지면 함께 해보자고 논의한 한국학 주제 한 가지에 대해 간략하게 언급해 보고자 한다. 인문학의 위기라지만 특히 문학비평의 위기는 사뭇 심각한 것으로 듣고 있다. 그 중에서도 나는 이른바 생태문학의 흐름에 주목하고 있다. 서양에서 먼저 시작한 생태문학의 조류가 우리나라에서도 적지 않은 파장을 불러일으킨 것으로 안다. 우리 문단에서 생태문학을 한다는 문인들이 어떤 차원에 머물고 있는지는 그 나름대로 또 다른 논의의 대상이 될 수 있겠지만, 여기서는 보다 긍정적인 면을 먼저 살펴보기로 한다.

생태문학이 구체화된 것은 서양 문학계에서 일어난 것이 사실이지만 생태가 문학 속에서 어우러지는 현상만을 놓고 보면 그 기원은 당연히 동양에 있을 것이다. 중국의 고대문학은 거의 상당 부분 생태문학의 범주로 구분될 수 있다. 특히 노장사상에 젖어 쓰여진 문학작품은 거의 완벽하게 생태문학의 범주에 속한다. 게다가 노장문학의 생태성은 생태를 단순히 주제로 삼거나 생태적인 주장을 하기 위해 자연을 배경으로 삼은 많은 서양의 생태적 문학작품들에 비해 훨씬 더 본질적이다. 생태문학의 전통은 중국과 우리 고전에 더 싱싱하게 살아 있다. 이들을 발굴하여 정리하고 서양의 자연과학인 생태학(Ecology)의 이론들과 접목해보면 대단히 가치 있는 연구결과들이 나올 것이라고 생각한다. 서양 인문학계도 아직은 이런 시도를 하지 않고 있는 걸로 안다. 이런 연구가 이뤄진다면 우리 학계도 서양 학문의 수입상 또는 배급소 수준을 탈피하여 우리가 정립한 이론을 서양 학계로 수출하고 전파할 수 있는 기회도 얻을 수 있으리라 기대해본다. 우리 인문학이 궁극적으로 서양 인문학계와 소통하기를 원한다면 그 일환으로 충분히 고려해볼 만한 연구주제라고 생각한다.

3. 학문 간의 눈 녹이기와 통섭교육의 필요성

1959년 스노우(Sir Charles P. Snow)는 문학으로 대표되는 인문학과 과학을 근본적으로 융화되기 어려운 '두 문화'로 규정한 바 있다. 하지만 그는 전통적인 문학의 세계와 새롭게 떠오르는 과학문화 사이에 엄청난 괴리가 존재함에도 불구하고 전통이 과학을 끌어안는 노력을 해야 한다고 역설했다. 곧 이어 터져 나온 유드킨(Michael Yudkin) 등의 반론에 답하면서 그는 1963년 '제3의 문화(the third culture)' 즉 사회사(social history)의 태동이 이미 시작되었음을 알렸다. 그에 따르면 사회사란 사회학자를 비롯하여 정치학자, 경제학자, 심리학자는 물론 의학이나 건축학 등에 종사하는 이들의 지적 활동 모두를 포괄한다. 이는 일찍이 19세기 말 헉슬리(Thomas Henry Huxley)가 사회학과의 창설을 주창하며 문학이란 결국 여러 모양의 탈을 뒤집어쓴 사회학이라고 말한 것과 맥을 같이 한다.

반세기가 흐른 21세기의 문턱에서 윌슨은 또 다시 지식 탐구의 두 거대주류인 인문학과 자연과학의 통섭은 예전에도 그랬고 앞으로도 여전히 지성의 최대목표라고 말한다. 철학자 러빈(George Levine, 1988)도 이제는 '하나의 문화'를 말할 때라고 역설한다. 러빈이 생각하는 '하나의 문화'란 과학과 문학이 하나의 분야로 합쳐져야 한다는 것은 아니지만 적어도 하나의 문화적 담론으로 거듭나야 한다는 것을 의미한다. 범학문적 접근이 절실하다는 말이다. 이제는 진정 학문 간의 눈을 녹일 때가 되었다. 여기서 내가 얘기하는 '눈(snow)'에는 두 가지 의미가 담겨 있다. 고유명사 스노우경의 이름 Snow와 학문 간에 쌓여 녹지 않던 눈(snow)이 그들이다. 지구온난화의 도움을 받아서라도 인문학과 자연과학 사이에 쌓인 눈을 녹이고 싶다.

통섭을 화두로 던진 후 내가 가장 많이 받은 질문 중의 하나는 지금 이 순간 이 땅에서 과연 통섭이 가능한가 하는 것이다. 솔직히 쉽지 않아 보인다. 기왕에 분과학문적인 교육을 받은 우리들에게는 통섭이 요원해 보일 수밖에 없다. 그러나 다음 세대가 어떤 형태로든 통섭적인 교육을 받게 된다면 통섭의 시대는 훨씬 앞당겨질 것이다. 그래서 통섭 노력이 가장 먼저 결실을 맺어야 할 곳은 다름 아닌 교육이다. 이런 점에서 최근 하버드대학이 새롭게 개정한 핵심교육과정(Core Curriculum)은 충분히 주목 받을만하다. 1978년에 처음으로 만들어진 하버드의 핵심교육과정 제도는 지식의 내용 자체보다 지식을 탐구하는 사고의 방법을 교육하는 것이 그 목적이다. 이번에 새롭게 개정되어 2009년부터 실시될 새 핵심교육과정은 각종 기초학문을 실제 삶의 문제들과 연계하여 통섭적인 사고를 요구하는 방향으로 만들어졌다.

그러나 아직도 문과와 이과로 나눠 고등학교 교육을 실시하고 있는 지구상 최고의 원시국가 대한민국에서는 통섭은 불가능해 보인다. 우리는 흔히 미국의 고등학교 교육이 엉망이라고 흉을 본다. 고등학교를 졸업하고도 글을 읽지 못하는 학생들이 수두룩하다고 비웃는다. 하지만 그것은 멕시코 등지에서 건너온 아이들의 경우를 말하는 것이다. 미국에서 정상적인 고등학교 교육을 제대로 받고 대학에 진학한 학생들은 다르다.

개인적인 경험을 한 가지 소개하련다. 미국에서 교편을 잡던 시절 미국 대학생들, 심지어는 하버드 대학의 학생들도 우리나라 대학생들에 비해 수학 실력에 있어서는 전반적으로 뒤쳐져 있다는 걸 알았다. 그러나 학기 초 수업 시간에 미적분학 공식을 들먹이면 고개를 떨어뜨리던 학생들이 학기 중반이면 큰 어려움 없이 따라온다. 어떻게 했느냐는 내 질문에 그들은 도서관에서 미적분학 책을 펴 놓고 공부를 했다고 답했다. 미적분학을 독학했다는 그들의 말을 나는 믿을 수가 없었다. 우리나라 대학의 문과 계열 학생들에게는 한마디로 불가능한 일이기 때문이다. 영문학과 학생에게 물리학과의 양자역학 수업을 들으라고 하면 시작조차 하지 못한다. 교과서의 단 한 페이지도 읽어내지 못할 것이다. 미국의 대학생들은 다르다. 고등학교 시절 대학에 가면 어느 전공이라도 노력만 기울이면 어느 정도 따라갈 수 있도록 교육을 받은 덕택이다. 우리나라 대학생들은 사실 이른바 '수학능력 시험'을 통과한 학생들이다. 그러나 우리 대학생들은 수학능력자들이 아니라 '수학장애우'들이다. 통섭의 시대를 위한 근본적인 교육개혁이 필요하다.

요즘 대학가에서 가장 인기 있는 강사들은 단연 대기업의 CEO들이다.

강의를 잘 하기로 이름 난 교수들이 겨우 1백 명 남짓의 학생들을 동원하는데 그치는 것과는 달리 이름 있는 대기업의 CEO가 오면 손쉽게 1천 명 이상의 학생들이 모여든다. 취업을 앞둔 학생들에게 CEO들의 강의는 구구절절 피가 되고 살이 된다. 그런데 언제부터인가 상당수의 CEO들이 대학교육의 실효성에 의문을 제기하기 시작했다. 요즘 대학 졸업자들은 회사에서 별도의 재교육을 실시하지 않으면 거의 쓸모가 없단다. 나는 CEO들의 이 같은 발언이 대학생들로 하여금 학업에 더욱 전념하도록 격려하는 취지에서 나온 것이라고 믿고 싶다. 하지만 만일 그 발언이 대학에게 기업을 위한 맞춤형 족집게 교육을 요구하는 것이라면 절대로 받아들일 수 없다.

최근 우리 사회에서는 '사오정', '오륙도'란 말 그대로 대부분의 사람들이 50세를 전후하여 평생 몸 담을 줄 알았던 직장에서 쫓겨난다. 그렇다면 우리는 기껏해야 20년 남짓 벌어먹기 위해 마찬가지로 거의 20년의 혹독한 입시 및 입사 지옥을 거쳤다는 얘기다. 우리나라는 이미 인생80을 거쳐 100세 시대를 향해 달리고 있다. 은퇴 후 인생이 30년 내지 50년이 된다는 뜻이다. 그래서 나는 얼마 전부터 '인생 이모작'을 부르짖고 있다.[8] 이제 곧 대부분의 사람들은 평생 적어도 대여섯 차례 직업을 바꿔가며 살게 될 것이라는 예측이 나와 있다. 이 같은 고령사회에서 20년 남짓의 제1인생 직업만을 위해 준비하는 것은 결코 현명한 일이 아니다. 그렇다고 해서 장차 어떤 직업들을 전전하게 될지도 모르면서 미리 그 모든 분야의 공부들을 다 해둘 수도 없는 일이다. 다 해둔다 해도 지식의

8) 최재천. 2005. 『당신의 인생을 이모작하라 – 생물학자가 진단하는 2020년 초고령 사회』. 삼성경제연구소.

변화 속도가 너무나 빨라 사실상 소용이 없는 일이다.

그렇다면 방법은 하나뿐이다. 언제 어떤 직업으로 갈아타더라도 변신이 가능하도록 융통성과 응용력을 길러두는 것이다. 선진국의 명문대학들이 아무리 시대가 변해도 한결같이 기초학문을 강조하는 까닭이 바로 여기에 있다. 경영학의 대가 드러커(Peter Drucker, 2007)는 "21세기는 지식의 시대가 될 것이며, 지식의 시대에서는 배움의 끝이 없다"고 말했다. 지금처럼 대학만 졸업하면 공부와 담을 쌓는 게 아니라 평생 새로운 걸 배우며 살게 된다는 것이다. 21세기는 어떤 새로운 지식이라도 손쉽게 습득할 수 있는 이른바 '수학능력'을 소유하고 있는, 즉 인문학과 자연과학의 소양을 고루 갖춘 통섭형 인재를 원한다.

하지만 극심한 취업난 속에 기업들이 계속 대학 졸업자들의 성적표에 찍혀 있는 숫자에만 주목한다면 통섭적 교육은 발을 붙일 수 없을 것이다. 요즘 대학생들은 평점을 높이기 위해 어렵고 성적이 잘 나오기 힘든 과목을 기피한다. 미국의 명문대학들은 학생을 선발할 때 단순히 평점만을 보지 않는다. 쉬운 과목들만 골라 들어 좋은 성적을 올린 학생은 대부분의 경우 심사 대상에도 포함되지 않는다. 일단 어려운 과목들을 어느 정도 수준으로 들었다는 것이 전제조건이다. 이에 비하면 우리 기업들은 아직도 대학에서 쉬운 과목들만 골라 들으며 좋은 성적을 받은 '비겁한' 학생들만 뽑고 있다. 쉬운 과목에서 A를 받은 학생보다 자기 전공이 아닌 다른 전공의 어려운 과목에 도전하여 C를 받은 학생이 길게 보면 훨씬 쓸모 있는 인재일 것이라고 생각한다. 기업이 언제나 쉬운 문제들만 해결하며 돈을 버는 게 아니라면 신입사원 선발과정도 이제 혁신이 필요하다.

이런 모든 걸 고려할 때 나는 우리나라가 세계 11대 경제대국이란 게 사실일까 의심스럽다. 2002년 한일월드컵 덕택에 조금 나아지기는 했지만 아직도 세계인들의 상당수가 도대체 어느 구석에 붙어 있는지도 모르는 작디작은 나라, 불과 반세기 전 피비린내 나는 전쟁으로 인해 그야말로 쑥대밭이 되었던 나라, 그 나라가 지금 전 세계에서 열한 번째로 거대한 경제규모를 자랑하는 나라가 되었다는 걸 어떻게 믿으란 말인가?

지난 몇 년 동안 나는 만나는 경제학자마다 이게 사실이냐고 캐물었다. 정부가 국민을 상대로 사기를 치는 건만 같다. 그런데 경제학자들의 답변에 따르면 대표적인 경제지표로 계산해볼 때 분명히 맞는 말이란다. 그래도 나는 여전히 고개를 갸우뚱거린다. 어디든 파면 무엇이든 펑펑 쏟아져 나오는 나라인가? 조상님들이 뭔가 두둑하게 물려주고 가신 나라인가? 급할 때마다 이웃나라들이 선뜻 도움의 손길을 건네주는 그런 나라인가?

전쟁으로 완전히 폐허가 된지 겨우 반세기만에 지구촌 유일의 분단국인 나라가 이처럼 엄청난 경제 발전을 이룬 것이다. 이 기적 같은 일이 어떻게 가능할 수 있었을까? 쓰레기통에서 장미꽃을 피운 우리 민족의 힘은 진정 어디에서 온 것인가? 이 질문에 대해 나는 촌각의 머뭇거림도 없이 정답을 말할 수 있다. 별로 좋지도 않은 제도 속에서도 죽어라고 공부한 덕에 일궈낸 기적이다. 지지리도 가진 것 없는 이 나라를 이처럼 화려하게 일으켜 세운 것은 오로지 교육에 대한 우리 민족의 강한 욕구 덕이라는 내 주장에 반론을 제기할 수 있는 사람이 과연 있을까?

그런데 어찌 된 영문인지 요사이 우리 사회는 어떻게 하면 공부를 덜 할 수 있는 방도를 찾느라 혈안이 되어 있는 것 같다. 요즘 우리 주변에는 아이들을 아예 미국 대학으로 보낸 부모들이 적지 않다. 그런 부모들의 얘기를 들어보면 미국 대학에서 공부하는 아이들의 소원은 한결같이 잠

좀 실컷 자보는 것이란다. 미국의 명문대학들이나 중국의 칭화대학은 졸업 이수 학점으로 180학점을 요구하고 있는데 우리 대학들은 겨우 130학점을 애걸하고 있다. 날이 갈수록 치열해지는 국제경쟁에서 살아남기 위해 선진국의 대학들은 모든 전공의 학생들에게 기초 학문, 그 중에서도 자연과학을 필수과목으로 부과하고 있는데 우리는 과학을 고등학교에서도 선택과목으로 만들어 버렸다. 이러고도 과연 우리가 21세기를 무사히 살아 넘길 수 있을지 심히 걱정스럽다.

나는 1년여 전 10년 넘어 몸담았던 서울대의 안락함을 물리치고 이화여대로 자리를 옮겼다. 학문의 통섭을 추구하기 위해서 이 나라 대부분의 사람들이 고개를 갸우뚱거릴 일을 저질렀다. 내가 하는 생물학인 행동학과 생대학은 특별히 통섭적인 접근을 요하는 학문들이다. 생명이란 워낙 복합적인 현상이라 여러 분야가 한데 모여 통섭적으로 연구하지 않으면 도저히 이해할 수 없기 때문이다. 나는 "크고, 깊고, 느린 생물학"을 하기 위해 이화여대에 왔다. 이러한 구상의 구체적인 실현으로 2007년 3월부터 이화여대 대학원에는 우리나라 최초로 에코과학부(Division of EcoScience)가 신설되었다. 우리의 생태환경을 보전하고 삶의 질을 향상시키는 연구와 활동에 몸담고 싶은 대학생들에게 미래를 설계할 수 있는 통섭적인 교육기관이 만들어진 것이다.

더불어 내 연구실 한 구석에는 '통섭원統攝苑'이라는 일종의 학문 사랑방을 마련했다. 여러 학문에 종사하는 분들이 한데 모여 자유분방한 학문의 굿판을 벌일 수 있는 공간으로 키우고 있다. 통섭원에서는 지금 여러 다양한 분야의 학자들이 모여 질펀하게 학문을 논하고 있다. 서로 다른 분야의 학자들이 한 곳에 모여 하다못해 '잡담'을 하다 보면 저절로 학문의 불꽃이 튀는 법이다. 그러다 보면 어느 날 운 좋게 대형화재도 일어날 것이다. 반도체 이후 우리나라를 먹여 살릴 아이디어도 그 불 속에 있을지 모른다. 하지만 내 꿈은 통섭원에서 멈추지 않는다. 나는 현대판 집현전集賢殿을 꿈꾸고 있다.

하버드 대학에는 1933년에 설립된 명예교우회(Society of Fellows)가 있다. 위대한 학자의 자유로운 연구가 바로 위대한 대학의 정신이라는 신념으로 만든 이곳은 장래가 촉망되는 젊은 학자들에게 완벽한 학문의 자유를 제공한다. 명예교우로 선발되면 3년 동안 조교수 수준의 월급과 연구시설을 제공 받지만 단 한 쪽의 보고서도 요구 받지 않는다. 이 같이 완벽한 학문의 자유 덕택에 하버드 명예교우회는 지난 70여 년간 수없이 많은 노벨상과 퓰리처상 수상자를 배출했다. 나는 우리나라에도 이런 명예교우회를 만들고 싶다.

우리 학계는 지금 애써 키운 젊은 박사들을 속칭 '보따리 장수'들을 만들어 거리로 내몰고 있다. 강사료가 워낙 쥐꼬리 같아 적어도 서너 대학은 뛰어야 가까스로 최저생활비라도 벌 수 있다. 그렇게 몇 년 하고 나면 몸은 물론 학문의 샘도 고갈되고 만다. 이 얼마나 엄청난 낭비인가. 매년 갓 박사학위를 받은 탁월한 젊은 학자 100명을 선발하여 4천만 원씩 5년 동안 뒷받침해보자. 첫해에는 40억, 5년 후에도 기껏해야 200억이면 된다. 5년 후면 500개의 젊은 두뇌들이 지식의 빛을 반짝이게 된다. 대한민국은 그만큼 더 강하고 살기 좋은 나라가 될 것이다.

나는 대한민국은 오로지 공부밖에는 믿을 게 없는 나라라고 생각한다. 공부하는 사람이 많으면 많을수록 이 나라의 미래는 그만큼 밝다. 내가 꿈꾸는 집현전은 대학 혼자 세우기엔 버거울 것이다. 정부가 해야 한다.

정부가 아니라면 기업이 할 수도 있다. 기업들이 할 수 있는 가장 보람 있는 사회 환원은 바로 인재를 키우는 일에 후원하는 것이다. 정신이 먼저 선진화해야 사회도 선진화한다. 다시금 "난세일수록 공부에 힘쓰라"던 우리 성현들의 말씀을 되새겨본다.

참고문헌

Crocker, Lester G. ed., 1969. *The Age of Enlightenment.* New York : Harper & Row.

Dawkins, Richard., 2006. 홍영남 옮김. 『이기적 유전자』(개정판). 을유문화사.

Drucker, Peter., 2007. 이재규 옮김. 『Next Society』. 한국경제신문사.

Levine, George, ed., *One Culture : Essays in Science and Literature.* Madison : University of Wisconsin Press. 1988.

Wilson, Edward O., 2005. 최재천 · 장대익 옮김. 『통섭－지식의 대통합』. 사이언스북스.

최재천. 2005. 『당신의 인생을 이모작하라－생물학자가 진단하는 2020년 초고령사회』. 삼성경제연구소.

최재천 · 한영우 · 김호 · 황희선 · 홍승효 · 장대익. 2003. 『살인의 진화심리학－조선 후기의 가족 살해와 배우자 살해』. 서울대학교 출판부.

한국학 연구 패러다임을 둘러싼 논의

－내재적 발전론을 중심으로－

박 찬 승 (한양대학교 사학)

1. 전환점에 선 한국학 연구

최근 한국학 연구는 바야흐로 일대 전환점에 서 있는 것으로 보인다. 1960년대 이후 한국학 연구를 지배해온 패러다임의 두 축은 '민족주의적인 이념적 정향'과 '내재적 발전론이라는 연구방법론'이었다. 그런데 1990년대 이후 이와 같은 이념적 정향과 연구 방법론 모두가 국내외 학계로부터 집중 공격을 당하고 있다. 비판의 주체는 다양하다. 근대화론자로부터 탈근대론자에 이르기까지. 비판의 근거도 다양하다. 실증적 측면으로부터 이론적 측면에 이르기까지. 비판의 강도는 갈수록 거세어지고 있는 반면, 이에 대한 반론은 갈수록 약해지고 있다. 때문에 한국학 연구는 일대 전환점에 서 있다고 해도 과언이 아닐 듯하다.

이 글에서는 비판의 초점이 되고 있는 이슈 가운데 후자, 즉 내재적 발전론을 검토해보고자 한다. 내재적 발전론이란 식민주의의 타율성론과 정체성론에 대한 비판으로서 대두한 이론이다. 즉 한국사는 타율에 의해 움직여 온 역사가 아니라 자율적으로, 내재적으로 움직여 온 역사라는 것, 그리고 정체된 역사가 아니라 꾸준히 발전해온 역사라는 것을 증명하려 한 것이 내재적 발전론이었다.[9] 그런데 1960년대 이후 한국학계에 등장한 이와 같은 내재적 발전론이 오늘날에는 오히려 거꾸로 비판의 대상이 되고 있다. 왜 이와 같은 현상이 벌어졌을까. 이 글에서는 왜 한국학의 주류를 이루어왔던 내재적 발전론은 무엇인지, 그리고 오늘날 이에 대한 비판론자들의 논리는 무엇이며 그 논리는 과연 타당성이 있는지를 검토하고, 디 니아가서 내재적 발전론이 문제가 있다면 이를 대신할 대안 혹은 보완할 방법은 없는지 검토해 보고자 한다.

2. 1960년대 이후 한국학계의 내재적 발전론

일제하 식민사관, 즉 식민주의 역사학은 타율성론 · 정체성론을 그 뼈대로 하고 있었다. 타율성론은 한마디로 한국사의 전개과정이 한민족의 자주적인 역량에 의해 자율적으로 이루어져 왔다기보다는 외부세력의

9) 내재적 발전론에 대한 정리는 아래의 글을 참조할 것.
박찬승. 1994.「분단시대 남한의 한국사학」.『한국의 역사가와 역사학』하, 창작과 비평사; 김인걸. 1997.「1960,70년대 '내재적 발전론'과 한국사학」.『한국사인식과 역사이론』. 지식산업사; 이영호. 2002.「내재적 발전론을 둘러싼 논의」.『한국 전근대사의 주요 쟁점』. 역사비평사; 이헌창. 2007.「한국사파악에서 내재적 발전론의 문제점」.『한국사시민강좌』40. 일조각.

간섭과 압력에 의하여 타율적으로 이루어져 왔다고 보는 역사관이다. 또한 정체성론은 개항 이전 한국사회는 일본의 10세기경에 해당하는 사회단계에서 정체해 있다는 주장이었다. 이와 같은 식민주의 역사학의 이론은 이미 1930년대 백남운의 『조선사회경제사』(1933)와 『조선봉건사회경제사』(1938)에 의해 비판받기 시작하였다. 그는 일제의 식민사관의 정체성론, 타율성론을 조선사회 특수성론에 입각한 것이라고 보고, 조선사회의 보편성을 확인하는 작업으로 이를 부정하려 하였다. 그가 선택한 보편성론은 바로 마르크스주의의 유물사관이었다. 그는 한국사도 원시공동체사회 - 고대노예제사회 - 중세봉건제사회의 발전단계를 거쳐 왔다고 보고, 이를 한국사의 각 발전단계에 적용시켰다. 그는 삼국시대를 고대노예제 사회로 보았고, 고려시대와 조선시대를 중세봉건제사회로 보았다. 그리고 조선후기에는 근대 자본주의사회로 이행하기 위한 자본주의 맹아가 발생하고 있었다고 보았다. 백남운은 타율-정체론에 대항하여 자율-발전론, 즉 내적 발전론을 내세운 것이었다.[10] 같은 1930년대 이청원도 마르크스주의의 유물사관에 입각하여 『조선역사독본』(1937)이라는 통사를 서술하였고, 아시아적 특수성을 가진 노예제-봉건제를 한국사에 모두 설정하였다. 다만 그는 노예제사회가 고려시대까지 지속되었다고 주장하였다.

한편 해방 이후 전석담의 『조선사교정』은 '조선사회의 내적 발전법칙'을 해명한다는 취지를 갖고 있었으나, 노예제 결여론을 주장함으로써 보편적 발전단계론에서는 약간 벗어났다. 하지만 전석담은 당시 "우리는

10) 백남운의 역사학에 대해서는 방기중, 1992 『한국근현대사상사연구 -1930 · 40년대 백남운의 학문과 정치경제사상』, 역사비평사를 참조할 것.

한 사회의 역사적 발전을 고찰함에 있어서 일반적인 발전법칙과 함께 그 사회의 특유한 역사성을 고려하지 않으면 안 된다"면서, 백남운처럼 조선사회의 발전법칙을 세계사의 일원적 발전법칙에 해소시키는 공식주의에 가담할 수는 없다고 주장하였다.[11] 그리고 식민사관의 정체성론은 비판하지만, '침체성'은 인정할 수 있는 것이라고 말하였다. 즉 "과거 조선사회의 경제적 발전단계는 인류사회의 일반적인 발전단계에 즉응하여 발전해 왔다고 보아서 틀림이 없을 것이다. 그러나 조선사회의 경제적 발전은 전 역사적 과정을 통하여 매우 완만하였고, 또한 각 발전단계를 개별적으로 고찰하더라도 그 곳에서는 단일한 대응관계가 압도적으로 명료하게 나타나지 않고, 낡은 사회적 대극관계와 중첩 또는 결부되어 있다는 것이 특징적이다. 이러한 특징으로 말미암아 조선사회의 경제적 관계는 소위 '아세아적 정체성'을 표시하고 있고, 보다 적절히 표현하면, '침체성'을 띠고 있는 것이다"라고 말하였다.[12]

이처럼 비록 서로 의견을 달리하고는 있었으나, 백남운 · 이청원 · 전석담 등은 유물사관의 방법론을 빌려 조선사회의 내적 발전법칙을 밝히려 하였고, 이는 식민사관의 타율-정체론과 정면 대결하면서 이를 극복할 수 있는 길을 제시하고 있었다. 1950년대에 북한 역사학계는 그러한 입장을 계승하여 조선사의 시대구분에 관한 논쟁을 전개하였고, 결국 원시사회 - 고대노예제사회 - 중세봉건제사회를 한국사에 모두 적용시키는 방향에서 논쟁은 정리되었다. 백남운식의 보편적 발전단계론이 승리를

11) 전석담. 1948. 「조선사 연구의 제문제」. 『조선경제사』. 을유문화사.

12) 전석담. 1949. 「사회의 경제적 발전상의 '침체성'에 관하여」. 『학풍』. 임시증간호. 1949년 5월. 12쪽.

거둔 셈이었다. 다만 고대노예제사회는 고조선사회로, 중세봉건제는 삼국시대 이래 조선시대까지로 비정되었다.[13)]

1950년대 남한의 역사학계는 아직 식민사관의 그늘에서 벗어나지 못하였고, 분단과 전쟁으로 인해 유물사관에 입각한 내적 발전법칙 같은 것은 거론하기 힘들었다. 그런 가운데 1930년대의 조선학운동에서 제기된 바 있었던 실학연구가 1950년대에 부활하였다. 실학 연구는 천관우에 의해 반계 유형원 연구로 다시 시작되었는데, 그는 실학의 성격에 대해 "실학은 결코 근대의 의식도 아니고 근대의 정신도 아니다. 실학은 그 비판적 입장에서 봉건사회의 본질을 해부하고 노동하지 않는 계급을 비방하고 신분적 세습을 비판하고 대토지 사유를 비판했지만, 그 비판의 기조는 당우삼대에 속하는 것"이었다고 하면서도, "정체된 봉건사회를 극복하고 근대를 가져오는 거대한 별개의 역사적 세계와의 접촉을 준비하는 한 시련을 겪고 있었다는 의미에서 실학은 근대정신의 내재적인 태반 역할을 담당했던 것"이라고 하여, 근대사상의 맹아로서의 성격을 인정했다.[14)]

국문학쪽에서도 이우성이 연암 박지원을 중심으로 18세기 전후 '시대의 신요소' 특히 '士'의 존재와 신흥상인의 움직임이 연암의 문학과 사상의 창조성, 진보성을 양성하였다고 주장하였다. 그는 권력에서 소외된 士의 비판정신이 실학사상으로 전환되었던 바, 농촌의 토착적인 환경에

13) 이에 대해서는 김광진 외. 1957. 『삼국시기의 사회경제구성에 관한 토론집』(일송정, 1989)을 참조할 것.

14) 천관우. 1952 · 1953. 「반계 유형원연구 - 실학 발생에서 본 이조사회의 일 단면」. 『역사학보』 2 · 3.

서 성장한 성호학파의 경우 현실비판이 복고적인 색채를 띠었던 데 반하여, 연암 그룹의 경우 도시적 분위기에서 서민세계와의 접촉으로 의식의 전진성 활발성을 확보하였다고 썼다. 이우성은 이때 고립적이 아닌 하나의 유파로서 '실학파 문학'이라는 용어를 처음 사용했다.[15)]

실학 연구의 재개는 학계에 조선후기 사회와 사상에 대한 관심을 불러일으켰다. 그런 가운데 1960년을 전후하여 북한에서는 조선후기 자본주의 맹아에 대한 연구가 본격화되고 있었다. 즉 조선후기 상업 · 수공업 · 광업 · 농업 부문에서 자본주의 맹아가 발생하였다는 것이었다. 그리고 조선후기 북학 사상에는 그러한 사회경제적 변화가 반영되고 있었으며, 이는 결국 19세기 후반 개화파의 사상으로 발전되어 나갔다는 것이 북한 학계에서 1960년대초에 내놓은 『김옥균』의 주장이었다. 이러한 북한학계의 움직임은 중국학계의 그것과 비슷하였는데, 이는 남한 학계에 큰 영향을 주었다.

남한학계에서는 1960년대 초 식민사관에 대한 비판과 민족사관의 계승에 대한 논의가 본격적으로 시작되었다. 이기백은 1961년에 내놓은 『국사신론』의 서론에서 식민사관의 반도적 성격론, 사대주의론, 당파성론, 정체성론을 본격적으로 비판하였다. 여기서 그는 정체성론과 관련해서는 "동양사회가 그 자체 속에 발전의 계기를 내포하고 있지 않았다는 정체성의 이론은 점차 비판의 대상이 되어가고 있다. 동양사회도 모든 인류사회가 밟아야 할 일정한 발전단계 - 고대적 · 봉건적 · 근대적 - 를 반드시 거쳤으리라는 것이다. (중략) 동양사회가 서양사회와 어깨를 겨루게 되

15) 이우성. 1957. 「실학파의 문학 = 박연암의 경우」. 『국어국문학』 16.

는 날에는 필연적으로 동양사회의 발전적인 요소를 탐구하려는 노력이 행해질 것은 의심없는 일이다. 현재 중국학계에서 서구 자본주의 침투 이전에 이미 중국사회에 자본주의의 맹아가 있었다는 증거를 찾으려고 열심인 것은 그러한 풍조로 생각해야 할 것이다"라고 정리하였다.[16)]

이후 정체성론에 대한 비판은 김용섭, 카지무라 히데키, 김영호 등에 의해 이어졌다. 그리고 정체성론 극복과 '민족의 주체적 내재적 발전과정을 합법칙으로 파악하려는 노력'(이기백의 표현)은 두 가지 방향에서 진행되었다.[17)] 하나는 시대구분론이었으며, 다른 하나는 조선후기 자본주의 맹아론이었다. 시대구분론은 결국 한국사의 발전과정을 보편적 발전법칙과 관련하여 어떻게 정리할 것이냐의 문제였다. 1967년 경제사학회가 주최한 한국사시대구분에 관한 토론회가 열렸다. 여기에서 김철준은 고대에서 중세로 이행하는 시기를 나말여초로 제시했고, 강진철은 고려후기 내지 조선초기로 제시했다. 일부에서는 원시사회에서 고대사회를 거치지 않고 바로 봉건사회로 이행했다고 보고, 이 봉건사회를 나누어 삼한과 부여시대를 고대사회, 삼국성립 이후를 중세사회로 보려는 견해(김병하)가 있었다. 또 근대의 기점과 관련하여 여러 주장이 쏟아져 나왔는데, 유원동은 18세기에서, 조기준은 19세기 후반에서 근대의 기점을 찾았다.[18)]

---

16) 이기백. 1961. 『국사신론』. 일조각. 9쪽.

17) 이기백. 1968. 「1967년도 한국사학계의 회고와 전망」(국사). 『역사학보』 39. 4~5쪽. 일부에서는 '내재적 발전론'이라는 용어를 일본의 한국사연구자들이 먼저 쓰기 시작했다고 말하고 있으나, 그 개념은 이미 이기백교수가 처음 사용하였다고 말할 수 있다.

18) 같은 책. 375쪽.

조선후기 자본주의 맹아론은 농업 · 상업 · 수공업 · 광업 등의 연구에서 진행되었다. 김용섭은 일련의 양안 연구를 통하여 서양의 자본가적 차지농과 유사한 '경영형 부농'의 존재를 증명하려 하였다. 강만길은 상업에서, 송찬식 · 유원동 · 김영호는 수공업에서 각각 자본주의 맹아, 즉 원시적 자본의 축적과 노동자의 등장, 매뉴팩춰의 등장을 증명하려 하였다. 연구의 결과, 김용섭은 농법의 개량, 상업적 농업, 광작 등을 통하여 새로운 농업 담당자층인 경영형 부농이 등장하고 있었다고 주장하였다. 한편 북한의 허종호는 평민층의 지주, 즉 서민지주가 등장하고 있었다고 지적하였다. 강만길 등은 상업에서 경강상인 · 개성상인 등 사상이 도고를 통하여 상당한 부를 축적하고 있었다고 보았다. 유원동 · 김영호 등은 수공업에서 근대적 생산양식의 단초적 형태인 공장제 수공업이 등장하였다고 주장하였다. 특히 북한 학자들은 1950년대 후반부터 조선후기 수공업, 광업 분야에서의 매뉴팩춰를 확인하여 자본주의 맹아론에 큰 힘을 실어주었다. 당시 김영호는 "단순화시킨다면 정체론의 극복 문제는 바로 맹아론의 제기 문제이기도 하다"고 말하고 있었다. 조선사회 정체성론이 바로 조선후기를 대상으로 한 것이었기 때문에, 조선후기에서 자본주의 맹아를 찾는다면 정체성론을 일거에 뒤집을 수 있다는 생각이었던 것이다.[19] 안병직은 맹아론 연구에 대해 "조선후기 자본주의 맹아의 발생에 관한 문제는 한국사에 있어서 봉건사회로부터 자본주의사회로의 이행에 관한 문제이다. 그러므로 이 문제의식의 배후에는 개항 전 한국사회는 자본주의 침략이 없었더라면 조만간 스스로 자본주의 사회에로 이행하

19) 김영호. 1969.「한국사정체성론의 극복의 방향 -시대구분과 자본주의 맹아의 문제」. 『아세아』 1969년 3월호. 90쪽.

였을 것이라는 역사의식이 깔려 있다"고 지적하였다.[20)]

이와 같은 자본주의 맹아론 연구는 사상사에서 조선후기 실학, 사회사에서 조선후기 신분제의 변동에 관한 연구를 자극하였다. 조선후기 실학 연구는 1973년 『실학연구입문』과 1975년 『실학논총』에서 그 절정에 다다랐다. 『실학연구입문』에서는 유형원, 이익, 이중환, 유수원, 박지원, 우하영, 박제가, 정약용, 최한기 등 주요 실학자들의 생애와 사상을 정리하였다. 이 책의 서설에서 이우성은 실학자를 경세치용학파, 이용후생학파, 고증학파의 3개 유파로 구분하였고, 이후 이러한 구분이 일반화되었다. 그리고 실학의 성격에 대해서는 "비록 (영정조대의) 신학풍의 개창자들이 역사적 제약 때문에 '근대'라는 시대개념을 창조해내지는 못했지만, 당시 봉건사회의 말기적 징후 속에 그들이 지향하는 새로운 차원이란 바로 근대로의 방향으로 통하는 길이다"라고 하여, 실학을 '근대지향의 학풍'으로 정리하였다.[21)] 조선후기 신분제 변동에 관한 연구는 주로 호적과 양안을 자료로 한 연구로 진행되었는데, 연구는 하층민의 신분 상승과 이로 인한 신분제의 동요를 살피는 연구와, 지배구조의 모순과 붕괴의 측면에서 신분제의 동요 원인을 찾으려는 연구의 두 방향으로 전개되었다. 연구자들은 대체적으로 양반제가 동요하고 있었고, 반 · 상 및 양 · 천간의 신분혼효 내지 신분모호가 나타나고 있었으며, 이는 조선왕조의 신분제가 서서히 해체되고 있었음을 의미한다는 데 의견을 모으고 있었다.[22)]

---

20) 안병직. 1981. 「조선후기 자본주의 맹아의 발생」. 『한국학연구입문』. 지식산업사. 345쪽.
21) 이우성. 1973. 「실학연구서설」. 『실학연구입문』. 일조각. 6쪽.
22) 이와 같은 자본주의 맹아론에 대한 연구의 성과는 1980년대 초에 나온 한국사연구회 편, 『한국사연구입문』 (지식산업사, 1981)의 '농업의 발달과 지주제의 변동' '상공업의 발전' '신분제의 동요' '실학' '서민문화의 대두' 등의 항목에 잘 정리되어 있다.

역사학계의 조선후기사 연구가 이와 같이 자본주의 맹아론, 신분제의 변동, 실학의 발생 등을 중심으로 진행되면서, 이는 국문학계, 한국철학계에도 큰 영향을 미쳤다. 국문학계에서는 조선후기의 실학파 문학, 여항문학과 서민문학, 민속극 등에 깊은 관심을 보이면서 연구가 진행되었다. 임형택은 이에 대해 다음과 같이 쓰고 있다.

> 우리나라 20세기 초엽의 신문학은 현상적으로는 과거와 단절된 모습으로 출발하였지만, 이를 역사적으로 고찰하려면 계기성을 고려하지 않을 수 없다. 신문학운동을 요구하고 신문학의 훌륭한 결실을 이룬 역량은 이미 중세문학 내부에서 성장하고 있었기 때문이다. 곧 조선후기(17~18세기) 문학은 중세해체기의 문학이며, 근대문학의 원천으로 우리 문학사에서 중요시하는 바, 실학파 문학, 여항문학, 서민문학을 골자로 하고 있다. 여항문학과 서민문학은 중간층과 민중들의 문학인 점에 특색을 가지며, 실학파 문학은 실학의 중요성과 함께 문제시되고 매력을 끌어왔다.[23]

조선후기 문학을 중세해체기의 문학이며, 근대문학의 원천으로서 중시하고 있었던 것이다. 임형택은 17세기 중엽 이후 사대부 문학은 여전히 지속되었지만, 그 일각에서 '실학파문학'의 혁신적인 기풍이 조성되었으며, 중인 서리들이 중심이 된 중간층에서 여항문학이 형성되었고, 뒤이어 사회의 저류 기층에서 서민문학이 성장하였다고 설명하였다. 그는 이러한 문학들이 그 자체로 근대문학이라고 보기는 어렵지만, 근대문학을 지향한 문학이라고 평가하였다.[24] 이와 같은 연구성과는 1984년에

23) 임형택. 1981. 「실학파문학과 한문단편」. 『한국학연구입문』. 지식산업사. 300쪽.
24) 임형택. 1981. 「여항문학과 서민문학」. 『한국학연구입문』. 지식산업사. 315쪽.

나온 조동일의 『한국문학통사』(3권)에서 조선후기를 "중세에서 근대로의 이행기 문학-제1기"라고 명명하는 식으로 정리되었다.

한편 조선후기사에 대한 새로운 연구 붐은 철학계에서도 일어났다. 윤사순은 실학의 철학적 기반을 분석하는 글에서 실학은 명보다 실을 중시하며, 경험론적 인식설을 제시하였고, 우주 자연과 인간은 하나가 아니라고 생각하였으며, 인간은 욕구를 가진 자율적인 인격체라는 것을 주장하였고, 윤리 도덕은 필연적인 법칙이 아니며, 민본위민 사상의 극치를 보여주었다고 보았다. 결론적으로 윤사순도 실학사상은 근대지향의 성격을 갖고 있었다고 정리하였다.[25)]

한편 한국사학계에서는 내재적 발전론이 조선후기사 연구에만 한정되지 않고 전 시대로 확대되어 갔다. 즉 선사시대 연구에서도 구석기시대·신석기시대·청동기시대가 새로이 설정되었다. 또 일본인들에 의해 주장되어 온 전근대사회에서의 토지국유제론이 비판되고 사유론이 일반화되어 갔다. 또 내재적 발전론에 입각한 한국사의 새로운 체계화는 앞서 본 것처럼 시대구분 문제로 연결되었다.[26)]

한편 내재적 발전론 안에는 다시 두 가지 입장이 있었다. 하나는 사적유물론을 원용하여 한국사의 발전과정을 세계사의 기본법칙으로 설명하면서 자본주의 이후 단계까지 전망하는 변혁론의 입장이었고, 다른 하나는 근대 = 자본주의사회를 역사발전의 궁극적인 지향점으로 설정하면서 조선후기에서 근대의 싹을 찾아보려는 근대주의의 입장이었다. 양자는 겉으로는 내재적 발전론의 틀 안에 같이 들어 있었지만, 현실적으로는

25) 윤사순. 1990. 『한국의 성리학과 실학』. 열음사.
26) 박찬승. 앞의 글. 335쪽.

전혀 다른 입장 위에 서 있었기 때문에 언제든지 다시 갈라설 수 있는 가능성을 지니고 있었다.[27)]

이상 한국학에서의 내재적 발전론에 대해 살펴보았다. 내재적 발전론의 의의를 점검해 본다면, 1) 식민주의, 오리엔탈리즘에서 주장하던 정체성론과 타율성론을 극복할 수 있는 계기를 만들었으며, 2) 한국의 역사와 문화를 특수성보다는 세계사적인 보편성과 관련하여 살필 수 있게 만들었다는 점을 들 수 있을 것이다.

뒤에서 보듯이 내재적 발전론을 둘러싼 논쟁은 조선후기 자본주의 맹아론이나 한국사의 시대구분론에 집중되었다. 즉 사적 유물론에서 말하는 세계사의 기본법칙을 한국사에 과연 적용할 수 있느냐, 그리고 특히 조선후기 사회에서 자본주의 맹아를 찾을 수 있느냐 하는 점이 주요 논쟁점이 된 것이다. 하지만 김인걸이 말하였듯이 내재적 발전론은 식민사관을 극복하고 새로운 한국사의 인식체계를 수립하려는 노력은 단순히 자본주의 맹아를 찾거나, 주어진 과거의 도식적인 인식틀을 한국사에 억지로 맞추려 한 것은 아니었다.[28)] 내재적 발전론은 식민주의 사관의 정체성, 타율성론을 극복하고 새로운 한국사의 인식체계를 세우는 과정에서 한국사의 특수성과 세계사의 보편성을 어떻게 관련시켜 볼 것인가 하는 고민 속에서 나온 것이었다.

---

27) 이영호. 앞의 글. 339쪽. 뒤에 보듯이 후자의 근대주의 입장 가운데 일부는 1990년대 이후 내재적 발전론에서 이탈하여 오히려 이를 비판하는 입장에 서 있다고 보인다.

28) 김인걸. 앞의 글. 148쪽.

3. 근대화론자의 내재적 발전론 비판

조선후기 사회를 중세사회 해체기로 보고 근대사회의 맹아가 싹튼 시기로 보는 학설은 1980년대까지 학계의 통설로 자리하였다. 하지만 이에 대한 반론이나 한계를 지적하는 논의도 끊이지 않았다. 특히 자본주의 맹아의 발생에 관한 연구에 대해서는 이론이 적지 않았다. 예를 들어 1980년대 초 안병직은 "사실상 현재의 연구수준에서 이야기한다면 조선조 후기에 있어서의 자본주의적 경영방식의 출현을 단정적으로 이야기할 수는 없다. 거기에는 몇 가지 이유가 있다"고 말하고 있다. 그 이유의 하나는 이론적 문제로서, 자본주의 맹아는 봉건제사회가 붕괴하면서 성장하는 것인데, 조선사회가 어떤 봉건제 사회였는가에 대해서 아직 한국학계의 연구가 미흡하기 때문에, 어떤 봉건제사회가 어떻게 붕괴되어 갔는가를 말하기 어렵다는 것이다. 따라서 한두 개의 자본제적 경영사례만으로 자본주의 맹아단계를 설정하는 데에는 이론적 무리가 있다고 지적하였다. 그는 또 자본주의적 경영의 출현에 관한 실증적 연구에서 자료와 자료 해석상에 많은 무리가 있다는 것을 지적하였다. 아직은 자본제적 경영의 온전한 사례를 제시하지 못하고 있다는 것이었다.[29] 안병직의 이와 같은 지적은 일정한 타당성을 지니고 있었다. 학계의 연구가 자본주의 맹아에 집중되었던 반면 봉건제사회 연구는 제대로 이루어지지 않은 상황이었던 것이다. 또 맹아의 사례 제시도 단편적인 사료들을 모아놓은 모자이크식 연구가 많았다. 구체적인 사례들을 제시하지는 못하였던 것

---

29) 안병직. 1981. 「조선후기 자본주의 맹아의 발생」. 『한국학연구입문』. 지식산업사. 361쪽.

이다. 재일동포 사학자 안병태는 이러한 점을 지적하여 맹아론이 '부조적 수법'의 연구로 진행되고 있다고 비판하였다.[30)]

조선후기 자본주의 맹아론에 대한 본격적인 비판은 이영훈에 의해 제기되었다. 그는 자본주의 맹아론이 실증적, 이론적인 측면에서 모두 문제를 지니고 있다고 지적하였다. 먼저 실증적인 측면에서 맹아론자들은 맹아론의 요소에 적합한 사실들을 그것의 역사적 전체성, 사실관계의 전후 맥락과 분리하여 임의로 그 자본주의적 성격을 강조하는 방법론을 사용했다는 것이다. 그는 예를 들어 경영형 부농론을 뒷받침한 광작농은 이미 조선 초기부터 노비를 거느리고 대규모 농업경영을 하는 형태로 나타나고 있었지만 이후 소멸하는 과정에 있다가 17,8세기 경에 이앙법의 보급으로 일시 부활되고 있었다가 19세기에 다시 소멸하는 과정을 밟게 되었다는 것이다. 즉 역사적으로 쇠퇴할 운명의 존재, 당시 농학자들에 의해 비판받던 존재들을 1960년대의 자본주의 맹아론자들은 오히려 역사의 주체로서 부각시키는 우를 범했다는 것이다. 광업, 공업 부문에서의 자본주의 맹아론에서 말하는 '분업에 기초한 협업'의 발생 주장도, 사실은 이들 산업의 기술적 특성상 초기부터 그러한 형태가 나타났을 가능성이 농후하다고 보았다.[31)]

이영훈은 또 이론적 측면에서도 맹아론이 기초하고 있는 '세계사의 기본법칙'에 대해 재고할 필요가 있다고 주장하였다. 그는 "서구사회의 역사적 발전과정으로부터 추출된 기본법칙을 비서구사회의 다양한 역사에

30) 안병태. 1975.『朝鮮近代社會經濟史研究』. 東京. 일본평론사.

31) 이영훈. 1987.「한국자본주의 맹아문제에 대하여」.『한국의 사회경제사』. 한길사. 58~61쪽.

일률적으로 적용하려는 것은 마치 신데렐라가 흘리고 간 유리구두에 발을 맞추려고 애쓰는 시골처녀의 욕심만큼이나 어리석은 짓으로 비유"된다고 지적하였다. 그는 내재적 발전론에서 조선사회를 봉건사회로 규정하는 것에 대해서, 그리고 특히 조선사회의 기본경제구조를 '지주적 봉건제'로 규정하는 것에 대해서 비판적이다. 내재적 발전론이 한국사를 '세계사의 기본법칙'에 맞추어 단선적, 교조적으로 본다고 비판하였던 것이다.[32)]

이영훈은 1996년 자본주의 맹아론에 대해 본격적인 비판을 가하였다. 그가 지적한 맹아론의 문제점은 다음과 같았다.

> 첫째, 자본제로의 이행의 가장 기초적인 국면인 농촌공업의 성립이 실증된 것이 없었다. 공업의 발전과 관련하여 자주 거론되어 온 바, 광업 · 제철업 · 유기업 등이 국역체제에서 벗어나 사적 상품생산체제로 진입했던 사실도, 이들 산업이 사회적 내지 국가적 분업관계의 일환으로 처음부터 농업과 분리되어 있었던 점이나, 그 분업적 기술 및 노동편제는 역사와 함께 오랜 것임을 고려할 때, 그 중요도가 과대평가되어 왔다. (중략)
>
> 둘째, 기초산업인 농업의 발전과정과 관련하여, 조선 고유의 자연적 · 사회적 제 조건의 특질을 무시하고, 영국 근대농업의 그것과 동질시했던 문제점을 지적할 수 있다. (중략) 한국역사학은 농업의 양극분해의 추세와 부농의 존재를 찾아냄으로써 맹아론의 가장 튼튼한 이론적 및 실증적 기초를 확보코자 하였다. 이른바 광작농이나 경영형 부농이 그렇게 해서 발굴된 자본제적 농업자였음은 주지의 사실이다. 그렇지만 양극분해의 추세나 부농의 성장이 그 실증에서 당연히 요구되는 장기시계열의 사례로 입증되지 못했다. (중략)
>
> 셋째, 17세기 이후 농촌의 정기시를 중심으로 발전해 온 시장경제의

32) 같은 글. 62~63쪽.

> 성격에 대한 문제이다. 정기시는 15세기 후반부터 점생하기 시작하여 17세기 말이면 5일장 체제로 성립하고, 18세기 후반 전국적으로 천육십여 장시 수를 정점으로 그 외연적 확장을 일단 완성하고 있다. (중략) 맹아론은 이같은 시장경제의 발전 그 자체를 근대적인 것으로 평가하였지만, 그 이론적 기초는 마치 독일 역사학파 경제학의 경제발전단계론과 유사한 수준으로 단순하였다.33)

이영훈은 실증적인 측면에서 볼 때 조선후기의 수공업 · 광업, 농업, 그리고 시장에서 서구의 자본제적인 요소를 찾는 것은 불가능하다고 결론짓고 있다. 그는 조선후기의 사회상을 자본주의의 맹아가 아닌 소농사회의 성립에서 찾고 있다. 그는 조선후기의 농업의 역사상은 임노동에 기초한 지본가적 차지농의 등장이 아닌, 가족노동에 기초한 소농경제의 성숙으로 설명되어야 한다고 주장하였다. 이후 이러한 그의 주장은 그의 글에서 일관되게 이어졌다.34)

그리고 최근에 와서는 조선후기 가운데 특히 19세기, 즉 개항 이전의 시점에서 조선의 경제는 심각한 정체와 위기의 국면을 맞이하고 있었다고 주장하고 있다. 그는 조선후기의 경제상을 다음과 같이 정리하고 있다. 첫째, 인구의 대다수를 포괄하고 있는 농촌사회에서는 자급경제 · 재분배경제 등 여러 형태의 非市場經濟가 상당한 비중으로 강고히 존속하였다. 둘째, 그 요인이 무엇인가에 대해서는 아직 명확히 말할 수 없지만 17세기 후반에서 18세기 말까지 조선의 경제는 완만한 성장과 안정의 추세에 있었다. 셋째, 대조적으로 19세기부터는 인구와 시장이 정체하거

33) 이영훈. 1996. 「한국사에 있어서 근대로의 이행과 특질」. 『경제사학』 21 : 78~ 85쪽.
34) 이영훈. 2002. 「조선후기 이래 소농사회의 전개와 의의」. 『역사와 현실』 45.

나 감소함에 따라 경제도 혼란을 거듭하였다. 19세기 중반부터는 초유의 인플레가 개시되면서 경제는 커다란 위기 속으로 빠져들었다.[35] 그는 19세기 조선사회는 정체와 위기의 시대였으며, 역사란 항상 발전만 하는 것은 아니고 후퇴할 수도 있는 것이라고 보고 있다.

이와 같은 이영훈의 내재적 발전론에 대한 비판은 결국 개항=근대기점론으로 발전하였다. 그는 "1876년 개항은 이를 계기로 '소농사회의 성숙'으로 그 발전방향이 집약되던 조선 농촌경제에 그와 전혀 상이한 유형의 서유럽적 근대가 접합되기 시작하였다는 점에서 진정 한국적 근대의 출발을 알리는 기점으로서 의미를 지니고 있다"고 본다. 즉 개항은 소농사회와는 전혀 이질적이었던 서유럽적 근대, 즉 자본주의적인 근대가 들어온 것을 의미한다는 것이다. 그는 한국사회에 자본주의가 본격적으로 자리잡은 시기는 개항 이후보다는 식민지 시기였다고 본다. 그는 토지조사사업과 같은 근대적 제도 정비 이후에 식민지자본주의가 본격적으로 발전하기 시작하였다고 본다. 그는 식민지경제는 1930년을 전후한 공황기의 단절이 있지만, 평균적으로 연 3.7%의 성장을 보였다고 주장한다. 그는 이 시기 성장의 동력은 기본적으로 일본과의 수출입 및 일본으로부터의 자본유입에 있다고 본다. 하지만 식민지시기의 공업화를 지역내적 연관효과가 절연된 비지적인 것으로만 평가하는 것은 옳지 않다고 주장한다. 그는 기본적으로 식민지적 순환관계이지만, 그 과정에서 지역내적 연관도 심화되고 있었으며, 거기에 참여하는 조선인의 기업가적 활동도 확대되었다 주장한다.[36] 결국 한국자본주의의 뿌리는 식민지

---

35) 이영훈. 2004. 「총설 : 조선후기 경제사 연구의 새로운 동향과 과제」. 『수량경제사로 다시 본 조선후기』. 서울대학교 출판부. 371~372쪽.

시기의 자본주의 발달에 있다는 것이 그의 주장이다. 즉 조선후기 자본주의 맹아론의 부정은 식민지 자본주의 발달의 부각과 맥을 같이하고 있는 것이다. 그리고 이러한 입론은 식민지 자본주의의 발달이 해방 후 한국 자본주의 발달의 기초가 되었다는 안병직의 주장으로 이어지고 있다.[37)]

이상 안병직·이영훈 등의 내재적 발전론 비판, 특히 자본주의 맹아론 비판을 살펴보았다. 그들의 자본주의 맹아론 비판은 맹아론의 이론과 실증, 양 측면에서 공히 이루어지고 있으며, 특히 실증면에 집중되고 있음을 알 수 있다. 이는 맹아론이 그만큼 실증면에서 취약했기 때문이다. 맹아론자들은 양안과 호적, 그리고 조선왕조실록 등에서 단편적인 자료들을 찾았을 뿐, 구체적으로 경영형 부농이나 상인자본가, 매뉴팩추어 등의 사례를 제시하지 못하였다. 또 맹아론은 이론적으로도 지나치게 서구, 특히 서구에서도 선진국이었던 영국의 자본주의 발전과정을 모델로 함으로써 그와는 거리가 멀었던 조선사회의 특질을 염두에 두지 못했다는 비판을 피하기 어려웠다.

하지만 안병직·이영훈 등의 맹아론 비판도 역시 실증적·이론적으로 많은 문제점을 안고 있는 것은 마찬가지이다. 실증적인 면은 미루어두고, 이론적인 면만 살펴본다면, 안병직·이영훈의 논리는 근대는 곧 자본주의이며, 자본주의는 외부의 충격에 의해서만 시작될 수 있었다고 보고 있다. 개항 이전의 조선사회는 자본주의와는 전혀 거리가 먼 사회였고,

36) 같은 글. 86~97쪽.

37) 이헌창은 안병직과 이영훈이 '식민지화 이전 소농사회의 발전 → 식민지시기 자본주의의 발전 → 해방 후 경제발전'이라는 역사상을 제시하고 있다고 설명하고 있다. 이헌창. 앞의 글. 12쪽.

조선이 자본주의사회로 들어갈 수 있었던 것은 개항과 식민지화라는 외부의 충격이 있었기 때문에 비로소 가능했다는 것이다. 역사의 전개과정에서 내재적인 힘과 외재적인 힘 가운데 어떤 때는 전자가 어떤 때는 후자가 더 중요한 역할을 할 수 있다. 그럼에도 불구하고 내재적 발전론은 내재적인 힘을 주로 강조하고 외재적인 힘을 상대적으로 소홀시한 문제점을 안고 있었다. 그런데 이영훈 등의 비판론은 거꾸로 외재적인 힘을 너무 강조하고 내재적인 힘을 소홀히 하고 있다고 여겨진다. 그리고 더 근본적인 문제는 근대는 곧 자본주의이며, 서양의 문명이라고 전제하는 점이다. 그들의 역사인식에는 '동양적 근대', '한국적 근대'라는 개념은 들어갈 여지가 전혀 없다. 또 이들은 근대 자본주의를 역사의 궁극적 지향점으로 여기고 있고, 후진국은 선진국의 도움에 의해서만 근대화할 수 있다는 논리를 펴고 있다.

내재적 발전론에 대한 비판적인 시각은 미국 학자들의 한국사 연구에서도 비슷하게 나타난다. 존 던컨에 의하면, 그들은 한국학자들의 내재적 발전론이 서구의 모델을 기초로 하고 있지만, 서구 모델을 아시아, 특히 한국에 적용할 수 있는 지에 대해 의심할 뿐만 아니라, 심지어 그 모델이 서구의 경험을 유효하게 설명할 수 있는지에 대해서도 의심스러워하고 있다고 말한다.[38] 카터 에커트는 조선후기에 자본주의 맹아가 있었다는 남북학의 학자들을 비판하면서, "1876년 이전에 조선사회 내에 경제적 변화가 있었다는 것은 의심의 여지가 없지만, 상업 발전의 스케일은 유럽 전근대의 것과의 비교는 차치하더라도, 일본 도쿠가와 시대의 그것과 견

38) John Duncun. 1995.「미국대학 한국사교육의 동향과 문제점」.『역사교육』58. 221쪽.

줄만한 것이라고 볼 수 있는 어떤 증거도 없다"고 주장하였다. 그는 개항 이전의 조선사회에는 그 사회의 기본구조를 바꿀만한 어떤 내재적인 경제적 변화도 없었다고 주장하였다. 그는 오히려 당시 조선사회는 소수의 전제적인 지주 가문들에 의해 통제되고 있었을 뿐이라고 주장하였다. 그는 결론적으로 "한국의 학자들이 조선후기 사회에서 자본주의 맹아를 찾으려 하는 것은 오렌지 밭에서 사과를 찾으려는 헛된 노력에 불과한 것"이라고 단언하였다. 그는 자본주의란 기본적으로 산업화와 근대적인 기술을 동반하는 것으로서, 이러한 자본주의는 조선사회가 스스로 만들어낸 것이 아니라 1876년 이후 비로소 수입된 것이라고 주장하였다.39)

카터 에커트의 이러한 주장은 미국 한국학계의 조선후기 사회 연구와 연결되어 있다. 그에게 큰 영향을 미친 조선시대사 연구는 에드워드 와그너, 제임스 팔레, 그리고 마르티나 도이힐러의 연구였다. 에드워드 와그너는 1970년대 이후 조선시대 양반 연구를 통하여, 15세기 조선사회는 상당한 정도의 유연성과 개방성을 갖추고 있었다고 보았다. 그는 당시 과거제의 실시로 많은 가문의 사람들이 관료로 충원되고 있었던 것이 그 증거라고 보았다. 그러나 16, 17세기를 거치면서 조선사회는 점차 이미 분화된 계층이 고정화되어 가는 양상을 드러내게 된다고 보았다. 그리하여 18세기 이후가 되면 비록 약간의 변화는 있지만, 사회구조는 더욱 더 폐쇄적으로 굳어져 결국 왕조의 종막을 기다리지 않으면 안 되었다는 것이다.40)

---

39) Carter J. Eckert. 1991. *Offspring of Empire The Koch'ang Kims and the Colonial Origins of Korean Capitalism 1876-1945,* Seattle, Washington University Press. pp.2~5.

40) Edward W. Wagner. "The ladder of success in Yi Dynasty Korea", *Occasional Papers on Korea*, No.1(April 1974).

제임스 팔레의 조선시대 사회상에 대한 역사상은 크게 3가지로 요약된다. 첫째는 관료적 군주제론이다. 즉 조선왕조의 군주권은 형식상으로는 법을 초월한 존재로서, 모든 권한을 향유하는 것이 허용된 전제군주의 모습을 띠었지만, 실제 역사적 행위 영역 안에서의 군주권은 왕실과 관료들이 자신들의 기득권 보호를 위해 합의하고, 그 존재를 허용한 한낱 권력의 허울에 지나지 않았다고 주장했다. 둘째는 양반귀족제론이다. 즉 양반귀족은 지주로서, 노비주로서 여타 상업적 이익을 독점하면서 경제력을 집중하는가 하면, 학문에 대한 많은 관심과 투자, 지배층으로서의 책무, 그리고 엄선된 혼인을 통한 세습적 지위의 보장이라는 장치를 통해 권한을 독점했으며, 과거제도를 독점하여 고위관직을 독차지했다는 것이다. 팔레는 이러한 양반귀족제는 통일신라시대 이후 골품귀족에서 그 원형을 찾아볼 수 있으며, 고려시대 문벌귀족 · 권문세가를 거쳐 조선시대 양반에 이르기까지 장구한 시간에 걸쳐 지배층으로 존재해 왔다고 보았다. 다만 조선왕조는 중국식 관료제가 발전, 정착한 사회였기 때문에 조선왕조의 지배층은 '관료귀족제'로 볼 수 있다고 하였다. 셋째는 노예제 사회론이다. 그는 고려 · 조선 왕조는 전체 인구에서 노비가 30%에 이를 정도로 일정하게 존속한 사회였기 때문에 이 시기를 노예제 사회로 규정하는 데 아무런 어려움이 없다고 주장하였다. 그는 노예제 사회 다음에 반드시 봉건제가 와야 한다는 역사이론, 즉 스탈린주의적 단선적 역사발전단계론은 폐기되어야 마땅하다면서, 한국 역사상 봉건제는 실재하지 않았다고 역설하였다. 팔레의 조선후기 사회에 대한 인식 가운데 가장 중요한 것은 '양반사회 고착론'이다. 그는 양반이란 앞서 본 것처럼 관직의 유무에 의해 결정되는 것이 아니라 사실상 세습적인 신분엘리트라고 보며, 흔히 말하는 것처럼 조선후기에 양반사회는 해체되어 가는 것이 아니라 갈수록 과거시험의 합격자가 몇몇 가문으로 한정되어 가는 등 양반사회는 더 폐쇄적으로 되어 갔다고 보는 것이다.41)

이러한 시각은 마르티나 도이힐러의 경우도 거의 같다. 그는 1995년 하버드대학의 라이샤워 기념강좌에서 다음과 같이 말하였다.

> 조선사회를 보는 핵심적인 두 개념은 폐쇄적인 세습귀족(즉 양반)과 노비제도였다. 조선사회는 수백 개의 친족 집단이 최상층을 독과점하는 폐쇄적인 구조로서, 여말선초에 수입된 성리학이 가부장적 족적 질서를 강화하는 역할을 했다. 이들 양반 엘리트가 명-청대 강남지역의 중국 신사층과 다른 점은 상대적으로 훨씬 폐쇄적이고, 경제력보다는 관직 보유에 전력을 쏟았다는 점이다. 조선사회를 지탱하는 또 하나의 축인 노비계급은 전 인구의 30%에 달했다. 혈통에 기초한 신분 이데올로기가 노비제도를 반영구화하는 작용을 했다. 이는 조선 특유의 현상으로서, 헤이안시대의 일본이나 명-청대의 중국이 반계약적인 지주-전호 관계로 변화한 것과 결정적인 차이를 갖는다. 사회관습을 통해 반상의 차별, 양천의 차별이 철저히 관철됨으로써 중국의 당나라와 같은 '카스트적 폐쇄구조'를 형성했다. 조선후기에 오면 몰락양반의 등장, 납속제 등의 현상이 나타나긴 했지만 폐쇄적인 양반사회의 구조를 깨뜨리진 못했다.42)

조선후기 사회는 사회이동이 활발한 사회가 아니라 사회이동의 길이

---

41) 제임스 팔레의 조선왕조사 인식에 대해서는 김성호. 2002.「제임스 팔레의 조선왕조사 인식」.『역사비평』 59. 128~133쪽 ; 정두희. 1999.『미국에서의 한국사연구』. 국학자료원. 43~66쪽 참조.

42) 이에 대해서는 박찬승. 1997.「미국의 한국사 연구동향」.『대동문화연구』 32. 403쪽을 참조할 것.

거의 막혀 있던 폐쇄적인 사회였다는 것이다. 이러한 조선후기 사회상은 국내 학계에서의 조선후기 사회사 연구 성과와 상당한 거리가 있다. 국내 학계에서는 조선후기에 '新鄕'이라 불리는 새로운 향촌사회 주도세력이 등장하고, 이들과 기존 지배층인 士族 사이에 鄕戰이 벌어졌으며, 이는 이 시기 사회계층의 변동이 일어나고 있음을 보여주는 것이라고 해석하고 있다. 물론 미국 학계의 주장도 부분적으로는 옳다고 할 수 있다. 문벌과 토호 등 기존 지배층이 폐쇄적인 집단을 형성한 것은 사실이기 때문이다. 하지만 조선사회 내에서 그들의 영향력은 축소되어 갔고, 새로이 등장한 계층들의 영향력이 확대되어 간 것도 사실이다. 이는 기존 지배층의 지배력이 무너져가고 있었음을 뜻하는 것이다.

이처럼 미국 학계의 한국학 연구는 한국사의 내재적 발전론에 상당히 비판적이다. 그런데 이와 같은 경향은 미국의 한국학계의 특수한 사정과 관련이 있다. 팔레나 도이힐러 스스로가 말하고 있듯이 그들이 한국학 연구에 뛰어든 기본적인 동기는 한국사의 특수성을 확인하는 데 있었다. 즉 그들은 미국 학계가 한국사와 한국문화를 중국에 부속적인 것으로 간주하는 데 대해 반감을 갖고 한국사와 한국문화의 특수성이 무엇인가를 확인함으로써 중국학으로부터 한국학을 독립시키고자 하였던 것이다. 이러한 상황은 한국의 학자들이 식민사관 극복을 위해 한국사, 한국문화의 보편성을 확인하려 했던 것과는 정반대의 것이었다. 미국의 한국학자들은 미국의 학계에서 주변부 가운데에서도 주변부에 놓여 있던 한국학을 독립시키기 위해 한국사, 한국문화의 독자성, 더 나아가서는 특수성을 증명하려 애를 썼던 것이다.[43]

---

43) 이에 대해서는 김경일. 2003.「한국학의 기원과 계보: 한국과 동아시아, 미국을 중심으로」.『사회와 역사』 64. 141~143쪽을 참조할 것.

그리고 미국학계의 내재적 발전론 비판은 또 다른 한편에서는 1950, 60년대 미국의 역사학계를 지배했던 동아시아 역사관, 즉 '전통/근대'의 이분법적 역사관의 영향을 받은 것이기도 했다. 당시 중국사 연구자들의 '전통/근대'론은 중국은 야만적이나 서양은 문명화되었으며, 중국은 정체되었으나 서양은 역동적이고, 중국은 스스로 변화를 일으킬 수 없었기 때문에 그 변혁을 위해서는 '외부적 힘'의 충격이 필요하였고, 서양은 그러한 힘의 전달자였으며, 서구 침입의 자극 속에서 전통적 중국사회는 서구라는 이미지로 채색된 '근대적' 중국에 길을 내주게 되었다는 가정 위에 서 있었다. 이른바 '서구의 충격 - 동양의 대응'이라는 틀이었다.[44] 이러한 틀은 이미 19세기부터 만들어져 내려온 것이었지만, 2차 대전 이후 냉전체제 하에서 미국의 제3세계 전략을 뒷받침해 준 '근대화론'과도 밀접한 관련을 갖는 것이었다. 즉 국내 학계의 내재적 발전론을 비판하는 미국의 한국학계와 국내의 이영훈 · 안병직 등 경제사학자들의 학문적 입론은 모두 같은 '근대화론' 위에 서 있다고 말할 수 있는 것이다.

4. 탈근대론자들의 내재적 발전론 비판

내재적 발전론에 대한 비판은 '근대화론자'들에 의해서만 제기되고 있는 것은 아니다. 내재적 발전론 비판은 1990년대 이후 미국학계와 한국학계의 이른바 탈근대주의 입장에 선 학자들에 의해 더 강력하게 제기되

44) 이에 대해서는 폴 A. 코헨. 1995. 장의식 외 옮김. 『미국의 중국사 연구』. 고려원. 139쪽 참조.

고 있다고 보인다. 1990년대 현실사회주의국가의 붕괴, 자본주의의 세계화, 산업화사회에서 정보화사회로의 이행 등이 나타나면서 탈근대론자들은 '근대주의'의 패러다임은 한계를 드러냈다면서 이를 비판하고 나섰고, 2000년 이후 그러한 목소리는 더욱 커지고 있다.

이들 탈근대론자들은 한국학의 내재적 발전론이 기본적으로 '근대주의' 위에 서 있다고 비판한다. 내재적 발전론은 사적 유물론의 세계사의 발전과정론을 원용한 입장의 것과, 근대주의의 입장에 선 것이 있었다. 그런데 탈근대론자들은 후자뿐만 아니라, 전자의 입장에 대해서도 역시 근대주의적인 것이라고 비판하고 있다. 그들이 보기에 사적 유물론이야말로 가장 철저한 근대주의(모더니즘)이라는 것이다. 그들은 특히 '봉건제에서 자본제로의 이행' 혹은 '중세에서 근대로의 이행'의 내재적 계기를 강조한 부분에 대해 근대의 싹을 찾으려 한 '근대주의'에 매몰된 행태라고 비판하고 나선 것이다.

이러한 비판은 국문학쪽에서 더 활발하게 터져 나오고 있다. 조선후기 한문학을 연구하는 강명관은 내재적 발전론이 우리 역사의 해석에 일정한 편향과 왜곡을 가져왔다고 비판한다. 그는 조선후기 실학에 대한 내재적 발전론자들의 연구에 대해 다음과 같이 비판한다.

> 이제 실학이 그토록 찾으려 했던 근대, 바로 그 근대를 다시 생각해볼 필요가 있지 않을까. 근대란 인류 역사의 보편적 단계가 아니라, 서구의 특수한 역사적 경험이었다. 서구는 자신들의 근대를 식민지 침탈이란 방식으로 전파하였다. 비서구 사회의 입장에서 말하자면, 근대는 식민지의 침탈이란 착취적 억압적 방식으로 강요된 것이다. 근대는 인류가 도달할

보편적 이상이 아니라, 서구에 의해 강요되어 지금도 보편적 가치처럼 행세하고 있는 것일 뿐이다. 강요된 근대로 인해 '비서구사회'의 상처난 자존심은 끊임없이 물었다. 우리는 왜 근대를 만들어내지 못했는가? 이 물음은 마침내 근대 콤플렉스를 형성하였다. 그리하여 마침내 자신의 역사 속에서 '擬似 近代'를 찾기에 이르렀던 것이다.[45)]

그는 근대에 모든 가치를 귀속시키는 '근대주의'는 조선후기의 이른바 '실학자'들의 글에서 근대성을 찾는 일에 몰두하게 하고, 반면에 성리학자들의 글들은 '非實學'이라 하여 관심의 대상에서 제외시키도록 하였다고 비판하였다. 그는 조선사회가 성리학에 의해 지배된 것은 조선전기보다는 오히려 조선후기라 할 수 있음에도 불구하고, 근대주의자들은 조선후기의 학풍은 실학으로, 조선전기의 학풍은 성리학으로 정리하려 하였던 것도 역시 근대주의에 의한 것이었다고 비판하였다. 그렇다면 조선후기를 어떻게 보아야 할 것인가. 강명관은 다음가 같이 정리한다.

요약하자면, 자생적 근대는 없었다. 조선후기에 발전과 변화가 있었다면, 그것은 중세의 발전과 변화였다. 이 관점에서 보지 않고, 근대의 관점에서 조선후기의 발전과 변화를 보았던 시각이 문학사까지 왜곡시켰던 것이다. 요컨대 우리는 민족 스스로가 근대에 도달했음을 입증하려 하였던 것이나, 사실 우리가 했던 일은 우리의 역사 내부에서 서양의 근대를 찾으려고 한 데 지나지 않는다. 이것이 내재적 발전론의 최대 모순이다. 주체적 근대를 모색하면서 실제로는 타자의 모습, 서양의 모습을 우리

45) 강명관. 2002.「한국 한문학 연구의 반성과 새 방향」.『한국학논집』29. 계명대학교 한국학연구원. 86쪽.

역사 내부에서 찾는 것이 모순이 아니고 무엇인가?[46]

결국 그의 결론은 이러하다. "우리는 중세와 근대 사이의 깊은 단절을 인정해야 하고, 조선후기의 변화된 역사상은 근대를 향한 것이 아니라, 중세의 발전이란 관점을 취해야 할 것이다." 근대는 곧 서구의 근대를 의미할 수밖에 없고, 따라서 조선후기에서 서구의 근대를 찾으려 할 것이 아니라 중세의 발전된 모습을 찾아야 한다는 것이 그의 주장인 것이다. 그는 자신의 주장이 내재적 발전론을 폐기하자는 것은 아니라고 단서를 단다. 역사는 기본적으로 변화하는 것이기 때문에 내재적 발전이 없다는 것은 상상할 수 없다는 것이다. 다만 거기에서 근대를 모색하는 것은 그만두어야 한다는 것이다.[47] 강명관의 글에서는 '탈근대'의 주장이 명확히 발견되지는 않는다. 하지만 그가 '근대주의'를 비판하고 있는 점, 근대주의의 시각에서 벗어나야 한다고 말하고 있는 것은 사실이다.

보다 본격적인 탈근대론적 입장에서의 내재적 발전론 비판은 고미숙의 경우에서 찾아볼 수 있다. 그는 "제국주의 침탈에 의해 근대화가 진행된 한국의 경우, 근대와 근대 이전의 두 연대 사이의 내재적 발전이란 상정하기 어렵다. 그럼에도 지금까지의 방법론은 으레 근대 민족주의 개념적 규준에 입각하여 그것들의 맹아적 형태들을 역추적하는 방식으로 조선후기의 텍스트를 읽어내려 했고, 그럼으로써 텍스트의 무수한 분절점들이 침묵, 봉쇄당했던 것"이라고 주장하였다.[48] 그는 "조선에 있어

46) 같은 글. 92쪽.

47) 같은 글. 92~93쪽.

48) 고미숙. 1999.「18세기에서 20세기 초 민족담론의 변이양상」.『현대문학의 연구』13. 45쪽.

근대는 20세기 신천지에 신광채를 발하면서, 어느 날 문득 '번개처럼' 느닷없이 시작되었다. 청나라 문명에 압도되어 중세의 황혼을 통과하는가 했는데, 문득 한 순간에 서구문명이라는 도도한 아침햇살에 노출되어버린 형국"이었다는 것이다.[49] 고미숙도 강명관과 마찬가지로 두 시기 사이의 '단절'을 강조하고 있다. 따라서 그는 "그간 항상 연속적으로 사고했던 두 시기를 단절시켜 각각의 담론들, 그 내부로 진입해 들어가야" 한다고 주장한다. 이는 "내재적 발전론의 관성들로부터 벗어나기 위해서는 근대를 중심으로 나머지를 위계화하는 방식을 전복할 필요"가 있기 때문이라는 것이다.[50]

강명관과 고미숙의 전략은 조선시대까지의 역사를 들여다볼 때 '근대'라는 안경을 벗어던지자는 것이며, 더 나아가서 조선시대와 근대를 내재적 발전이라는 패러다임으로 연결시켜 사고해온 습관을 버리자는 것이다. 그 대신 이들이 제안한 방법론은 하나는 위에서 본 것처럼 조선시대와 근대 사이를 단절적으로 보는 것이며, 또 하나는 외부의 충격을 중시하자는 것이다. 후자와 관련하여 강명관은 조선후기에 중국의 여러 학문의 조류가 조선의 지식인들에게 미친 영향을 중시하고 이를 추적하는 노력을 기울이고 있으며, 고미숙은 개항 이후 서구의 근대가 조선사회에 미친 영향을 추적하고자 한다. 이들의 경우에도 내재적 발전론에 대한 비판은 결국 외재적 원인에 대한 중시로 이어지고 있음을 볼 수 있다.

---

49) 같은 글. 58쪽.
50) 같은 글. 62쪽.

5. 내재적 발전론의 진로

이상에서 살펴본 바와 같이 내재적 발전론은 근대화론자 혹은 탈근대론자들에 의해 집중포화를 맞고 있다. 그들의 비판론의 핵심은 내재적 발전론이 서구의 발전모델, 혹은 서구의 근대성을 준거로 삼고 있다는 점이다. 이와 관련하여 그들이 주로 언급한 것은 시대구분과 자본주의맹아론, 그리고 근대로의 이행준비론이었다. 여기서는 이 문제들에 대한 비판론을 주로 검토하면서 내재적 발전론의 진로를 모색해보기로 한다.

1) 시대구분론과 관련하여

한국사의 시대구분은 내재적 발전론의 연구 성과가 최종적으로 집약되는 부분이라고 할 수 있다. 현재 한국사학계의 시대구분론은 대체로 3시기 구분법, 즉 고대-중세-근대로 되어 있다. 물론 앞뒤로 원시시대와 현대가 편의상 따라붙는다. 1960년대 초창기의 시대구분론에서는 대체로 고대는 노예제적인 사회, 중세는 봉건제 혹은 농노제적인 사회라는 암묵적인 전제가 깔려 있었다. 이에 대해 앞서 본 것처럼 이영훈은 스탈린이 설정해놓은 '세계사의 기본법칙'에 한국사를 도식적으로 적용하려는 것이라고 비판하였다. 이기동도 고대 노예제 사회, 중세 봉건제 사회의 개념을 한국사에 적용하는 데에는 많은 무리가 따른다고 비판하였다. 그는 3시기 구분법은 유럽사를 표준으로 하여 만들어진 것이고, 따라서 이를 다른 지역의 역사에 적용할 때에는 유럽사와 상대적인 균형을 확보해야 하는 부담이 따르게 되며, 또 그 과정에서 서구적 개념의 확대해석과 적용이 필연적이라고 지적하였다.[51] 여기에서 보면, 그들의 비판 논점은 서유럽사를 모델로 한 발전단계론을 한국사에 적용시키는 것은 무리라는 점이다. 또 하나 그들이 비판하는 점은 시대구분의 기준이다. 이기동은 내재적 발전론에서의 시대구분의 기준이 노동력의 수탈관계, 즉 생산관계에 두어져 있는 점을 비판하였다. 그는 대신 제3의 기준이 필요하다면서, 이기백의 지배세력의 교체, 허흥식의 지배적인 종교의 변화, 그리고 자신이 주장하는 공동체적인 사회집단의 변화 등을 대안으로 제시하였다.[52]

그러면 3시기 구분법은 과연 유럽사를 모델로 한 것이며, 이를 한국사에 적용하는 것은 무리라고 할 수 있는가. 3시기 구분법이 본래 유럽사를 모델로 하여 나온 것은 분명하다. 그리고 1930년대부터 1960년대까지 이르는 시대구분 논쟁은 대체로 노예제나 농노제와 같은 유럽사의 시대구분의 개념을 차용하여 진행된 것도 사실이었다. 하지만 이미 1960년대의 시대구분 논쟁에서도 생산관계나 생산양식과 같은 개념만이 아닌 다른 개념들이 시대구분의 기준으로 제기되고 있었다. 예를 들어 농민의 사회적 존재형태, 친족공동체의 범위의 변화, 지배체제와 사상의 변화 등이 시대구분의 기준으로 제시되고 있었던 것이다.[53] 그리고 1980년대와 90년대에 다시 제기된 시대구분 논쟁에서 시대구분의 기준은 더 다양해졌다. 새로이 제기된 기준들은 생산력 수준과 토지소유의 성격 문제, 국가의 조세수취와 토지분급제의 성격 문제, 공동체의 성격문제(세대공동체

51) 이기동. 1996.「한국사시대구분의 반성과 전망」.『제39회 전국역사학대회 발표요지』.

52) 같은 글.

53) 한국경제사학회편. 1970.『한국사시대구분론』. 을유문화사.

와 친족공동체), 군현제의 편성원리 등이며, 이제 시대구분논쟁은 이러한 기준들을 종합적으로 고려하는 방향에서 이루어지고 있다.54) 그리고 이러한 방향에서 시대구분을 논의하는 이들은 대부분 내재적 발전론의 입장을 지지하고 있는 이들이다. 따라서 한국사학계, 특히 내재적 발전론자들의 시대구분 논의는 유럽사의 그것을 참고하면서도 한국적인 상황을 더 염두에 둔 것으로 사실상 바뀌었다고 말할 수 있다. 이렇게 본다면 한국사에서 설사 고대-중세-근대의 3시기 구분법으로 시대구분을 말한다고 하여도, 이를 가리켜 유럽사를 모델로 한 것이라고 비판할 단계는 벌써 지나갔다고 여겨진다. 내재적 발전론자들의 한국사 시대구분론은 이미 세계사의 보편성을 염두에 두면서 한국사의 개별성, 특수성을 더 고려하는 방향에서 논의되고 있는 것이다.55)

한편 앞서 본 것처럼 내재적 발전론을 비판하는 학계 일각에서는 3시기 구분법이 유럽사를 기준으로 한 것이라면서 다양한 시대구분법과 시대구분의 기준을 제시하였다. 하지만 그들이 제시한 것은 지배세력의 교체, 지배적인 종교의 변화, 공동체적인 사회집단의 변화와 같은 부분적, 일면적인 것들뿐이었다. 또 3시기 구분법이 아닌 4시기 혹은 그 이상의 구분법을 제시하고 있는 이들도 있다. 하지만 그러한 구분법은 아직 어떤 체계성을 띠지 못하고 있다. 다양한 시대구분의 시도는 바람직하지만 이 문제에 대한 논의는 기존의 연구 성과들을 무로 돌리는 방향이 아니라,

---

54) 이인재. 2002. 「한국 중세의 기점」. 『한국전근대사의 주요 쟁점』. 역사비평사.
55) 이경식 교수는 내재적 발전론 입장의 시대구분론이 세계사적인 보편성과 한국사적인 개별성을 통일적으로 인식하고 그 발전을 이해하려는 방향에서 이루어지고 있다고 보았다. 이경식. 1997. 「한국사연구와 시대구분론」. 『한국사인식과 역사이론』. 지식산업사. 245쪽.

기존의 성과들을 토대로 하면서 한 단계 더 업그레이드하는 방향에서 전개되는 것이 바람직하다고 여겨진다.

2) 자본주의 맹아론과 관련하여

다음에는 조선후기 자본주의 맹아론 문제에 대해 검토해보자. 1960년대 이후 한국의 자본주의 맹아론은 1950년대 이후의 북한과 중국의 자본주의맹아론의 영향을 받았다고 할 수 있다. 1950년대 중국의 모택동은 이미 19세기의 중국은 수공업이 발달하였고 농산물의 상품화도 이루어졌기 때문에 서구 자본주의의 도움이 없었더라도 자생적으로 자본주의 경제로 이행하는 것이 가능했다고 주장하였다.[56] 물론 모택동 이전에도 1920~30년대에 마르크스주의 사학자들 가운데 자본주의맹아설을 언급한 이들이 있었다. 1950년대 이후 중국에서는 자본주의 맹아연구가 활발하게 이루어졌다. 그 결과 중국에 자본주의 맹아가 있었다는 것은 정설이 되었다. 하지만 그 시점에 대해서는 송원설, 명청설로 나뉘었고, 심지어 전국시대설, 서한설, 당대설을 주장하는 이들까지 나왔다. 자본주의맹아론이 이렇게 정설이 되자, 이제는 그렇다면 왜 중국은 자본주의맹아를 더 발전시키지 못했는가 하는 문제가 제기되었다. 물론 이에 대해서는 외부세력이 이를 가로막았다는 식의 답변도 나왔지만, 명청시대 이후의 모든 시기에 그러한 이유를 가져다 댈 수는 없었다. 그런 가운데 1990년대 이후 중국의 시장경제가 발전하게 되자, 이제는 자본주의맹아설은 '자본주의 강박관념'에서 나온 것이라는 비판이 제기되었다. 즉 중국인이

56) 『毛澤東選集』 제2권 (北京, 人民出版社, 1992). 596쪽 (임계순. 2000. 『清史』. 신서원. 327쪽 참조).

서양인에 비해 못할 것이 없으니 서양에 자본주의가 있었다면 중국에도 없었을 이유가 없다는 오기와 자존심에서 비롯된 것이 자본주의맹아설이었다는 지적인 것이다. 여기서 그 대표적인 인물이라 할 중국 청화대학의 리보중의 견해를 들어보자. 그는 "자본주의 강박관념은 중국 경제사 연구에서 중국 역사의 진실을 이해하는 데 방해가 되었다"고 지적하였다. 그는 유물사관이라는 과학적인 역사 연구의 대상은 오직 과거에 발생했던 일이어야지 어떤 논리나 이념에 의해 '당연히' 발생했어야 할 일이 되어서는 안 된다고 주장하였다. 따라서 그는 "중국의 자본주의 맹아의 출현 여부를 논할 때, 어떤 이론에 따라 중국에는 당연히 이러한 맹아가 있어야 했다든가, 혹은 '만약 ○○이 없었다면 중국은 ○○○ 했을 것이다'라는 식의 추론을 해서는 안 된다"고 주장하였다. 그는 이제는 강박관념에서 벗어나야 할 때가 되었고, 이 강박관념에서 벗어나야만 중국의 역사를 편견 없이 실사구시의 정신으로 분석할 수 있고, 중국의 독자적인 발전 규칙과 특징을 탐색할 수 있다고 지적하였다.[57]

하지만 그렇다고 하여 리보중이 그간의 자본주의 맹아 연구의 성과를 부정하는 것은 아니다. 그는 자본주의 맹아연구가 20세기 서양에서 유행한 이른바 '충격과 대응'이라는 패러다임을 벗어나 자체적인 역사발전이라는 시각에서 중국의 역사를 바라보았으며, 중국 내부에서 주체적인 동력에 의해 경제발전이 이루어지고 있었다는 것을 밝혔다는 점에서 높이 평가했다. 즉 역사는 언제나 변화하고 있고, 주동력은 내부에서 발생한다

57) 이보중. 2006. 이화승 옮김. 『중국 경제사 연구의 새로운 모색』. 책세상. 34~35쪽(원저는 李伯重. 2002. 『理論, 方法, 發展趨勢 : 中國經濟史研究新探』. 北京. 清華大學出版社).

는 점을 확인했다는 것이다. 또 자본주의맹아 연구는 많은 문제가 있지만, 상품경제, 고용노동, 초기적인 공업화 등의 많은 사실을 밝혀 놓았다는 점에서 의의가 있다고 지적하였다. 하지만 그는 중국의 자본주의맹아 연구가 모델로 하였던 영국의 자본주의 발전과정은 결코 보편적인 것이 아니라 매우 특수한 경우였다고 주장하였다. 그는 "세계 모든 국가(혹은 지역) 중 유일하게 영국만이 '자발적으로' 전통 농업사회에서 근대 공업사회로 전환했다. 다른 모든 국가가 근대화과정에서 어느 정도 외부의 영향을 받은 것과 달리 오직 영국만은 '스스로 완성한 경제순환'의 기초 위에서 성공함으로써 '자립성'을 띠고 있었다. 다른 나라의 공업화는 정도의 차이는 있으나 선행 국가인 영국의 영향을 받았고, 영국에 이어 산업혁명이 일어난 프랑스와 독일도 예외는 아니었다"고 지적하였다. 따라서 그는 영국형 모델은 자본주의 발전과정에서 구체적인 모델로서 보편성을 갖는 것이 될 수 없다고 말하였다. 오히려 영국의 사례는 극히 예외적인 경우였다는 것이다. 특히 영국의 자본주의 발전, 산업혁명 과정에서 결정적인 역할을 한 것은 석탄 생산과 철강 생산이었다면서, 중국, 특히 그 가운데에서도 상업과 수공이 가장 발달하였던 강남지역도 이러한 조건을 갖추지 못하였기 때문에 산업혁명을 거쳐 자본주의로 발전해 나갈 수는 없었다고 지적하였다.[58] 리보중 외에도 중국과 서양의 많은 학자들이 명청대 상업과 수공업이 크게 발전하였던 중국에서 왜 자본주의가 발전할 수 없었는가에 관심을 가졌고, 그 이유를 여러 각도에서 분석하였다. 이를 나열하면, 관리의 부패, 토지겸병으로 인한 부의 불균형한 분배,

58) 같은 책. 40~53쪽.

인구 증가, 기술개발 부진, 산업정책 부진, 영토확장 전쟁, 내란 진압, 관계수리 사업 등으로 인한 국가재원 고갈, 銀價 등귀로 인한 디플레이션 등등이 그것이다.[59)]

이상에서 중국에서의 자본주의맹아 문제에 대한 논의를 살펴보았다. 중국에서의 논의는 한국에서의 자본주의맹아 문제에 관한 논의에 상당한 시사를 던져준다. 한국에서의 자본주의맹아 논의도 모택동이 말한 것처럼 외래 자본주의의 도움이 없었더라도 자생적으로 자본주의 경제로 이행하는 것이 가능했을 것이라는 가설을 증명하려는 데에서 출발한 것이었다. 하지만 자본주의의 내재적 발전이 순수하게 가능했던 나라는 전 세계에서 영국뿐이었다는 것이 세계 역사학계의 일반적인 견해이다. 다른 나라들, 심지어 유럽의 프랑스나 독일과 같은 경우에도 영국의 산업혁명을 모델로 하여 이를 따라잡는 데 상당한 시간이 걸렸다. 자본주의는 각각의 나라에서 내재적으로 성장한 것이 아니라 영국으로부터 전 세계에 전파된 것으로 볼 수 있는 것이다. 그렇다면 한국에서 자본주의의 맹아를 증명한다는 것은 무슨 의미를 지닐 수 있을까. 1960년대 이래의 한국에서의 자본주의 맹아 연구는 조선후기 사회에서도 상당한 정도의 생산력의 발전이 있었고, 생산관계에도 변화가 있었다는 것을 확인하였다. 농업과 수공업의 발전에서 일정한 생산력의 발전이 있었고, 상업자본도 일정하게 축적되었다는 것을 확인하였다. 즉 조선후기 사회가 결코 정체적인 사회가 아니었다는 것을 확인한 것이다. 이 점에서 조선후기 자본주의 맹아 연구는 정체론 극복에서 상당한 성과를 거두었다고 말할 수 있

59) 임계순. 앞의 책. 331쪽.

다. 하지만 그것을 자본주의의 내재적 성장 가능성을 염두에 둔 자본주의 맹아라고 해석하고 이를 강조한 것은 무리였다. 조선후기의 경제사 연구는 고려와 조선전기의 경제적 조건을 확인하고, 그 바탕 위에서 생산력과 생산관계의 변화, 자본의 축적, 시장과 상품화폐경제의 발전 등의 수준과 의미에 대한 연구에 더 집중하는 것이 바람직하지 않았을까 여겨진다.

한국은 1876년 개항으로 자본주의세계에 편입되었다. 그리고 한국사회에서도 자본주의적 요소가 형성되기 시작하였다. 그러나 그렇다고 하여 개항 이후의 자본주의적 요소가 전적으로 외부의 영향력에 의해서만 발생, 발전할 수 있었다고 볼 수는 없을 것이다. 어느 사회든지 발전 혹은 변화는 내재적 요인과 외재적 요인이 결합되어 이루어진다. 때에 따라서는 외재적 요인이 더 크게 작용하는 경우도 있다. 그리고 근대로의 이행과정에서 외부의 영향력이 더 중요했다고 말할 수도 있다. 하지만 외부로부터의 충격이 주어진다 해도 주체가 그것을 수용할 능력이 없다면 근대로의 이행은 사실상 불가능하다. 따라서 개항 이후 자본주의적 요소의 발생, 발전이 있었다면 그것은 조선후기 이래 조선사회에서 성장해온 상인, 수공업자들이 있었기 때문이라는 점을 잊어서는 안 된다. 이러한 점에서 역사 속의 내재적 요인은 여전히 중시되지 않으면 안 된다고 생각한다.

3) 조선후기 연구에서의 근대성 문제와 관련하여

한편 내재적 발전론에 대한 비판론자들은 조선후기에서 근대성을 찾는 문제에 대해 매우 비판적이다. 대신 그들이 제안하는 대안은 다음과 같은 것들이다. 즉 전통과 근대를 단절적으로 볼 수 있어야 하며, 외부의 영향력을 중시해야 하고, 조선후기의 시기를 근대로의 이행보다는 중세 내부의 발전이라는 시각에서 볼 필요가 있다는 것이다.

그럼 과연 이와 같은 대안은 바람직한 것일까. 전통과 근대를 단절적 혹은 단층적으로 보는 것이 과연 가능할까. 그들은 근대는 곧 서구의 근대라고 전제한다. 하지만 서구의 근대 내부에도 영국의 근대, 프랑스의 근대, 독일의 근대, 미국의 근대가 각각 다르다. 서구의 근대란 추상화된 개념일 뿐 구체적인 것은 각각의 나라의 근대뿐이다. 따라서 한국의 근대는 한국의 근대일 뿐 서구의 근대가 될 수는 없다. 한국은 근대는 개항 이전의 조선사회가 개항을 통해 만난 서구의 근대가 습합되어 만들어진 근대이다. 즉 한국식으로 변용된 근대일 뿐인 것이다.[60] 한국의 근대에는 조선시대의 유교문화적인 요소, 식민지배자들이 남기고 간 식민지적 요소, 그리고 서양에서 들어온 자본주의와 자유주의적인 요소 등이 혼효되어 있다. 따라서 한국의 근대는 전통과 완전히 단절된 '서양의 근대'라기보다는 전통과 서구가 혼융된 근대로 보아야 할 것이다. 즉 단절론적, 이분법적 시각보다는 연속적, 접합적, 혼융적 시각으로 보는 것이 현실을

60) 이와 관련하여 참고할만한 이론이 찰스 테일러의 '복수의 근대론'이다. 그는 근대성의 등장을 역사적 발전단계의 발현이라기보다는 하나의 특정한 문화의 등장으로 본다. 이것이 역사적 발전단계의 발현이 아니라 하나의 문화인 이상, 근대성이 등장하기 이전에 존재했던 문화와의 적응과정 속에서 독특한 형태의 근대성도 가능하다는 입장이다. 즉 각 문명마다 다른 형태의 문화를 가지고 있으므로, 근대성의 경우도 그 토착문화와의 상호 적응과정에 의해 문화권에 따라 다른 결과가 나타난다는 것이다. 근대화가 시작되는 시점에 복수의 토착문화가 존재하므로 그 토착문화와의 적응의 결과로 나타나는 근대 역시 복수가 될 수밖에 없다는 것이다. Charles Taylor. 2001. "Two Theories of Modernity," *Alternative modernities,* edited by Dilip Parameshwar Gaonkar, Durham, Duke University Press 참조.

더 정확하게 설명할 수 있지 않을까 여겨진다.[61]

동양철학을 연구하는 김영민은 앞서 본 강명관이나 고미숙처럼 '근대성'이라는 개념을 포기하고 조선시대사를 보는 것보다는 근대성이라는 개념을 사용하되 근대성 개념을 복수로 볼 것을 제안하고 있다. 또 그는 근대성이 복수라고 생각한다면 '비교'의 가능성이 열릴 수 있다고 본다. 그는 한국, 중국, 일본은 세 국가가 공유하고 있는 성리학이 유산 때문에 적절한 비교의 토대가 마련되어 있다고 지적한다. 그 경우 한국의 근대성 담론을 곧바로 서구의 그것과 비교하는 데에서 오는 단순화의 위험을 피할 수 있다는 것이 그의 생각이다.[62]

위와 같은 논의들을 참고한다면, 개항 이전의 조선사회에서 근대로의 이행이 어떻게 내재적으로 준비되고 있었는가를 살피는 것은 여전히 중요한 과제이다. 물론 강명관이 주장하는 것처럼 개항 이전의 조선사회를 중세사회의 발전이라는 틀 내에서 볼 수도 있다. 하지만 중세사회의 틀을 넘어서서 새로운 사회를 준비하는 움직임이 있었다면 비록 그 움직임이 미미한 것일지라도 주목할 가치가 있다. 아직은 추운 엄동설한이지만 2월 초에 '입춘'이라는 절기가 들어 있는 것은 그 즈음이면 봄을 맞이하는 새로운 기운이 싹트기 시작한다는 이유 때문이다. 들판에 꽃이 몇 송이

61) 폴 코헨은 각국의 전통 내에 다양한 문화를 가지고 있고, 서구의 근대성도 국가별로 다양하게 나타날 수 있다고 말했다. 또 전통 속에서도 놀라울 정도로 근대적인 요소를 발견할 수도 있고, 충분히 근대화된 사회에서도 놀라울 정도의 생명력을 가진 전통적인 요소를 발견할 수 있다고 하였다(김영민. 2005. 「근대성과 한국학 : 한국사상사를 중심으로」. 『오늘의 동양사상』 13. 예문동양사상연구원. 128쪽 참조. 폴 코헨의 책은 Paul A. Cohen. 1984. *Discovering History in China : American Historical Writing on the Recent Chinese Past,* New York, Columbia University Press).

62) 김영민. 앞의 글. 133쪽. 145쪽.

피었다고 바로 봄이 왔다고 말할 수는 없지만, 봄이 오고 있다고는 말할 수 있는 것도 같은 이치이다. 이를 조선후기의 이른바 '실학'과 연결시켜 생각해보자. 18세기부터는 이미 중국을 통해 서구의 새로운 과학지식들이 소개되고 있었다. 특히 우주와 지구, 그리고 세계지리와 관련된 지식들은 이전의 우주관, 세계관을 바꾸어 놓기 시작하였다. 조선은 1876년 이전에 이미 서구의 영향을 간접적으로나마 받고 있었다. 즉 조선사회와 서구세계의 접합은 이미 시작되고 있었던 것이다. 따라서 강명관이 말하는 것처럼 조선후기를 중세사회 내부에서의 발전으로만 볼 수는 없다고 생각된다. 서구세계와 간접적으로나마 접속하면서 새로운 시대를 어떻게 맞이할 것인가에 대한 고민이 시작되고 있는 시점으로 보아야 한다. 물론 실학자들의 사상은 아직 전체적으로 본다면 중세의 틀 내에 머물러 있다고 볼 수 있다. 하지만, 그 내부에 중세의 틀을 넘어서는 요소들이 부분적으로나마 있었던 것은 사실이다. 예를 들어 다산 정약용과 같은 조선의 지식인들은 상고시대를 모델로 한 경학을 통해 새로운 시대를 모색하였다. 그의 연구 방법론은 아직 경학이라는 틀에 갇혀 있었다. 하지만 그들이 만들고자 한 새로운 시대는 상고시대의 모습 그대로라기보다는 새로이 창조된 상고시대였다. 즉 '오래된 미래'였던 것이다. 그리고 그 미래상은 신분제와 지주제를 근간으로 하는 중세사회와는 상당한 거리가 있었다.

조선후기 정약용 등 지식인들이 구상하였던 새로운 사회를 꼭 서구의 근대자본주의 사회를 모델로 해서 생각할 필요는 없다. 조선후기부터 한말에 이르기까지 조선의 유교적 지식인들이 그린 사회는 오히려 '大同社會'였다. 중국의 캉유웨이가 주창한 것도 역시 '대동사회'였다. 물론 그들이 구상한 대동사회의 구체적인 내용은 다를 수 있다. 하지만 한국과 중국의 유교지식인들은 상고시대의 이념을 빌려 '대동사회'라는 미래를 구상했던 것은 틀림없다. 이는 물론 서구의 자본주의사회와는 다른 사회였다. 20세기 전반에 한국과 중국의 많은 지식인들이 사회주의, 공산주의에 매력을 느끼고 이에 동조하였던 것은 그것이 대동사회론과 유사한 점이 있었기 때문이다.

조선후기 사회에는 대동사회론만 있었던 것은 아니다. 북학파처럼 상업과 수공업의 진흥을 주장하는 이들도 있었다. 이들은 아직 자본주의가 무엇인지는 알지 못했겠지만, 이후 역사의 진행에 따라 자본주의적인 발전의 길을 주창하는 흐름으로 이어질 수 있었다. 북학파의 맥은 이은 개화파들이 서구자본주의의 수용을 주장한 것은 이를 증명해준다. 하지만 당시 사회에는 여전히 농업, 특히 소농 중심의 평등사회를 주장하는 이들도 있었다. 김용섭은 이를 '농업개혁의 두 가지 길'로 설명하였다. 김용섭은 1980년대 이후 자본주의 맹아론으로서의 경영형부농론보다는 '두가지 길'론을 더 강조하였는데, 그것은 조선후기 이래 관료 혹은 지식인들의 농업개혁론이 '지주적 코스의 농업근대화론'과 '농민적 코스의 농업근대화론'으로 나뉘어 있었다는 내용이었다. 그는 이러한 두 가지 코스가 개항 이후 개화파와 농민군의 개혁방향으로 이어졌고, 일제하에서는 지주 · 자본가를 대변하는 부르주아민족주의자들의 개혁방안과 농민 · 노동자를 대변하는 사회주의자들의 개혁방안으로 나뉘었으며, 이것이 해방 이후에 우익과 좌익의 건국 방안으로 각각 이어졌다고 보았다.63)

---

63) 김용섭. 1992.『한국근현대농업사연구－한말 · 일제하의 지주제와 농업문제』. 일조각.

한편 동학농민전쟁을 연구해온 조경달은 여기서 한 걸음 더 나아가고 있다. 그는 내재적 발전론에 대해 "일찍이 주목을 끌어온 자본주의 맹아론은 결국은 조선의 자생적인 자본주의근대화의 길을 충분히 설명하지 못하였다. '세계사의 기본법칙'인 노예제→봉건제→자본주의라는 발전이 일국사적으로 관철한다고 보는 관점은 이제 통용되기 어렵게 되었다. (중략) 이미 '세계사의 기본법칙'이라고 말하면서 그 실은 서구적 발전법칙을 적용하려는 일국사적인 내재적 발전론은 설득력을 잃었다고 보아도 좋을 것이다"라고 말하였다. 그는 위에서 본 김용섭의 '두 가지 길'론을 인용하면서 개화파가 근대지향적이었던 데 반하여, 소농보호나 소농회귀의 입장에서 농민적 토지소유를 구한 소농 · 빈농 · 반프롤레타리아층의 자세는 반근대적 지향을 보이지 않을 수 없었다고 보았다. 또 이러한 무전농민에 대한 이해를 보인 실학도 반드시 근대의 방향으로 정향되어 있었다고는 말할 수 없다"고 하였다. 그는 "근대 이행기의 민중운동이 근대적이라고 하는 역사인식은 세계사적으로 보아도 검증되지 않은 것이다. 부르주아지의 지도가 있었건 없었건 간에 민중은 본래 고유한 문화를 가지고 자율적으로 그 운동을 전개해 간다. 과거에 있었다고 관념된 목가적 공동체에의 환상을 유토피아 사상으로까지 만들어 현실의 구 권력(봉건세력)이나 새로운 조류(자본주의)에 저항하려는 것이 근대 이행기의 일반적인 농민운동의 방향이라고 생각한다. 그것은 未發의 계기라고도 할 '또 하나의 근대'를 추구하는 방향이었다고 말할 수 있다"고 하였다.[64]

64) 조경달. 1998. 『異端の民衆反亂-東學と甲午農民戰爭』. 東京, 岩波書店. 11쪽, 332~333쪽.

조경달의 주장은 사뮤엘 아이젠쉬타트가 말한 '복수의 근대'론을 연상시킨다. 사뮤엘 아이젠쉬타트는 근대는 곧 서구적 근대로 흔히 인식되어 왔지만, 각 지역의 근대는 그 지역의 문화, 전통, 역사적 경험 등에 의해 각기 다양하게 나타났다고 지적하였다. 어떤 지역에서는 반서구 혹은 비서구적인 운동도 일어났지만, 그것도 사실은 모두 '근대성'으로 보아야 한다고 그는 주장하였다. 그의 결론은 더 이상 서구의 근대만이 '진짜 근대'가 될 수는 없다는 것이었다.[65] 이러한 점을 염두에 둔다면 서구의 근대가 아닌 또 다른 근대가 조선에서 준비되고 있었다는 가정도 해볼 수 있다.

이상의 논의를 정리하여 잠정적으로 결론을 내려 보면 다음과 같다. 내재적 발전론은 이제 환골탈태해야만 하는 전기를 맞이했다고 생각된다. 일부에서는 내재적 발전론의 폐기까지 말하고 있지만, 역사 발전의 궁극적인 힘은 주체의 밖이 아닌 주체의 안에 내재한다는 것은 부인할 수 없는 사실이다. 따라서 내재적 발전론을 폐기할 필요는 없다고 생각된다. 다만 외재적 계기를 무시하는 일국사적인 내재적 발전론은 더 이상 설득력을 가지지 못한다. 따라서 외재적 계기와 내재적 계기를 동시에 고려하는 새로운 역사발전 이론으로 탈바꿈할 필요가 있다고 여겨진다.

또 하나 내재적 발전론은 서구의 역사발전과정을 모델로 삼는 데에서 벗어나 '복수의 발전경로'라는 새로운 패러다임으로 전환할 필요가 있다. 즉 일원론적인 역사관에서 벗어나 다원론적인 역사관으로 전환할 필요가 있다는 것이다. 물론 한국학계의 시각은 앞서 본 시대구분론 논의에서 나타나는 것처럼 이미 서구의 역사발전 모델에 매달려 있는 상황은 아니

---

65) Samuel N. Eisenstadt(edit.) 2002. *Multiple Modernities,* Brunswick, N.J.Transaction Publishers.

다. 한국사 연구자들은 다양한 관점과 기준을 근거로 한국사의 발전과정을 설명하려 하고 있다. '세계사의 기본법칙' 즉 보편주의적인 역사발전의 법칙은 기본적으로 세계사의 발전 과정 가운데 가장 특징적인 부분들을 추상화하여 이론화한 것이라고 할 수 있다. 따라서 이를 각 지역, 각 국가의 역사에 일원적으로 적용하는 것은 결코 타당하지 않다. 세계의 각 지역, 각국의 역사 발전과정은 각기 그 특성에 따라 설명되어야 한다고 생각된다. 물론 한국사 연구에서도 여전히 세계사적인 보편성은 고민되어야 한다. 하지만 세계사적인 보편성을 먼저 전제하고 이를 한국사에 적용하는 것보다는 한국사의 개별성을 먼저 확인하고 이를 다른 지역의 역사들과 비교하면서 세계사적인 보편성을 그려보는 것이 더 적절한 순서라고 여겨진다. 세계사적인 보편성은 외부에만 있는 것이 아니라 우리 내부에도 있기 때문이다. 이를 한국학으로 넓혀서 말한다면, 한국학은 한국의 역사·문화가 가지는 개별성, 특수성을 먼저 확인하고, 이를 다른 나라의 역사·문화와 비교하면서, 그 안에서 동아시아적인 보편성, 더 나아가 세계사적인 보편성을 찾으려 노력할 필요가 있다고 생각한다.

참고문헌

강명관. 2002.「한국 한문학 연구의 반성과 새 방향」.『한국학논집』29. 계명대학교 한국학연구원.

고미숙. 1999.「18세기에서 20세기 초 민족담론의 변이양상」.『현대문학의 연구』13.

김경일. 2003.「한국학의 기원과 계보 : 한국과 동아시아, 미국을 중심으로」.『사회와 역사』64.

김광진 외. 1957.『삼국시기의 사회경제구성에 관한 토론집』. (일송정, 1989).

김성호. 2002.「제임스 팔레의 조선왕조사 인식」.『역사비평』59: 128~133.

김영민. 2005.「근대성과 한국학 : 한국사상사를 중심으로」.『오늘의 동양사상』13. 예문동양사상연구원.

김영호. 1969.「한국사정체성론의 극복의 방향 —시대구분과 자본주의 맹아의 문제」.『아세아』1969년 3월호.

김용섭. 1992.『한국근현대농업사연구 — 한말·일제하의 지주제와 농업문제』. 일조각.

김인걸. 1997.「1960, 70년대 '내재적 발전론'과 한국사학」.『한국사 인식과 역사이론』. 지식산업사.

박찬승. 1994.「분단시대 남한의 한국사학」.『한국의 역사가와 역사학』. 하, 창작과 비평사.

박찬승. 1997.「미국의 한국사 연구동향」.『대동문화연구』32.

방기중. 1992.『한국근현대사상사연구 — 1930·40년대 백남운의 학문과 정치경제사상』. 역사비평사.

안병직. 1981.「조선후기 자본주의 맹아의 발생」.『한국학연구입문』. 지식산업사.

안병태. 1975.『朝鮮近代社會經濟史硏究』. 東京. 일본평론사.

윤사순. 1990. 『한국의 성리학과 실학』. 열음사.
이경식. 1997. 「한국사연구와 시대구분론」. 『한국사 인식과 역사이론』. 지식산업사.
이기백. 1961. 『국사신론』. 일조각.
이기백. 1968. 「1967년도 한국사학계의 회고와 전망」(국사). 『역사학보』 39.
이기동. 1996. 「한국사시대구분의 반성과 전망」. 『제39회 전국역사학대회 발표요지』.
이보중. 2006. 이화승 옮김. 『중국 경제사 연구의 새로운 모색』. 책세상.
이영호. 2002. 「내재적 발전론을 둘러싼 논의」. 『한국 전근대사의 주요 쟁점』. 역사비평사.
이영훈. 1987. 「한국자본주의 맹아문제에 대하여」. 『한국의 사회경제사』. 한길사.
이영훈. 1996. 「한국사에 있어서 근대로의 이행과 특질」. 『경제사학』 21.
이영훈. 2002. 「조선후기 이래 소농사회의 전개와 의의」. 『역사와 현실』 45.
이영훈. 2004. 「총설 : 조선후기 경제사 연구의 새로운 동향과 과제」. 『수량경제사로 다시 본 조선후기』. 서울대학교 출판부.
이우성. 1957. 「실학파의 문학 = 박연암의 경우」. 『국어국문학』. 16.
이우성. 1973. 「실학연구서설」. 『실학연구입문』. 일조각.
이인재. 2002. 「한국 중세의 기점」. 『한국전근대사의 주요 쟁점』. 역사비평사.
이헌창. 2007. 「한국사파악에서 내재적 발전론의 문제점」. 『한국사시민강좌』 40. 일조각.
임계순. 2000. 『淸史』. 신서원.
임형택. 1981. 「실학파문학과 한문단편」. 『한국학연구입문』. 지식산업사,
정두희. 1999. 『미국에서의 한국사연구』. 국학자료원. 43~66쪽 참조.
조경달. 1998. 『異端の民衆反亂－東學と甲午農民戰爭』. 東京. 岩波書店.

천관우. 1952 · 1953. 「반계 유형원연구 — 실학 발생에서 본 이조사회의 일 단면」. 『역사학보』 2 · 3. 『국어국문학』 16. 1957.
한국경제사학회편. 1970. 『한국사시대구분론』. 을유문화사.
Charles Taylor. 2001. "Two Theories of Modernity," *Alternative modernities,* edited by Dilip Parameshwar Gaonkar, Durham, Duke University Press
Carter J. Eckert. 1991. *Offspring of EmpireThe Koch'ang Kims and the Colonial Origins of Korean Capitalism, 1876-1945,* Seattle, Washington University Press.
Edward W. Wagner. 1974. "The ladder of success in Yi Dynasty Korea", *Occasional Papers on Korea,* No.1(April 1974).
John Duncun. 1995. 「미국대학 한국사교육의 동향과 문제점」. 『역사교육』 58.
Paul A. Cohen. 1984. *Discovering History in China : American Historical Writing on the Recent Chinese Past,* New York. Columbia University Press.
폴 A. 코헨 . 1995. 장의식 외 옮김. 『미국의 중국사 연구』. 고려원.
Samuel N. Eisenstadt(edit. 2002.) *Multiple Modernities,* Brunswick, N.J.Transaction Publishers.

문화교육을 통한 동아시아 한국학의 방법과 전략

김 중 순 (계명대학교 한국문화정보학)

1. 여는 글

이 시대의 문화 현상을 대표하는 키워드 가운데 하나는 '한류'라고 할 수 있다. 세계화와 더불어 각 나라와 민족, 또는 종족들이 자신의 문화적 정체성을 확보하면서 전통에 새로운 가치를 부여하기도 하고 전혀 새로운 문화를 창출해 나가기도 한다. 그것은 문화적 상품이 되어 경제적인 부를 가져다주기도 하지만 한국학의 세계화라는 전략과도 직접적인 연관이 있는 문제다. 다시 말해 단순히 한국의 문화가 동아시아로 확산된다는 사실에 만족하지 않고 그것을 무엇으로 명명할 것인가를 새로운 인문학적 고민으로 삼을 필요가 있다는 것이다. 실제로 문화를 중심으로 일어나고 있는 치열한 경합 속에서 우리 정부의 대응도 매우 활발하다.[66] 이런 현상 가운데는 이질적인 문화들을 통합해 가는 과정으로서의 세계화와 다양한 지방문화들이 정체성을 확보해 나가는 과정으로서의 지방화가 두 축으로 버티고 있다고 할 수 있다.

세계화는 전 지구적으로 진행되고 있는 노동력, 자본, 정보의 급속한 이동을 야기하였고 그에 따라 문화는 이주민들에 의해 지역적 경계를 넘어 타지에서 새로운 이주민 문화로서 생성되고 있다. 그런가 하면 세계 각 지역에서는 이에 대한 반발로 지방문화의 재창출이 새로운 전성기를 맞고 있다. 이처럼 두 개의 커다란 문화적 축이 대립적으로 견제와 보완을 거듭하는 동안 문화는 자연스레 탈지역화의 경향을 띠게 된다.[67] 이는 특정 지역의 경계 안에서 살고 있는 특정 사람들이 공유하고 있는 생활방식, 상징체계로서의 문화가 그 지역적 경계를 넘어서 세계 도처에서 나타나는 현상을 말한다. 문화는 역사적으로 항상 인접 문화들과 교류하면서 갈등과 융화를 거듭해왔지만 세계화 시대에는 문화 간의 경계가 더욱 약화되고 뒤섞임이 가속화되고 있다. 따라서 더 이상 특정 문화를 특정 지역에 살고 있는 사람들만이 공유하는 생활양식이나 상징체계라고는 말할 수 없게 되었다.

예를 들어 한국어의 언어정책사와 관련된 내용을 한번 보자. 신라의 35대 경덕왕은 한화정책(漢化政策)이라는 이름으로 757년과 759년에 전

---

66) 문화관광부에서 2006년도에 한국의 100대 민족문화상징을 확정하여 발표한 것도 그런 예이다.
http://www.mcst.go.kr/web/notifyCourt/press/mctPressView.jsp?pMenuCD=0302000000&pSeq=7974

67) 윤택림. 2002.「문화의 탈지역화와 한국문화연구」.『정신문화연구』25(3). 258쪽.

국의 모든 지명과 모든 관청관직의 이름을 중국식으로 고쳤다. 무조건 중국을 모방하여 정권의 정당성과 문화적 정통성을 확보하고자 했던 결과였다. 그런데 15세기에 이르러 세종 때는 문화의 정체성에 대한 자의식이 확고히 자리매김을 한다. 한글창제는 원래 한자를 읽어내기 위한 음운사전을 만들고자 했던 의도에서 이루어진 것이긴 하지만, 단순히 중국문화에 대한 복제나 답습이 아니라 한국문화에 대한 중국문화의 창조적 적용이었던 셈이다. 한국문화사에서 이 시기는 가장 창조적이었다고 할 수 있다. 그리고 그런 언어정책이 해방 후에는 또 다른 양상으로 나타난다. 남과 북이 한결같이 순 우리말 정책을 펼쳐왔다는 사실이 그것이고, 그것은 일제 식민지 아래에서 형성된 방어적 민족주의와 맥을 같이 한다.[68] 그러나 21세기 다문화 시대에 이르러 과연 순 우리말 정책이 지속적으로 당위성을 유지할 수 있을지는 두고 볼 일이다. 분명한 것은 한국어가 우리 스스로 의식적으로 탈지역화를 선언한 최초의 한국문화 아이콘이라는 사실이다. 바로 '국어'(KNL : Korean as a National Language)가 '한국어'[69](KFL : Korean as a Foreign Language)로 탈바꿈했기 때문이다.

'국어'는 고유한 한국 사람들, 즉 내부인들이 스스로 자기의 말과 글임을 표현하는 말로서 강력한 소유 개념이 있었다. 그러나 그것을 '한국어'

68) 물론 '순 우리말 정책'이 단순히 '말 다듬기' 차원에서 이루어지는 것이라고 항변할 수도 있지만, 그 저변에는 민족주의적 이데올로기가 숨어있는 것을 부인할 수는 없다.

69) 여기서는 '한국어'와 '외국어로서의 한국어'를 같은 개념으로 보고 영어로는 KFL로 표기한다.

라고 함으로써 영어, 일본어, 독일어와 같은 계열에 속하는 개념으로 타자화 혹은 객관화한 것이다. 이런 흐름이 지난 10여 년을 전후하여 자연스럽게 정착되어, 이제 '한국어'는 그 자체로서 정체성을 확보하는 데 성공했을 뿐 아니라 인류문화에 기여하는 국제어로서의 위상을 확보해 가고 있다. 특히 다문화 시대에 "외국어로서의 한국어"(KFL : Korean as a Foreign Language) 교육이라는 이름으로 외국인들을 위한 한국어 교육의 구체적인 방법론을 모색하는 데까지 이르렀다.[70] 한국어가 여기까지 오게 된 데는 우리말이 그 자체로서 우수하다는 주장을 포기했기 때문이라고 할 수 있다. 한글이 좋은 문자라는 것은 사실이지만, 남들에게는 소용되지 않는 말이다. 우리말을 가지고 이룩한 문화 창조의 성과 가운데 어떤 것이 인류를 위해서 널리 기여할 수 있는 보편적인 의의를 가지는지를 밝히고, 또한 그 가능성의 제시야말로 한국어교육의 사명임을 깨달은 것이다. "외국문화로서의 한국문화"(KCFC : Korean Culture as a Foreign Culture)의 가능성도 바로 이런 맥락에서 찾을 수 있다. 그것은 "민족문화로서의 한국문화"(KCNC : Korean Culture as a National Culture)의 대립개념으로서 KNL이 KFL과 대항을 이루는 것과 마찬가지다.[71]

---

70) KFL을 연구의 주제로 삼는 대표적인 학회는 <국제한국어교육학회>, <이중언어학회>, <한국언어 · 문화교육학회> 등이 있으며, 그 중에서도 <한국언어 · 문화교육학회>는 KFL 뿐만 아니라 KCFC까지 연구 목적으로 표방하고 있다.

71) 이 부분에 관해서는 필자의 논문에서 자세히 다룬 바 있다. (김중순. 2008. 「"외국문화로서의 한국문화" 교육의 가능성」. 『언어와 문화』 4(1). 한국언어문화교육학회.)

국학(NS : National Studies)	한국학(KS: Korean Studies)
국어(KNL) Korean as a National Language	외국어로서의 한국어(KFL) Korean as a Foreign Language)
한국문화(KCNC) Korean Culture as a National Culture	외국문화로서의 한국문화(KCFC) Korean Culture as a Foreign Culture

'국학'(NS: National Studies)과 '한국학'(KS : Korean Studies)의 구분이 새삼스럽기는 하지만 그 관계는 바로 '국어'(KNL : Korean as a National Language)와 '한국어'(KFL : Korean as a Foreign Language)의 관계와 같다고 할 수 있다. 뿐만 아니라 '민족문화로서의 한국문화'(KCNC : Korean Culture as a National Culture)와 '외국문화로서의 한국문화'(KCFC : Korean Culture as a Foreign Culture)와의 관계와도 같다. 이미 많은 논문들이 이 문제를 다루었고, 그 역사적 맥락과 관련하여 서로가 어떤 태도를 취하며 시너지 효과를 창출해야할지를 잘 안다. 한국 내부에서 국학 대신 보다 객관성의 의미를 지닌 한국학의 개념을 인정하게 된 것은 1980년대 이후라고 할 수 있다. 한국학이라고 하면 해외 한국학을 떠올리게 되고 특히 구미의 연구동향에 대해 관심을 기울이게 된다. 따라서 구미의 한국학에 대한 역사와 상황에 대해서는 이미 많은 연구보고가 있었다.[72] 그에 비해 상대적으로 동아시아의 한국학은 크게 주목받지 못했고, 다만 한류와의 관계 속에서 다양한 동아시아 담론들이 수적으로 급증하고 있다.[73] 그들

72) 김중순. 2003. 「해외 한국학의 동향」. 『국학연구』 3. 한국학진흥원.

73) 조병한. 1999. 「'90년대 동아시아 담론의 개관」. 정재서 편. 『동아시아연구, 글쓰기에서 담론까지』. 살림 ; 김광억. 1999. 「동아시아 담론의 실체－그 분석과 해석」.

의 연구동향을 바탕으로 앞으로의 가능성을 살펴보는 것은 특히 해외 한국학의 한 축으로서 동아시아에서의 위상을 확보하는데 중요한 돌파구를 마련할 수 있을 것이다.

2. 동아시아 한국학의 현재

해외 한국학의 초기단계가 일반적으로 그러하듯이 동아시아의 한국학도 한국어교육과 맞물려있다. 중국에서 한국어교육에 대해 문헌상 남아 있는 기록은 孫統修의 『華夷譯語』에 나온다. 원본은 남아 있지 않으나 중국 원나라의 화원결관이 통역관들을 위한 고려어 교과서인 고려관역어를 편찬하였다는 기록이 나타난다. 그 이후 여러 자료가 확인되는데 근대적 의미의 한국어교육은 1946년 북경대학에 조선어학과가 설치되면서부터이다.[74] 이후 1952년 중국 대외경제무역대학, 1953년 낙양외국어대학, 1972년 연변대학, 북경 제2외국어대학에 조선어학과가 점차적으로 설치되었다. 조선족을 대상으로 하는 한국어 교육은 연변을 중심으로 이루어지는데 반해 외국어로서의 한국어교육은 전 중국에 걸쳐 이루어지

앞의 책 ; 정재서. 1999.「동아시아문화, 그 보편가치화의 문제」. 앞의 책 ; 최종덕. 1999.「동아시아 담론의 철학적 해명」 앞의 책 ; 편집동인. 1996.「편집자의 말: 동아시아의 담론을 바로 읽기 위하여」.『문학과 사회』 9(4). 문학과 지성사 ; 이승환. 1998.「'아시아적 가치'의 담론학적 분석」.『열린 지성』 4. 교수신문사 ; 김인환. 1998.「동아시아문화 연구의 반성과 전망」.『동아시아문화와 사상』 1 등이 있다.

74) 조항록. 2006.「국외 한국어교육의 발달과정과 특징 I」.『한국어교육 16-1』. 국제한국어교육학회. 252-253쪽.

고 있다. 1992년 한중 수교 이후 중국과 한국의 교류가 빈번해지면서 한국어에 대한 수요가 급증했다고 할 수 있다.

중국에 이어 최근 몽골, 베트남 등 동아시아 각국의 대학들은 경쟁적으로 한국학 관련 학과를 설치하고 있다. 주로 '한국어과'라는 명칭으로 설치되는 한국학 관련 학과의 숫자는, 4년제 대학만 꼽아보아도 중국이 50여개 대학, 몽골이 20여개 대학, 베트남이 15개 대학에 달하고 있다. 여기에 인도네시아, 말레이시아, 필리핀, 태국, 인도 등에 설치된 한국어과를 더한다면 동아시아 각국에 설치된 한국학 관련 학과의 숫자는 100개를 넘어설 것으로 추산된다. 2년제 혹은 3년제 대학에 설치된 한국어과까지 합한다면 그 숫자는 150개를 넘어설 것으로 예상된다.[75)]

그렇다면 이처럼 동아시아 각국에서 최근 경쟁적으로 한국학과를 설치한 이유는 무엇일까? 그동안 이데올로기 문제로 소원해져 있었던 관계를 청산하고 한국을 본격적으로 진지하게 학습하기 위해서일 수도 있고, 아니면 한국의 경제발전과 정치적 민주화를 선망해서 따라 잡고 싶었기 때문이기도 할 것이다. 혹은 한국의 정신문화나 한국학이라는 학문에 대한 관심일 수도 있다. 그러나 진짜 이유는 오히려 다른 곳에서 찾아야 할 것 같다. 가장 현실적인 이유는 단도직입적으로 말해 한국 기업에 인력을 공급하기 위해서이다. 이들 국가에 진출하는 한국 기업의 수가 많아

---

75) http://news.khan.co.kr/section/khan_art_view.html?mode=view&artid=200704201453421&code=900308
한국국제교류재단. 2007. 『해외한국학백서』. 서울 : 을유문화사 통계자료 참조.

지면서 한국어를 구사할 수 있는 인력 수요가 빠르게 늘어난 것이 그 이유인 것이다. 한국 기업의 진출로 인해 한국어과 출신들은 취업이 잘되는 분위기가 만들어졌고, 이 같은 분위기 때문에 동아시아 각국 대학에 한국학 관련 학과들이 늘어난 것이다.

따라서 우리는 동아시아 각국에서 늘어나는 한국어과의 숫자를 곧바로 한국학에 대한 관심의 증대로 착각해서는 안 된다. 학과 명칭이 '조선어과' 또는 '한국어과'라는 사실에서 알 수 있듯이, 그리고 이들 학과 거의 대부분이 외국어 대학 내에 설치된 사실에서 알 수 있듯이 이들이 가진 관심은 취업을 위한 실용 한국어 습득에 집중되어 있으며, 학문적 차원의 한국학에 대한 관심으로까지는 발전해 나아가지 못하고 있는 것이다. 폭발적으로 늘어난 한국어 구사 인력에 대한 수요가 늘어나면서 한국어과는 이에 대응하기 위해 경쟁적으로 만들어졌기 때문에 대학답게 학문적 차원에서 학생들을 가르칠 수 있는 준비가 제대로 되어 있지 않다. 예컨대 이들 한국어과의 교과 과정은 대부분 듣기, 말하기, 쓰기 위주로 짜여져 있으며 이러한 교육 목표는 4년 동안에 한국어 능력검정시험[76] 통과로 모아져 있다. 뿐만 아니라 학생을 가르칠 수 있는 전문 인력 확보도 제대로 되어 있지 않다. 중국의 경우 한국어과 교수들의 다수는 한국어를 구사할 수 있는 조선족들로 이들 중 상당수는 학사 학위

76) 한국어능력검증시험(TOPIK : Test of Proficiency in Korean)은 교육부산하 교육과정 평가원에서 제정한 것으로 유학생들의 경우 5급 이상 통과해야 국내 정규 대학과정에서 수학할 수 있도록 권유하고 있으나, 대학마다 학생유치 경쟁 때문에 있으나마나한 제도가 되었다.

소지자거나 석사 학위 소지자이다. 그것도 대부분이 한국어교육을 전공한 사람들이 아니다. 몽골과 베트남의 경우는 중국보다 교수 공급 사정이 더욱 나빠 현지 유학생과 한국국제협력단(KOICA) 등에서 파견한 지원 인력에 교육의 상당 부분을 의존하는 실정에 놓여 있다.

문제는 동아시아 현지에만 있는 게 아니다. 국내 대학들은 중국을 비롯한 동아시아 유학생들을 적극적으로 유치하고 있다. 특히 중국유학생들의 유치는 지방대학들의 생존이 걸려있을 정도로 치열해서 한 학교에 수백 명씩 몰려있기도 하다. 교육인적자원부 자료에 따르면 한국에서 공부하는 중국 유학생 수는 2003년 5,600여명에서 2004년 8,600여명, 2005년 1만 2,300여명으로 매년 50%정도 늘어났다. 2006년에는 2만 명을 넘어섰고, 중국학생들의 한국 유학 열풍 성장세는 계속되고 있다.[77] 그러나 이처럼 늘어나는 유학생들을 국내 대학들은 감당할 수 있는 능력을 잃어버린 것 같다. 이들을 위한 교과과정이나 교수방법, 그리고 교재개발이 준비되어 있지 않은 상황에서 학생 유치에만 열을 올린 결과라고 할 수 있다. 정부에서도 이들의 체류자격 문제에만 신경을 쓸 뿐, 혹은 사후약방문 격으로 불법체류자들을 위한 행정조치에 급급하고 있다. 유학생들을 위한 한국어교육 과정이 설치되어 있기는 해도 사실은 그것도 학교의 재량일 뿐, 학생들이 한국어 실력과 상관없이 전공수업에 참가할 수 있도록 되어 있다. 그러니 학생들의 한국어 실력은 천차만별이다. 심지어 한국어를 한마디도 몰라도 수업에는 참가할 수 있다. 이런 상태에서 한국

77) http://www.cyworld.com/jsfoodsys1/317499

학생들과 함께 섞여 수강하는 전공수업은 그들에게 어렵고 지루할 수밖에 없다. 그런가 하면 교수의 입장에서는 동아시아 유학생들이 몰린 과목일 경우에는 정상적인 수업진행이 불가능할 정도다.

이처럼 현지의 한국학 관련학과의 수가 늘어나고, 한국을 찾아오는 유학생 수도 증가하고 있지만, 막상 한국학의 본격적인 교류는 여러 가지로 어려움을 겪고 있다. 유학생들의 숫자가 늘어난다고 해서 한국학을 전공으로 하는 학생들이 늘어나는 것은 아니기 때문이다. 현지에서도 언어, 문학, 역사, 철학 등 인문학의 핵심적 분야를 가르칠 수 있는 인력이나 교과 과정도 온전하게 구비되어 있지 못한 현실이 1차적으로 한국학의 본격적이고 정상적인 교류를 가로막고 있다. 오로지 언어 습득에 집중된 관심이 동아시아 한국학의 현실인 것이다.

그러나 이것이 절망적인 현상만은 아니다. 구미 각국에서는 한국학과들이 동아시아의 형편과는 달리 양적으로 현저히 감소하고 있기 때문이다. 1980년대 이후 우리나라는 구미 각국의 유수한 대학에 한국학과를 건설하고 정착시키기 위해 적지 않은 투자를 했지만 그 실적은 참담하기 짝이 없다. 상당한 지원에도 불구하고 한국학은 일본학, 중국학, 인도학 등의 위세에 눌려 답보상태에 있거나 오히려 퇴보했다. 한국의 지원이 끊어지면 언제든지 문을 닫을 준비가 되어 있는 구미 국가들의 실정을 상기할 필요가 있는 것이다.[78] 이런 사정에 비추어 볼 때 한국의 경제적

78) 김동택. 2006.「한류와 한국학 —해외한국학 현황과 지원방안」.『역사비평』74. 219쪽.

지원 없이 동아시아 국가의 대학들이 자발적으로 앞 다투어 한국어과를 만드는 현실을 우리는 한국학을 전파하고 정착시킬 수 있는 좋은 기회로 인식할 필요가 있다. 그리고 이들 동아시아 국가와 한국학의 바람직한 교류가 이루어지도록 하기 위해 어떤 고민을 해야 할 지 논의할 필요가 있다.

물론 한류의 확산으로 말미암아 한국어에 대한 수요는 일정 정도 수반된다 해도 그것이 한국학의 확산으로 곧장 연결되지는 않을 것임은 이미 논한 바와 같다. 문화적 소비로서의 한국학은 관련된 산업의 필요와 노력에 의해 확산되거나 축소될 것이다. 취업 등 현실적인 필요에 의한 한국어의 학습의 열기도 얼마나 지속될지 알 수 없다. 한류로 대표되는 이러한 문화적 소비 현상에 대해 한국학은 어떤 태도를 취하고 있는가? 대중문화를 중심으로 일어난 한류가 동아시아를 대상으로 급속한 확산이 이루어지는데 대해 한국학계의 고민이나 전략은 그리 크지 않아 보인다.[79] 대중적으로 소비되는 한국문화론이 아직 학계에서 뚜렷한 위상을 갖추지 못했기 때문일 것이다.

3. 대중적 한국문화론의 현주소

한국문화에 대한 연구는 인류학을 비롯하여 역사, 민속, 철학, 언어, 지리학 분야 등에서도 다루어 왔다. 그리고 근래에는 문화연구(cultural

79) 위의 논문 215-218쪽.

studies)라는 이름을 내걸고 문학, 사회학, 커뮤니케이션 분야에서도 연구가 활발하다. 그런데 문제는 이들 다양한 분야에서 사용하는 문화의 개념이 일치하지 않는다는 점이다. 인류학에서 문화의 개념이 흔히 '총체적 생활양식'이라고 정의되지만, 구체적인 현상으로부터 추출된 하나의 추상으로 한정시키는 '관념론적 관점'도 있다. 또 어떤 분야에서는 '예술 및 인문적, 지적 작업'만을 가리키는 것으로 축소되기도 하고, 모든 '表意的 實踐들'(signifying practices)을 지칭하는 것으로 이해되기도 한다. 그러나 한국문화 연구에서 문화의 개념을 지나치게 축소하면 오랜 역사를 거치면서 한국 사회에서 한국인들이 경험하고 이룩해 온 복합적인 총체로서의 다양한 성과 가운데서 많은 부분을 연구의 대상에서 제외시키는 꼴이 된다. 따라서 보다 포괄적인 문화의 개념을 전제로 접근하는 것이 바람직하다. 다시 말해 한국문화에 대한 연구는 한국인의 지적활동을 포함한 가치관(Perspective), 행동유형(Practice), 그리고 그로 말미암은 물질적 생산물(Products)을 포함하는 광범위한 영역이어야 한다. 그러나 문화란 살아있는 생명과 마찬가지로 언제나 변화를 이루어가기 때문에 완벽한 이론은 있을 수 없다. 따라서 문화를 정의한다는 것은 언제나 열린 작업이고 유동적이며 과정일 뿐이다. 따라서 "사회의 구성원으로서의 참여자"와 공간적 영역을 규정짓는 "환경"이 전제되어야 한다. 이 둘은 시간적 공간적 상황변화를 설명해 줄 수 있기 때문이다. 참여자는 단일민족으로서의 한국인이라는 범주를 뛰어넘게 되고, 환경이라 함은 지리적 · 정치적 영토 개념이 심리적 · 정신적 영토 개념으로 바뀌게 됨을 암시한다. 또한 생각하고, 행동하고, 생산하는 일이 문화적인 것으로 판단되기 위해서는 그것이 어떤 사회 집단에 의해 공유되어야 한다. 문화란 살아있

는 생명과 마찬가지로 언제나 시공간적 환경에 따라 변화를 이루어 내는 것이다.[80]

그러나 그동안의 한국문화 연구의 일반적 경향은 한국문화를 일정한 지역적 공간에서 구현되는 자체 완결적인 실체로 보고 그 실체를 객관적으로 파악하고자 하는 입장이었다. 뿐만 아니라 문화를 하나의 정형화되어 있는 실체로 파악하고, 변화하는 흐름으로 이해하지 못했다. 그래서 전통적 촌락연구에 치중함으로써 한국문화의 보편성과 특수성의 문제를 논의할 수 없게 만들었다. 따라서 미시적이고 개별적인 수준을 넘어서는 전체의 구조와 의미구성체에 관한 만족스러운 분석을 제시하지 못하고, 문화현상에 대한 비판적 이해를 도모하는 데 실패했다고 할 수 있다. 과거 비교적 고립된 단순사회의 연구를 통하여 정립해 온 전통적 방식으로는 오늘날 급변하는 사회 문화의 추세를 설명할 수 없게 되었다. 교통·통신의 획기적 발달과 정보화의 진전, 그리고 단일 세계시장 경제체제의 등장 등은 이제 고립된 사회적 단위나 문화 체계를 불가능하도록 만들었다. 이러한 맥락에서 문화에 대한 새로운 의미를 모색하지 않을 수 없게 되었다.

한국은 전쟁을 겪으며 근대화에 전념하던 무렵에 어느 정도 자신을 되돌아 볼 수 있는 계기를 가지게 되었다. 그러나 곧 국가가 생산주체가 되어 '민족문화'를 중심으로 이루어진 '국가주의 이데올로기'로서의 성

---

80) 김중순. 2008. 「"외국문화로서의 한국문화" 교육의 가능성」. 『언어와 문화』 4(1). 한국언어문화교육학회.

격이 강하게 드러나게 되었다.[81] 아울러 70-80년대까지도 여전히 정치문제가 주된 이슈가 될 수밖에 없는 상황이었기에 그 당시의 문화론이란 정치적 투쟁의 '수단'으로서의 민중문화론이거나 아니면 지배이데올로기의 천박한 문화정치로서의 일시적 문화론이었다고 할 수 있다.[82] 다시 말해 이 때의 한국문화론은 주로 '이념적'으로 소비되었던 것이지 '대중성'을 확보하지는 못했던 것이다. 예를 들면 전통 문화 연구의 성과 가운데 하나가 무속이라고 할 수 있다. 그 동안 많은 연구가 이루어져 역사자료와 민속 현지조사를 토대로 그것의 원형적 양식을 어느 정도 밝히는 데 집중해왔다. 그러나 고대사회의 무속과 오늘날 농어촌에서 볼 수 있는 풍농 · 풍어제, 그리고 도회에서 발견되는 무속적 생활양식의 근본적인 차이와 공통점이 무엇인지를 설명하는 일에는 소홀하다. 뿐만 아니라 전통 무속에서 신내림을 경험한 무당의 공수에 대해서는 민속학적 · 인류학적 조사연구는 많으나 그것이 오늘날 한국인들의 생활 속에 자리 잡고 있는 점복(占卜) 문화와 어떤 연관이 있는지에 대해서는 별 연구가 없다. 빌딩을 세우고 비싼 외제 자동차를 살 때 도시 한 복판에서 버젓이 고사를 지내는 현상에 대해 문화 연구는 적극적으로 문제를 삼지 않는다. 기껏 기독교 신학에서 한국 기독교의 습합적 성격을 다루면서 무속의 영향을 언급하는 정도이고 그것도 대부분이 탈역사적으로 다루어져 기독교 신학의 강화를 위한 도구로 사용되고 있을 뿐이다. 따라서 무속을 통해서 보는 한국사회는 자칫 정체되고 동질적인 특성을 간직한 것으로 정형화

81) 오병석. 1998.「1960-70년대의 문화정책과 민족문화담론」.『비교문화연구』 4. 서울대비교문화연구.

82) 송도영. 1998.「1980-70년대 한국문화운동과 민족민중적 문화양식의 탐색」.『비교문화연구』 4. 서울대비교문화연구.

하는 오류를 불러일으킬 수밖에 없다.[83] 오늘날 한국의 혼례나 장례, 혹은 축제문화가 전통의 관혼상제와 풍속문화도와 어떻게 연계를 이루고 있는지에 대한 연구도 마찬가지다. 현대적 문화현상에서 나타나는 지배적인 관행과 변용의 가치가 무엇인지 연구하는 대신 그리고 그것이 역사적 맥락에서 변천되어 온 역동적 과정을 다각적으로 분석해 들어가는 대신 여전히 문헌적 고증 내지는 원형연구에만 매달려있는 것이다. 따라서 실제로 문화과정에 참여하는 사람들이 거기에 어떠한 의미를 부여했는가를 밝히는 작업은 거의 불가능하다.

1980년대 후반부터 이런 양상이 더욱 두드러지게 나타나면서 문화연구의 대중적 소비가 확산되기 시작한다. 민주화가 이룩되고 이제는 문화를 말할 수 있는 여유와 자신감, 그리고 국제화가 급속도로 진행되면서 자아와 타자의 관계설정의 필요성도 일종의 압력으로 다가오는 것이다. 그 결과로 나온 것이 이규태를 중심으로 이루어진 '풍속학적' 한국문화론이나, 원형 혹은 심층 탐구에 천착하며 반성주의 내지 신토불이론을 내세운 김열규·주강현 류의 민속학적 한국문화론, 김용운·지명관·이어령을 중심으로 일본을 대상으로 한 비교문화론, 그리고 최준식을 중심으로 이루어진 문화결정론적 인식론이다. 이러한 문화론은 모두 탈역사적 혹은 탈맥락적이라는 점에서 여전히 비판을 받고 있지만,[84] 한류가

---

83) 김광억. 1986. 「한국사회와 인류학적 방법론」. 『사회과학과 정책연구』 8(1). 서울대학교 사회과학연구소. 150~151쪽.

84) 권숙인. 1999. 「대중적 한국문화론의 생산과 소비」. 『정신문화연구』 22(2). 한국학중앙연구원.

근거로 삼고 있는 한국문화론의 현주소이기도 하다. 그러나 한류의 등장과 더불어 90년대 한국에서 아시아가 논의되기 시작한 것을 생각하면, 앞으로 한류와 관련한 한국문화론이 본격적으로 등장할 가능성은 얼마든지 있다.[85] 그리고 한국문화론은 동아시아 정체성 추구의 욕구와 정치·경제적 성취에 대한 설명, 그리고 서구 중심적 세계체제의 확산에 맞선 자위적 공동체 형성의 욕구[86]로 말미암아 생겨난 동아시아 담론과 더불어 시너지 효과를 발산할 가능성은 더욱 크다.

따라서 한국문화 연구의 성격은 문화연구의 틀과 연구대상, 그리고 연구의 목적을 어떻게 설정하느냐에 따라 달리 나타날 수 있다. 다시 말해 문화를 어떻게 규정하느냐에 따라 연구의 대상 영역은 달라질 수 있으며, 연구의 목적이 다르면 그 방법 역시 다양하게 동원될 수 있다. 그동안 한국문화 연구의 지배적인 성향은 한국문화가 갖는 고유하고 이상적인 유형을 파악하는 일이었다. 전통문화와 민족문화라는 두 가지 대표적인 개념을 설정하고, 그 실체가 무엇인지 규명하기 위해 노력해 온 것이 그 예이다. 이 두 가지 개념은 한국문화를 토착문화와 외래문화로 구분하는 이분법적 발상과 한국사회를 단일민족·단일문화의 틀 안에서 이해하려는 관점과 맥을 같이한다. 이와 같은 틀은 한국문화의 고유한 특성을 밝

85) 일본문화론이 "열려진 보편성을 추구하기 보다는 특수한 일본을 '긍정'하려는 폐쇄된 방향"으로 흘렀던 점과 관련해서 그 위험성도 함께 주목할 필요가 있다. 권숙인의 위의 논문에서 재인용: 아오끼 다모츠. 1997. 『일본문화론의 변용』. 최경국 옮김. 소화.

86) 김광억. 1999. 「동아시아와 세계체제 이론」. 정재서 편. 『동아시아 연구, 글쓰기에서 담론까지』. 살림.

히는 데 유용하게 쓰일 수 있으나 문화를 지나치게 정형화함으로써 그것의 역동적 측면을 소홀히 다루게 되는 약점을 갖는다. 따라서 "한국문화"(KCNC)를 "외국문화로서의 한국문화"(KCFC)로 이해하며 동아시아적 정체성을 확보해야 할 당위성은 더욱 커지는 것이다.

4. 동아시아 한국학의 내용과 실제

국학은 자민족 중심을 지향하는 즉자적 연구이다. 그러나 한국학은 외국인들이 자신의 역사적 경험과 사회를 준거의 틀로 삼아 한국을 이해하고 분석하고 비교하고 판단하는 대자적 연구이다. 여기에는 물론 한국인이 한국에 대해 외국인이 추구하는 한국학을 의식하면서 연구하는 비교사적 관점에 서 있는 연구도 포함된다. 이 범주는 한국을 세계 공동체의 일부로서, 그리고 동아시아의 일부로서, 다양한 문화 및 역사 공동체 가운데 하나로 취급하는 연구일 것이다. 한국 역사의 특정한 사건이나 시대를 연구하면서 동서양의 다른 역사적 경험과의 비교를 염두에 두고 그 성격과 의미를 규정해 나간다면 그것은 한반도 역사의 일부라는 특정한 시공간에 구속되면서도 동시에 다른 시공간과의 비교 속에서 그 보편적 함의를 갖게 되는 비교사적 연구가 될 것이다. 동아시아 한국학은 구미 한국학의 한계를 극복하기 위해서도 국내 한국학과 더욱 긴밀한 네트워크를 이루며 장려되어야 한다. 서구 한국학이 지닌 지역학적 성격, 오리엔탈리즘적 세계관, 동아시아학의 말단이라는 위상에서 비롯된 한국학의 위기를 극복하지 않으면 안 된다. 이를 위해서는 한국학의 정체성 확립과 함께 그 방법의 전환이 필요하다. 한국학의 정체성 확립은 인문학적 차원과 동아시아적 차원의 두 가지 측면에서 찾을 수 있다. 그런 점에서 동아시아 한국학은 동아시아에서 한국학의 정체성을 확립하고 동아시아 지역 한국학의 쌍방향 네트워크를 구축함으로써 한국학의 세계화를 위한 길을 모색할 필요가 있다.[87] 그것은 한류와 관련한 한국문화 이해를 동아시아 한국학의 기점으로 삼을 경우 더욱 분명해진다.

장보고(? - AD 846)의 경우를 예로 들어보자. 그는 한국에서는 "바다의 왕"이라고 불리고, "海神"이라는 제목으로 작가 최인호에 의해 소설의 주인공이 되기도 했고, 드라마로서도 매우 인기가 있었다. 드라마 해신은 인도를 비롯해 중국, 대만, 일본, 홍콩, 필리핀, 베트남 등 8개국에 수출되어 인기리에 방송되었으니 장보고는 동아시아 유학생들의 관심사가 아닐 수 없다. 우선, 장보고를 부르는 이름은 한국 측 기록에는 궁복(弓福), 궁파(弓巴), 장보고(張保皐)로 되어 있고, 중국측 기록은 모두 장보고(張保皐), 일본에서는 장보고(張寶高)로 기록되어 있다. 당시 신라 관습상 평민은 성(姓)을 갖지 못하였기 때문에 장보고가 중국에 있을 때 궁복의 '궁'자와 비슷한 장씨라는 성(姓)을 갖게 된 것이고, '보고'라는 이름은 '복(福)'의 음을 그대로 따라 지은 것으로 추측된다. 장보고의 출신지에 대해서는 삼국사기의 기록을 보면, 문성왕(文聖王 839~856)의 차비로 장보고의 딸을 맞이하려 할 때 조정의 신하들이 그가 해도인(海島人)이라는 점을 들어 반대하고 있는 점으로 미루어 보아 섬사람임을 확인시켜 주고 있으며,

87) 이영호. 2006.「한국학 연구의 동향과 '동아시아 한국학'」.『한국학연구』15. 인하대학교 한국학연구소.

그의 고향은 청해진이 설치되었던 오늘날의 완도라고 짐작된다. 청년으로 성장한 장보고는 풍운의 꿈을 안고 당으로 건너가서 30세 쯤에 서주(徐州) 무령군 소장(武寧軍 小將)이라는 군직(軍職)에 올랐다고 한다. 그런데 무령군이라는 군단명이 805년에 처음 생겼다고 하니, 장보고가 무령군 소장직에 오른 시기는 아무리 빨라도 805년 이전으로 올라갈 수는 없겠고, 그가 당에 건너간 시기는 일단 805년 전후였을 것으로 추정해 볼 수 있다. 그런데 그가 신라에 귀국한 시점이 828년이었으므로, 그의 재당(在唐) 기간은 9세기 초 20여 년 간으로 압축될 수 있을 것이다.[88]
이 내용은 KBS 방송국에서 드라마 제작과 관련하여 만들어 놓은 홈페이지에서 퍼온 것이다. 따라서 여기서 드라마 콘텐츠의 역사학적 사실 여부를 따질 생각은 없다.

다만 그는 젊은 시절에 중국으로 정치적인 혹은 경제적인 이유로 모험 여행을 떠났고, 거기서 군대를 결성하여 고위직에 오를 만큼 용감했던 해상 영웅이었다. 그리고 한국으로 돌아왔지만 여전히 중국에 땅과 사찰을 소유하고 있었고, 그 세력이 얼마나 강했던지 불교인들의 숙청이 이루어지는 시기에도 일본인 승려들을 구해냈을 정도였다.[89] 그러나 장보고가 당시 당나라에 있던 여러 외국 군사의 지도자 가운데 한사람에 지나지 않았다는 것도 사실이다. 인동장씨대동보(仁同張氏大同普)나 장씨연원보감(張氏淵源寶鑑)에 의하면 장보고의 아버지는 장백익(張伯翼)이고 절강

88) http://www.kbs.co.kr/drama/jangbogo/synop/plan/plan.html

89) Reischauer Edwin O., trans., *Ennin's Diary : The Record of a Pilgramage to China in Search of the Law* (New York 1955).

성 소흥사람으로 신라에 귀화한 사람이라고 되어 있으니 장보고에 대한 해석이야말로 교차 문화적 시각으로 바꾸면 당시의 신라 역사와 당의 역사, 그리고 일본을 비롯한 동아시아와의 교류관계를 훨씬 더 폭넓게 살펴볼 수 있을 것이다.[90)]

7-10세기는 동아시아 역사가 매우 역동적이며 활기에 찾던 시기이다. 신라 · 당 · 일본 등 세 나라는 서로 간에 다소의 시간적 차이는 있었지만 똑같이 율(형법)과 령(행정법)을 바탕으로 한 중앙집권적 통치체제를 이룩하였다. 그러나 9-10세기에는 똑같이 지방 토호세력들에 의해 중앙이 무너지고 지방분권적인 양상을 띠게 되었다. 이처럼 동아시아 삼국이 같은 시기에 매우 비슷한 내용과 규모의 변혁을 경험하게 된 까닭이 무엇인지 더 연구해 볼 만한 일이다. 그런데 매우 흥미로운 일은 이와 같은 중앙통제력의 약화와 지방토호들의 割據가 오히려 민중세계가 가지고 있던 숨은 저력을 유감없이 발휘할 수 있게 했다는 사실이다. 놀랍게도 신라인들은 그들의 저력을 해상진출과 교역활동에 쏟아 넣었다. 그리하여 동아시아 교역권을 형성하고 삼국 간을 종횡무진으로 항해하면서 그 주인노릇을 톡톡히 수행했던 것이다. 실로 동양 삼국의 해상진출과 교역활동이

---

90) 실제 동아시아 학생들을 대상으로 한 한국문화 수업에서 드라마 "해신"은 매우 훌륭한 교재였다. 우선 대부분의 학습자들이 드라마의 줄거리를 알고 있었기 때문에, 스토리텔링 기법으로 동아시아의 역사와 문화를 재구성하는데 큰 도움이 되었다. 같은 맥락에서 베트남 학생은 안남국(安南國. 현 베트남)의 왕 이천조(李天祚)가 트란 왕조에게 권력을 빼앗기자 둘째 왕자 이용상(李龍祥)이 1226년(고려 고종 13년)이 배를 타고 지금의 황해도 옹진군 화산으로 피난을 왔고, 고종은 그를 화산군에 봉하고 그 곳을 식읍으로 하사했다는 화산 이씨에 관한 에피소드를 소개해서 수업은 더욱 활기를 띄었다.

이때처럼 활기에 찼던 시기는 달리 찾아볼 수가 없다. 더욱이 9세기경의 신라 무역상들은 동아시아 삼국간의 교역뿐만 아니라 세계무역의 새로운 단계, 즉 동·서 세계 간에 이루어진 해상무역의 초기 단계에 가담하고 있었다. 이들은 마치 아라비아 · 페르시아 상인들이 지중해와 중동의 해안에서 감행하였던 그러한 역할을 동쪽의 세계에서, 그것도 전자에 비하여 훨씬 위험한 해상에서 수행해 갔던 것이다. 중국의 산동반도 연해안과 대운하변, 그리고 회수(淮水) 양자강 하구 언저리와 동중국해에서 멀리 광주(廣州)에 이르는 지역까지도 그들의 발자취를 남겼다. 그 가운데 장보고가 있었던 것이다. 그는 중국에 산재하고 있던 신라인 촌락을 하나의 체계 속으로 조직화하고 자기의 통솔 하에 두었다. 뿐만 아니라 산동반도의 적산촌(赤山村)과 우리나라의 청해진(淸海鎭) 그리고 일본의 하까다(博多)에 그의 무역 근거지를 두고 황해 · 동중국해에 횡행하던 크고 작은 해상세력 집단을 철저히 통제하고 그의 세력권 안에 두었다. 그리하여 동아시아세계의 교역은 종전의 당을 중심으로 한 조공무역에서 민간이 주도하는 교역체제로 그 내용이 바뀌어 갔다.[91]

장보고를 이렇게 읽으면 7-10세기의 동아시아의 역사를 논하면서 중국과 한국과 일본의 시대구분 문제가 별개로 다루어질 수 없음을 알게 된다. 아래의 표를 보면 신라가 망하고 고려가 등장하는 것은 단순히 한반도 내의 정치적 역사적 문제가 아니라 당나라의 흥망과 절대적으로 얽혀있음을 알 수 있다. 이처럼 간단한 비교를 통해서도 동아시아의 관계

91) http://blog.naver.com/hannuri16/120023295181

가 대단히 밀접했음을 짐작할 수 있고, 심지어는 기록에 조차 나오지 않을 만큼 단명에 그치고 말았던 여러 변방 국가들도 있었으리라는 것을 짐작할 수 있다. 동아시아 삼국이 이처럼 같은 시기에 매우 비슷한 내용과 규모의 변혁을 거쳤던 것이다. 따라서 한류에서 출발하는 교차 문화적 비교 방법이 가르치는 이에게는 큰 부담이 될 수 있다. 그러나 동아시아는 실용적 한국어를 지향하고 학문적 관심이 얕은 대신 한류를 통해 대중적 문화소비의 기제로서의 한국문화와 친근하다는 사실을 동아시아 한국학의 구축을 위한 받침목으로 삼을 수 있을 것이다.

한국		일본	중국
668-938	통일신라	600-794 나라시대	618-907 唐
699-926	발해	794-1185 헤이안시대	
892-936	후백제		
901-918	후고구려		907- 5代10國
918-1392	고려	1192-1333 가마쿠라시대	

5. 동아시아 한국학의 지식생산 방법

학문생산의 식민성 혹은 서구이론 수용에 대해 조동일의 논의는 경청할만하다. 조동일은 서양학문의 토착화론을 넘어서 창조론으로 나아가야 함을 강조한다. 첫째, 학문의 자주성을 획득하여 주체적인 연구시각을 마련해야 하고 제3세계의 학문이 자기 민족의 미화 단계에서 벗어나 국제적인 교류를 강화하여 제3세계 일반의 보편적인 이론을 마련해야 한다는 것이다. 둘째, 학문의 토착화론 indeginezation thesis을 넘어서서 창조론 creation thesis으로 나아가기 위해서는 서양학문의 독선적인 이념은 배격하고, 방법론을 적극적으로 받아들여 널리 이용해야 한다는 것이다.[92] 어떤 학문분야의 연구이든 서구의 이론을 받아들이고 그것을 주어진 지역의 현실을 분석하고 이해하는데 적용하는 것이 잘못되었다는 게 아니다. 지식생산의 식민성은 지역의 현실을 해명하는데 활용하기 보다는 지역현실을 외면하는 결과를 낳고 있다는 게 문제다. 서구이론을 어떻게 적용하는가라는 질문이 문제가 아니라, 주변부 사회의 지식공동체가 서구이론에 압도돼 있기 때문에, 자신의 현실을 바라볼 능력을 상실한 상황이 문제인 것이다.

동시에 서구이론의 수용에 대한 논의가 언제나 서구이론 대 한국이론이라는 이분법적 구도에서 이루어졌다. 그러나 그런 구도는 근본적으로 설정이 잘못 되었다. 한국사회 현실을 해명하는 이론은 서구의 것이든 한국에서 한국의 학자에 의해 만들어졌든 관계없이 현실을 해명하고 변화시키는데 유용하면 되기 때문이다. 오히려 문제는 한국사회 현실을 해명하기 위해 서구이론을 활용할 때, 현실의 문제 인식에서 출발하여 이론을 받아들이는 게 아니라 이론에 압도되어 문제가 무엇인지를 찾고자 하는 데 있다. 아닌 게 아니라 한국사회의 지식생산의 조건은 구조적으로 문제를 내포하고 있다. 한국사회는 해방 이후 미군정의 교육정책을 바탕으로 삼았기에 근대적 대학제도는 태생적 한계가 있다. 뿐만 아니라 연구

92) 조동일. 1993. 『우리학문의 길』. 지식산업사. 211쪽.

와 교육내용을 평가하는 체계 역시 철저하게 외국의 기준에 의존하고 있다. 학술진흥재단이 사용하고 있는 가장 비중 있는 교수업적 평가기준은 SCI, SSCI, 혹은 인문학의 경우는 HSCI급 외국학술지에 몇 편의 논문을 냈느냐이다. 대학들은 교수들에게 이들 저널에 논문발표를 요구하고 있다. 이러한 평가기준이 국내 논문의 수준을 상당히 끌어올릴 것으로 기대되지만, 그 논문들이 한국사회가 안고 있는 한국의 문제를 다룰 가능성은 별로 많지 않다.[93] 한국학의 경우 그것은 더욱 분명하다. 많은 경우 국제학회에서 발행하는 분야별 학회지가 "한국"이라는 현실을 별도로 고려할 까닭이 없는 것이다. 이처럼 연구자의 훈련과 평가의 준거를 외국에 의존하고 있는 구조적 조건 때문에 한국의 학자들은 연구의 방향을 서구의 기준에 맞출 수밖에 없게 된다. 뿐만 아니라 자신의 논문이 서구적 학문체계 속에서 인정받기 위해서는 어떤 논문을 어떻게 써야하는지 분명하게 해준다. 국내의 몇몇 기관에서 한국학 국제학술지의 발행을 표방하고 나섰지만 서구의 평가 시스템이 이를 쉽게 인정해 줄 리 만무하다. 그러나 동시에 독자적인 한국학의 학문체계 수립에 적극적으로 나서지 않는 국내학계의 태도도 비난받아 마땅하다. 이것이 지식생산의 식민성을 지속시키는 원인이 되는 것이다. 따라서 동아시아 한국학의 독자적인 학문평가 방안을 마련할 필요가 있다. 영어권을 정점으로 서열화된 단일한 학문평가 기준을 넘어서 '지구화 속의 학술 세계화에 대한 또 다른 시각'을 동아시아에서부터 창출해야 하는 것이다.[94]

93) 강명구. 2002.「한국문화연구에는 한국이 없다 : 지식생산의 식민성을 넘어서」.『2002년 가을철 정기학술대회 발표집』. 한국언론학회. 209~233쪽.

94) 이 과제를 중국어권에서 추구한 노력에 대해서는 쳔광싱 · 첸융상. 2004.「전지

이러한 상황을 넘어서 나아가기 위해서는 독자적인 지식생산의 구조가 이루어져야 한다. 이 때 가장 중요한 전제는 독자적이란 것은 민족주의적인 것과는 아무런 관련이 없다는 점이다. 그러면서도 서구학문과 문제를 정확하게 번역하고 소개하고 응용하는 일이야말로 독자적 지식생산 구조를 구축하는 기초가 된다. 독자적 방법론의 확립이라는 난제는 한국학이 독자적 학문영역으로 뿌리내리는 데 큰 부담이 된다. 이런 어려움은 한국 밖에서는 더욱 커진다. 해외 한국학은 한국의 지원이 없으면 주변화되기 쉽다. 미국의 경우에는 한국학이 이미 주변화된 동아시아 지역학과(Area Studies)에서 다시금 중국학이나 일본학의 셋방살이를 하고 있어 말하자면 '주변화의 주변화'를 당하고 있는 것이다.[95] 여기서 살아남기 위해서는 한국사회와 역사의 차이를 드러내는 개념과 이론이 다져지고, 현실로부터 나타나는 모순과 의문과 경험을 문제로 삼는 작업이 이뤄져야하는 것이다. 그렇게 하기 위해서 한국학은 지역적, 역사적 맥락을 바탕으로 하는 역사적 문화연구(Historical Cultural Studies)가 되어야 한다.

'한국적인 것이란 무엇인가?'라는 질문은 전통과 현대, 동양과 서양, '우리 것'과 '남의 것' 등의 이분법을 야기하고 둘 중의 하나를 선택할

구적 신자유주의 추세 속의 학술생산」. 『창작과 비평』 126 ; 백영서. 2007. 「인문한국학이 나아가야 할 길: 이념과 제도」. 『한국학연구』 17. 인하대학교 한국학연구소. 53쪽에서 재인용.

95) "무엇으로의 통합인가? 무엇으로부터의 주변화인가?"라는 것은 이매뉴얼 월러스틴 저서 『우리가 아는 세계의 종언 : 21세기를 위한 사회과학』 제7장에 자세히 다루어져 있다. 백승옥 역. 2001. 창작과 비평사.

수밖에 없도록 해왔다. 급기야는 국수주의 아니면 사대주의라는 이데올로기적 대결구도를 낳게 된다. 이를 '민족주의 대 코스모폴리탄주의'라고 용어를 바꾸면 그 정도가 완화되기는 하지만 내용상의 큰 변화는 없다. '보편적인 것'과 '세계화'는 실제로는 각각 '미국적인 것', '미국화'의 다른 이름에 불과할 수도 있다. 그렇다면 동시에 한국적인 것을 논할 때 '시원'과 '원조'와 '원형'을 중시하는 관행도 비판되어야 한다. 그 대신 현재성, 대중성, 주체성이 정체성 판단의 기준으로 제시될 수 있다. 특히 현재성과 대중성에 대해서는 "소수의 한국인이 즐기고 부르는 판소리가 한국적인 것이라고 말하기보다는 조용필의 노래가 더욱더 대중적이므로 조용필의 노래에서 한국적인 것을 찾는 것이 합당해 보인다. 다시 말해서, <서편제>보다 <쉬리>가 더 한국적이라고 말할 수 있다"96)는 탁석산의 말에서 '한류'를 동아시아 한국학의 실마리로 삼을 수 있는 근거를 찾을 수 있는 것이다. 기존의 한국학이 '변화 속에서도 유구히 계승되는 면면한 전통'을 내세우던 것과는 다른 입장이다. 즉, '한국적인 것' 혹은 '한국의 정체성'이 불변의 것으로 주어지는 것이 아니라, 과정을 통해, 그것도 문화를 일구어가는 참여자들을 통해 드러난다는 사실을 상기할 필요가 있다. 이는 한국에 '대중' 문화의 시대가 완성되었으며, 대중문화가 정체성 형성의 중요한 장으로 자리잡았다는 징후로 읽힌다. 그것은 다시 '한류'라는 이름으로 동아시아와의 역사적 맥락 속에서 읽힐 수 있는 가능성이 되는 것이다.

한국학의 이러한 대중화를 위해서는 한국어교육과 더불어 한국문화의

96) 탁석산. 2000.『한국의 정체성』. 책세상.

소개 프로그램을 보다 적극적이고 체계적으로 개발할 필요가 있다. 다양한 문화체험, 멀티미디어 교재를 활용한 수업으로 흥미를 유발시키고 장단기 한국연수프로그램을 병행하도록 유도해야 할 것이다. 그렇게 하기 위해서는 각 한국학을 구성하는 각 분과학문들은 자체의 커리큘럼에서 비교사(比較史), 비교를 수행하기 위한 이론을 강화할 필요가 있다. 비교는 인식의 기본 방법 가운데 하나이다. 비교문화는 민족의 문제가 문명권의 문제로 통합되고, 여러 문명권의 문화가 만나 세계적 보편문화를 이룩한 과정을 밝혀내고, 나아가 더욱 바람직한 미래상을 제시하는 작업을 수행할 수 있다.

한국문화의 형성과 그 성장과정을 알려면 특히 중국-한국-일본을 잇는 교류의 역사를 거슬러 올라가는 작업이 필수적이다. 그것을 확대시키면 베트남, 태국, 몽골 등 동아시아 전역을 대상으로 할 수 있다. 비교문화가 구체적으로 다룰 수 있는 범주는 매우 다양하다. 그 가운데서도 단어와 속담의 비교에서부터 민담, 전설, 신화 같은 구비문학, 그리고 인류 공동의 관심사를 주제로 다룬 현대문학에까지 다양한 비교의 결과는 그 자체로서도 성과이지만, 언어교육의 현장에서 도구로 사용할 수 있는 가능성도 충분히 제시해 주고 있다.[97] 이들 동남아권역은 오늘날 한국사회를 다문화사회로 바꾸어 가는 장본인들이기도 하고, 오늘날 한국문화의 직접적인 참여자이기도 하기 때문에 비교문화 연구의 대상으로서 특별한

97) 조동일은 연극미학, 중세 영웅서사시, 역사의 이해, 동아시아 철학, 금석문, 한시, 근대문학 등을 비교문학의 주제로 삼아 상당한 성과를 제시하고 있다. 『세계 · 지방화시대의 한국학6 : 비교연구의 방법』. 계명대학교 출판부. 2007.

의의가 있다. 그들은 또한 자연스레 문화교육의 학습자가 되기 때문에, 비교연구는 문화교육의 방법으로 가장 효과적인 방법론이 될 수 있다. 물론 이 때 비교라고 하는 것은 어떤 현상의 같고 다름을 구분하는 피상적인 차원에 머물러서는 안 된다. 역사적 맥락 속에서 인식론에까지 확대되어야 의미가 있다. 그리고 그러한 교류관계에 대한 지식을 전제로 문화유형에 대한 비교연구를 진행한다면 그것은 한국문화의 특성을 파악하는 데 매우 효과적인 방법이 될 뿐만 아니라 다양성과 대립을 포함한 인류문명의 거대 지형도까지 읽어낼 수 있다. 더구나 오늘날 한국문화란 싫든 좋든 세계체제의 일부이기 때문에 한국문화를 보다 큰 세계와의 연관 속에서 파악해야 한다는 점에서도 더욱 그렇다.

한국학의 지식생산 구조가 이렇게 되었을 때 도대체 동아시아란 무엇을 의미하는지 살펴 볼 필요가 있다. 일반적으로 동아시아의 지리적 범위는 한국・중국・일본 정도라는 범위다. 지리적으로 연관되고 역사적 맥락에서도 연관되며 한자문화권이자 유교・불교・도교 문화권이라는 공통성을 가지고, 19세기 후반에 서구적 근대에 강제적으로 편입된 역사적 경험을 공유하며, 오늘날 상당한 정도로 경제적 성공을 거둔 점에서 공통점을 찾을 수 있다는 것이다. 그러나 이런 공통점 혹은 상이점을 찾는 기준은 자의적으로 마련될 수 있는 위험이 있다. 비교란 본질적으로 비교를 행하는 주체의 사고과정이다. 그러나 동시에 동아시아 속의 한국이라는 위상 설정도 가능하다. 한국이 동아시아 속의 한 작은 나라라는 현실을 제대로 보고, 작은 나라로서 어떻게 21세기를 살아갈 것인가의 방향 설정이 요구되는 것이다. 지역이라는 단어는 그 외연이 폭넓은 개념이다.

지금까지 동아시아가 등질지역을 찾아 나서는 작업이었다면, 그보다 기능지역을 찾아내는 작업이 필요하다.[98] 그렇게 되면 동아시아는 정치적, 경제적, 문화적 기능지역들이 하이퍼텍스트처럼 등질지역으로 구성되어 지리적 영역이 고정된 것이 아니라 신축적이며 다양하게 된다. 따라서 동아시아는 하나가 아니라 다수가 존재할 수 있고 중첩된 모습으로 나타날 것이다. 동아시아에서 상대적으로 적을 수밖에 없는 한국학의 양적 축적을 질적으로 최대화하기 위해 요구되는 것은 학문의 다양한 네트워크이다. 학문들 간에 강요된 단절들, 특히 개별 학과들 사이에 자의로 설정되어 있는 간극들을 뚫을 수 있는 지식생산은 일목요연하고 통일된 위계적 체계가 아니라 개방되어 있는 망상조직이어야 한다[99]는 강내희의 주장은 매우 유효하다.

6. 나가는 글

한국학은 언제나 우리가 우리 자신을 알아야 한다는 국학적 전통을 크게 벗어나지 못했다. 그런 인식은 한말 이후 국가적 위기 상황에 처해 민족의식이 고양되는 것과 때를 같이 했다. 식민지 시대에는 민족주의,

---

98) 지리학에서는 '일정한 기준에 의해 성질이 같거나 서로 밀접한 공간관계를 갖는 범위'가 region이라 하고, 어떤 사상이나 성질이 유사한 범위를 등질지역, 어떤 중심지의 기능이 미치는 범위를 기능지역으로 나눈다. 이전. 1998. 「지리학과 해외지역연구」. 『한국의 지역연구 : 현황과 과제』. 서울대학교출판부. 393쪽.

99) 강내희. 1997. 「분과학문체계의 해체와 지식생산의 '절합적 통합'」. 『문화과학』 11. 문화과학사.

독립운동과 맥을 같이 하여 우리 자신에 대한 구체적 지식을 축적하고 우리 문화의 고유성 혹은 우월성을 밝히려는 목적으로 발전해왔다. 그러나 이런 외적 조건이 해소되었음에도 불구하고 한국학은 다른 탈출구를 찾지 못하고 있다. 그래서 한국학은 '근대학문의 발달과정에서 分化 以前의 綜合으로 접근하는 入門學'[100]으로 폄하되는 경우도 있었고, 민족주의적 혹은 국수주의적 입장에서 그 고유의 문화를 강조하는 것이기 때문에 오늘날 별 의미 없는 학문으로 취급되기도 했다. 실제로 초기 한국학의 경우는 주로 중국 혹은 일본과 구분되는 한국민족의 개별성, 독특성을 밝히고자 하는 것이었다. 그것은 우리 고유의 문자나 언어에 대한 연구 혹은 역사적 사실에 관한 확인 내지 재해석을 통해 시도되었다. 한국민족의 개별성을 한국문화 혹은 조선민족의 문화라고 하는 통합적인 개념에 의해서가 아니라 개별 문화항목들을 상호간의 연관성에 대한 특별한 고려 없이 연구하는 입장이었다. 이처럼 총체적 '문화'의 개념이 설정되어 있지 않았다는 사실은 한국학의 발달 과정에 중요한 의미를 갖는다. 오늘날 사회가 점차 분화, 발전되어 감에 따라 다양한 분야의 인문 · 사회과학적 전문영역을 '한국학'의 범주로 끌어들일 수 있는 이론적 · 방법적 근거가 매우 취약하다. 이런 상황을 극복하고 한국학을 하나의 독립된 학으로 유지시키고 발전시켜 나갈 수 있는 방안으로 한국학의 연구대상을 '문화'라는 개념으로 설정하는 것은 매우 중요하다. 그 범주 안에서 개별 대상 및 그에 대한 접근법을 통일시켜 나갈 수 있기 때문이다.[101]

그렇다면 '문화학'으로 한국학을 정립해나가는데 인류학이나 현대 문

---

100) 천관우. 1974. 『한국사의 재발견』. 서울 : 일조각.

101) 문옥표. 1995. 「인류학, 현대문화분석, 한국학」. 『한국의 사회와 문화』 23 : 49~84쪽.

화분석에서의 논의들이 어떻게 수용 혹은 활용될 수 있는가를 정리해 볼 필요가 있다. 그러나 무엇보다도 한국문화를 일정한 지역적 공간에서 구현되는 자체 완결적인 실체로 보고 그 실체를 객관적으로 파악하고자 하는 입장을 취해서는 안 된다. 그렇게 했을 때 문화는 하나의 정형화되어 있는 실체가 되고, 변화하는 흐름으로 이해할 수가 없게 된다. 그것은 한국의 인류학이 전통적 촌락연구에 치중함으로써 한국문화의 보편성과 특수성의 문제를 논의할 수 없게 만든 원인이 되었다. 따라서 미시적이고 개별적인 수준을 넘어서는 전체의 구조와 의미구성체에 관한 만족스러운 분석을 제시하지 못하고, 문화현상에 대한 비판적 이해를 도모하는데 실패했다고 할 수 있다. 과거 비교적 고립된 단순사회의 연구를 통하여 정립해 온 전통적 방식으로는 오늘날 급변하는 사회 문화의 추세를 설명할 수 없게 된 것이다. 교통 · 통신의 획기적 발달과 정보화의 진전, 그리고 단일 세계시장 경제체제의 등장 등은 이제 고립된 사회적 단위나 문화 체계를 불가능하도록 만들었다. 이러한 맥락에서 문화에 대한 새로운 의미를 모색하지 않을 수 없게 되었다. 갈수록 다양해지고 복잡해지는 현대사회에서는 문화란 하나의 정형화된 실체가 아니다. '세계공간'과 '역사시간' 속에서 '다양한 사회집단과 세력들' 간의 끊임없는 상호작용을 통하여 항상 변하는 역동적인 실체인 것이다. 특히 이들 '다양한 사회집단과 세력들'은 세계화의 흐름 속에서 다문화사회를 이루어가는 '사회의 구성원으로서의 참여자'들을 과거와 다른 모습으로 형성해간다는 사실에 주목할 필요가 있다.102)

102) 일본의 경우는 이미 이러한 시각이 저변에 확대되어 있음을 2005년에 개관한 대규모의 큐슈국립박물관(九州國立博物館)을 통해 알 수 있다. 박물관장 미와

따라서 민족문화를 하나의 경계 지워질 수 있는 공유된 체계로 보고 주로 엘리트 문화를 중심으로 인문학적으로 규명하려는 시도를 일단 유보해야 한다. 그 대신 그것을 구성하고 있는 여러 다양한 요소, 즉 하위문화라 할 수 있는 것들과 그들 간의 상관관계를 밝힐 필요가 있다. 그것은 참여자에 따라 끊임없이 새로이 만들어지고 역사적 시기를 통해 변화해 가며 또한 정치적 과정 속에서 재정의 되기도 하는 것이다. 기본적으로 대중문화가 그러하며, 동아시아를 중심으로 불고 있는 한류가 대표적인 예라고 할 수 있다.

이러한 한류를 동아시아 한국학의 출발점으로 삼기 위해서는 지금의 단순히 초급 수준의 한국어 교육 중심으로 짜여진 교과 과정에서 인문한국학을 고르게 교육할 수 있는 교과 과정으로 개편해 나갈 수 있도록 도울 필요가 있다. 이를 위해 적극적으로 한국의 전문 인력을 이들 대학에 파견하여 직접적 도움을 주는 일과 함께 현지의 한국의 기업들이 한국어 이외에 한국문화의 습득 정도를 인력 채용의 또 다른 기준으로 삼도록 할 필요가 있다. 뿐만 아니라 한국을 찾아오는 동아시아 각국의 유학생들을 위해 별도의 교과과정을 마련하고, 특별히 한국어 교육과 한국학관련 분야는 연구 주제의 설정에 고심할 필요가 있다. 예를 들면 동아시아 공동의 문화와 역사, 혹은 예술과 문학, 그리고 나아가서는 문화산업에 이

가로쿠는 안내문에서 "일본문화 형성을 아시아사(史)의 관점에서 생각해본다는 컨셉으로 전개하고 있어 아시아 각국과의 문화교류를 추진하는 중요한 거점으로서의 역할을 수행해 나가고자 한다"는 박물관 운영의 취지를 밝히고 있으며 특히 "바닷길, 아시아로 통하는 길"이라는 주제로 <문화교류 전시실>을 따로 운영하고 있다.

르기까지 한국학이 폭넓은 접근을 할 수 있어야 한다. 그것은 동아시아의 구체적 삶의 세계에 밀착해 삶의 문제에 도움을 주고 현실 모순을 비판하며 그 대안을 제시하는 주체적이고 실천적인 학문이 될 수 있는 초석이 될 수 있을 것이다.

참고문헌

강명구. 2002. 「한국문화연구에는 한국이 없다」. 『2002년 가을철 정기학술대회 발표집』. 한국언론학회. 209~233쪽.

권숙인. 1999. 「대중적 한국문화론의 생산과 소비: 1980년대 후반 이후를 중심으로」. 『정신문화연구』 22(2). 여름호.

김경일. 1998. 「동아시아와 세계체제 이론」. 『정신문화연구』 21-1. 한국학중앙연구원.

김광억. 1995. 「한국인류학의 반성과 과제」. 『현상과 인식』 19(2). 한국인문사회과학회. 산해. 75~102쪽.

김동택. 2006. 「한류와 한국학 - 해외한국학 현황과 지원방안」. 『역사비평』 74. 219쪽.

김중순. 2003. 「해외 한국학의 동향」. 『국학연구』 3. 한국국학진흥원.

김중순. 2008. 「"외국문화로서의 한국문화" 교육의 가능성」. 『언어와 문화』 4(1). 한국언어문화교육학회.

문옥표. 1995. 「인류학, 현대문화분석, 한국학」. 『한국의 사회와 문화』 23. 한국학중앙연구원. 49~84쪽.

미야지마 히로시. 2005. 「동아시아 세계 속의 한국학: 한국사 연구와 동아시아적 관점」. 『21세기 한국학 어떻게 할 것인가』. 푸른역사. 89~111쪽.

백영서. 2007. 「인문한국학이 나아가야 할 길 : 이념과 제도」. 『한국학연구』 17. 인하대학교 한국학연구소.

성민엽. 1999. 「같은 것과 다른 것: 방법으로서의 동아시아」. 정재서 편. 『동아시아연구: 글쓰기에서 담론까지』. 살림출판사.

윤택림. 2002. 「문화의 탈지역화와 한국문화연구」. 『정신문화연구』 25(3).

이영호. 2006. 「한국학 연구의 동향과 '동아시아 한국학'」. 『한국학연구』 15 : 9~20쪽.

임재해. 1998.「한국 민중문화와 민속문화, 그리고 민족문화」.『전통과 현대』 4 : 52～75쪽.

임재해. 2006.「"지역화"의 문화적 전망과 민속문화의 문화주권 인식」.『한국학논집』 33. 계명대학교. 한국학연구원. 335～392쪽.

전경수. 1997.「굴절과 파행의 한국인류학 100년(4)」.『한국학보』 89 : 135～245쪽.

최 협. 1996.「지역사회연구의 인류학적 과제와 방법론적 쟁점」.『정신문화연구』 19(3) : 133～149쪽.

조동일. 2007.『세계·지방화시대의 한국학 6 : 비교연구의 방법』. 계명대학교 출판부.

콰메 앤터니 애피아 지음. 2008. 실천철학연구회 옮김.『세계시민주의』. 바이북스. 211～242쪽.

하세봉. 2000.「한국학계의 동아시아 만들기」.『동아시아 문화와 사상』 4. 동아시아문화포럼. 212～234쪽.

한상복. 1980.「한국 문화인류학 30년」.『한국문화인류학』 20 : 57～76쪽.

Appadurai, Arjun 1991. "Global ethnoscapes: Note and queries for a transnational anthropology" in Richard Fox (ed.), *Recapturing Anthropology : Working in the Present.* Santa Fe, NM: School of American Research Press, pp.191～210.

Hall, Steward 1986. "Cultural studies : Two Paradigms" in R. Collins et al.(eds.), *Media, Culture and Society.* London: Sage.

Kroeber, A.L., and Clyde Kluckhohn. 1952. *Culture : A Critical review of concepts and definitions.* Papers of the Peabody Museum of American Archaeology and Ethnology 47(1).

Marcus, George E. and Michael M. J. Fisher 1986. *Anthropology as cultural Critique.* Chicago : The University of Chicago Press.

Turner, Terence 1993. "Anthropology and multiculturalism : What is anthropology the multiculturalists should be mindful of it?" *Cultural Anthropology* 8:4: pp.411～429.

제 2 부

한국학의 통섭을 위한 길 찾기

인문학의 위기와 한국 철학의 새로운 길 찾기

홍 원 식 (계명대학교 철학부)

1. 문제제기

인문학의 위기를 외쳐대는 소리가 사방에서 아우성처럼 들려온다. 사실 인문학 위기의 현장은 바로 눈앞에서도 확인할 수 있다. 인문학 관련 과목의 텅비어가는 강의실, 속출하는 폐강에 폐과 소식마저 여기저기에서 들려오니 그야말로 흉흉하기 이를 데 없다. 이에 따라 인문학의 위기 원인을 진단하고 해결책을 모색하는 모임도 곳곳에서 열리고 있다.[103]

103) 대학 현장에서 인문학의 위기가 지금처럼 눈앞에 들이닥치기 이전에 벌써 20여 년 전부터 인문학의 학문적 정체성과 현실적 위기에 대한 다양한 논의들을 벌여왔으며, 당시 지적되었던 많은 문제점들이 지금껏 해결되지 않은 채 다시금 거론되고 있는 현실이다. 대표적인 것으로 『인문과학의 새로운 방향』(서울대학교 인문과학연구소 편, 1984, 서울대학교 출판부), 『우리 학문의 길』(조동일, 1993, 지식산업사), 『새로운 인문학을 위하여』(경상대학교 인문과학연구소 편, 1993, 백의), 『인문과학의 이념과 방법론』(성균관대학교 인문과학연구소 편, 1995, 성균관대학교 출판부), 『탈식민성과 우리 인문학의 글쓰기』(김영민, 1996,

인문학자들은 밖을 향해 그동안 인문학에 대해 너무 소홀했음을 불평하기도 했지만, 자성하는 모습도 보였다. 이에 그들은 학생들을 인문학 강의실로 불러들이기 위해 강의 제목을 바꾸고, 강의 내용도 쉽고 재미있게 만들었으며, 강의 내용을 취업과 연계시켜보기도 하고, 담을 낮춰 타학문과의 소통도 시도하고 있다.

그런데 인문학 위기의 원인과 해결책은 다양하겠지만, 그 본질은 인문정신의 상실에 있다고 본다. 오늘날 물질적 풍요와 신자유주의의 가치 아래 대학 밖 사회에서 인문정신이 뿌리내릴 곳을 점점 잃어가고 있지만, 대학과 대학 안 인문학자들의 삶과 학문 속에서마저 인문정신이 고갈되어 가고 있는 점이 큰 문제이다. 지금 대학 안 자신의 전문 영역에 파묻혀 살아가는 인문학자들의 모습은 과학자 등 여느 전문가의 모습과 다를 바가 없다. 그들은 자신의 전공 영역과 학과가 위기에 빠지자 대학 밖의 요구를 아무런 여과 없이 받아들여 대학을 취직준비기관으로 전락시키고, 자신의 생존을 위해 오히려 사회의 가치를 대학 안에서 확대재생산하는 데 기여하고 있다.

인문정신의 상실은 근대 학문의 극단적 분화와 학문의 객관성을 철칙으로 받아들이는 데서 비롯되었다고 생각한다. 거기에는 학學만 있고 삶

민음사), 『인문학문의 사명』(조동일, 1997, 서울대학교 출판부), 『인문학의 전통과 새로운 지평』(계명대학교 인문과학연구소 편, 2004, 계명대학교 출판부) 등이 있다. 근년에도 여러 인문학 관련 학회들이 인문학 위기에 대한 진단과 해결책을 모색하는 자리를 가지고 논집에 특집으로 싣고 있으며, 지난 해에는 전국 인문대학 학장들이 한 자리에 모여 '인문선언'을 하기에 이르렀다. 한국학술진흥재단도 이에 부응하여 '인문한국' 프로젝트를 추진하고 '인문주간' 행사를 여는 등 다각적인 노력을 기우리고 있다.

은 빠져 있으며, 이론만 남겨진 채 실천은 학문의 공화국에서 추방되어버렸다. 인문학의 중심에는 글자 그대로 사람이 있으며, 그렇다면 인문의 의미를 누군가는 삶의 무늬라고 말했지만 사람다움이라 해도 무방할 것이다. 결국 인문학은 사람다움의 가치가 실현되는 사회를 꿈꾸게 된다. 그런데 불행하게도 인문학은 분화되어 가면서 삶과 더욱 멀어지고, 학문의 객관성이라는 미명 아래 더욱 차가워져 가는 것이 지금의 추세이다.

한국 철학은 크게 보면 인문학이요, 좁혀 보면 철학, 동양 철학, 국학, 한국학과 뿌리가 잇닿아 있다. 보편과 특수라는 용어를 빌어 이해해볼 수도 있겠다. 인문학과 마찬가지로 한국 철학도 학문적으로나 현실적으로 모두 위기의 상황을 맞고 있다. 서로 뿌리가 잇닿아 있는 만큼 위기의 원인이나 진단, 해결책도 크게 다를 바가 없을 것이다. 한국 철학이 걸어온 길을 되돌아보면서 인문정신이 되살아날 길을 찾아나서 보기로 한다.

2. 인문학의 분화와 한국 철학 연구

'통섭학統攝學'이란 말이 근자에 화두가 되고 있다.[104] 그런데 다시 생

---

104) '통섭학'에 대한 논의는 최재천·장대익이 미국 하바드대학 진화생물학자인 에드워드 윌슨의 저서 *Consilience: The Unity of Knowledge*(1998)를 『통섭-지식의 대통합』(2005, 사이언스 북스)이란 제목으로 번역하여 소개하면서 우리 학계에 큰 반향을 불러일으켰다. 역자는 옮긴이 서문에서 Consilience를 '統攝'이란 말로 번역하게 된 경위를 소상하게 설명하고 있다. 그는 統合이 물리적인 합침이고 融合이 화학적 합침이라면, 統攝은 생물학적 합침이라고 설명하면서, 통섭이 비록 Consilience의 번역어로 출발했지만 그 속에 '사물에 널리 통함'이라는 의미를 더보탬으로써 자신의 번역을 통해 새로운 의미로 진화했다고 말한다. 여기에는

각해보면 그것은 그다지 낯선 내용이 아니다. 동양학에서는 '문 · 사 · 철' 이라는 말을 즐겨 쓰는데, 문학과 사학과 철학이 한 뿌리에서 나왔으므로 서로 분리될 수가 없다는 생각이 그 속에 담겨 있다. 이것을 오늘날 인문학과 등치시켜 보아도 크게 무리는 없을 것이다. 사실 옛 선현들의 문집을 보면 이른바 '문 · 사 · 철'이 망라되어 있어, 그를 딱히 문학이나 사학 혹은 철학의 범주 어느 하나에만 포함시키기가 어려운 경우가 대부분이다. 여기에서 철학은 전근대사회에서는 주로 경학經學이라고 일컬어졌는데, 당시에는 경학이 중심적 자리를 차지하고 있어서 경학과 문학, 경학과 사학의 관계는 본本과 말末의 관계로 흔히 비교되기도 하였다.[105)]

이렇게 한집살이를 하던 동양 혹은 한국 전통의 문 · 사 · 철이 분리를 겪게 되는 것은 근대를 맞아서이다. 서세동점의 물결 속에 서양의 분과학문들이 들이닥치면서 문학과 사학과 철학은 강제로 찢겨지고, 원래 서로가 한 뿌리였다는 사실마저 까마득히 잊어버린 채 각자 도생하기에 여념이 없게 되었다. 각자는 서양의 학문을 죽을 힘을 다해 뒤좇았지만 늘 열등감에 시달려야만 했다. 학문의 분화는 문 · 사 · 철의 분화에서 그치지 않았다. 문학과 사학이 그랬듯이 철학도 분화에 분화를 거듭 해 이제는 철학이라는 이름으로 한자리에조차 앉기 어려운 실정이 되었다. 연

다분히 동양적 배경이 있음을 그는 고백하고 있다. 이후 그는 『지식의 통섭-학문의 경계를 넘다』 (최재천·주일우 엮음. 2007. 이름) 등을 통해 자신의 '통섭학'을 확산시키는 데 힘쏟고 있다.

105) 이렇게 경학(철학)과 문학, 경학의 사학의 관계를 본과 말의 관계로 본 것은 북송 시기 유학부흥운동을 주도한 성리학자들에게서 시작되었으며, 그 영향은 조선시대 학자들에게도 크게 미쳤다. 김교빈 · 이효걸 · 홍원식. 2002. 『중국의 종교와 사상』. 한국방송대학교 출판부. 194-6쪽 참조.

구자들도 전문 영역에 매몰된 채 전문가로 자처하며 안주하게 되고, 또한 이를 당연시하고 미덕으로 삼기까지 하고 있다.

흔히 한국 철학에 대한 근대적 연구의 선구로 경성제국대학 교수를 지냈던 다카하시 도오루(高橋 亨)를 든다. 그는 최초로 '주리主理'·'주기主氣'의 틀로 조선 유학사를 정리하였으며, 한국 철학의 외래성과 종속성, 당파성 등을 지적하며 한국 철학의 '부재론不在論'을 제기하기도 하였다. 그는 이렇게 본격적으로 조선 유학을 연구하기 이전에 이미 장지연張志淵과 '유자儒者'와 '유학자儒學者'의 같고 다름의 문제를 놓고 한차례 크게 논쟁을 벌인 적이 있다. 논쟁의 내용을 보면 다카하시 도오루가 원시·한당유학과 성리학의 차별성에 대해 보다 더 객관적이고 정확한 인식을 하고 있었으며, 장지연은 이 논쟁을 거치면서 『조선유교연원朝鮮儒敎淵源』을 저술하게 되었다. 연희전문학교의 교수로 재직 중이던 정인보는 조선 유학은 주자학밖에 없다는 다카하시 도오루의 주장에 맞서 양명학의 존재와 그것이 끊어지지 않고 이어져 왔음을 그의 『양명학연론陽明學演論』에서 밝혔다.

고려대학교 초대 총장을 지냈던 현상윤은 해방 직후 『조선유학사』를 발간하였다. 이것은 장지연의 『조선유교연원』을 이은 저술이면서도, 그는 다카하시 도오루의 주리·주기론적 분석 관점을 받아들였다. 이후 주리·주기의 분석틀은 조선 유학을 정리하는 준거로 자리잡아 갔다. 한편 현상윤은 『조선유학사』의 서문에서 유교가 조선 왕조에 미친 영향을 '공功'과 '죄罪'로 나누어 논하고 있으며, 이어 이황의 퇴계학이 일본 주자학에 미친 영향을 적시하여 퇴계학을 위시한 조선 유학이 동아시아 학술사에서 가지는 위치를 인정받고자 하였다. 그의 이와 같은 평가는 일제강점기 내내 망국의 책임을 죄다 뒤집어써야 했던 조선 유교와 퇴계학에 대해 일면 긍정적 자세를 갖는 것으로, 한국 유학, 나아가 한국 철학 연구의 신호탄이 되었다.

이상은은 현상윤보다 역사상 유교의 공을 더욱 강조하면서 그 가치를 높이 인정받을 날이 멀지 않아 도래할 것이라고 확신하였으며, 퇴계학의 연구에 힘을 쏟아 『퇴계의 생애와 학문』과 같은 역작을 남겼다. 1970년대로 접어들면서 퇴계학에 대한 연구가 본격화되고 그것을 국제적으로 확산시키는 데에도 노력을 기울이는 한편 세기 말 세계가 동아시아 유교를 주목하는 분위기에 힘입어 이른바 '퇴계학 르네상스'를 맞기도 하였다. 거기에는 물론 빛과 함께 그림자도 있었다.

퇴계학 연구 붐과 더불어 이이의 율곡학에 대한 연구도 뒤따랐다. 율곡학은 특히 유신정권 시절 국가적 뒷받침 아래 '각광'을 받기도 하였지만, 퇴계학과 대비되면서 그 '주기主氣'적 특성은 유물론적, 진보적 혹은 현실 중시적 철학으로 읽혔다. 유신정권은 실학 연구에도 불을 지펴, 실학은 내재적 · 자생적 근대화론으로 이에 화답하였으며, 한국 철학 연구자들은 주자학과 실학, 실학과 근대사상 간 철학적 동이점을 찾아 나섰다.

이상의 연구들을 바탕으로 1980, 90년대에는 한국 철학사류의 저작들이 연이어 출간되었다. 한국 철학회를 위시해 이병도, 유명종, 최영성 등의 저작이 대표적인데 한결같이 관점과 방법론의 부재를 드러내 보인다. 1980년대 후반으로 오면서 북한의 연구가 소개되기 시작했는데, 그 기본적인 관점은 주지하다시피 마르크스 · 레닌주의의 입장에 선 관념론 대 유물론의 투쟁이었다. 주체철학의 관점이 반영된 한국 철학사도 뒤이어 소개되었는데, 관점의 큰 변화는 없는 가운데 다만 애국주의 철학을 강조하는 대목이 눈에 띈다. 북한의 한국 철학 연구가 소개되자 남한의 많은 학자들이 성토에 나섰고, 일부 학자들이 그에 대해 관심을 보였지만 적극적으로 수용하는 모습은 보이지 않았다. 북한의 연구는 관점과 방법이 사실을 압도했다고 평가할 수 있겠다.

새로운 세기를 맞으면서 유교를 위시한 불교, 도교 등 동양 철학의 현실에 대한 발언이 많아졌다. 한국 철학 연구자들도 동양 철학 연구자로서 '동아시아 담론'에 적극적으로 참여하였다. 하지만 '동아시아 담론'은 지금 많은 부분 거품현상을 드러내 보이고 있다.[106] 동아시아 공동체 논의와 더불어 그 문화적 기저로서 한국 철학도 본 논의에 관심을 일부 보이기는 하였으나 전체적으로 논의 자체가 지지부진한 상태이다. 대부분의 한국 철학 연구자들은 별다른 문제의식이나 방법론적 고민 없이 개별적 관심에 따라 관성적 연구를 되풀이하고 있는 것이 현실정이다.

지금 인문학은 극도로 분화되었고, 한국 철학 연구 역시 다를 바 없다. 학문의 분화가 필연적 추세이고 근대 학문의 중요한 특성이기는 하지만, 그럴수록 인문정신이 설 자리는 좁아져갔다. 오늘날 인문학자들은 자신의 전문 영역에 갇혀 한낱 전문가에 불과할 뿐 그들 자신의 삶과 학문적 작업에서조차 인문정신을 찾기는 어려운 실정이다. 그러할진대 밖을 향해 인문학의 위기를 아무리 목소리 높여 외친들 무슨 소용이 있겠으며, 이치에도 맞지 않는 노릇이다.

학문의 극단적 분화는 무엇보다 해석력을 상실하고 말았다. 곧 인문학자가 해석해야 할 인문학적 대상은 통합적이고 통섭적이어서 여러 눈을

106) 『오늘의 동양사상』 제14호 (2006, 예문동양사상연구원) 특집 '근 10년, 동아시아 담론 어떻게 되었는가' 참조.

가져야 하는데 해석자인 인문학자는 하나의 눈만을 가지고 있어서 아무리 그것을 해석한들 불완전할 수밖에 없게 되었다. 이것은 인문학이 분화되면서 인문학의 모든 분야가 겪는 한계이다. 이에 대한 보완으로 오늘날 학제간 연구가 강조되고 있기는 하지만 대부분 학문 간 기계적 결합으로 끝나는 경우가 많다. 인문학적 대상은 기계적이 아닌 유기적으로 통합, 통섭되어 있으므로 인문학자가 통합 · 통섭적 시각과 능력을 가지는 수밖에 달리 도리가 없다. 그렇지 않는 한 인문학은 원래의 모습, 원래의 생명력을 되찾기 어려울 것이며, 여기에서 문 · 사 · 철이 한 뿌리라는 전통의 생각을 되돌아볼 필요성을 가지게 된다.

인문학적 해석 능력의 부재는 문제가 여기에서 그치지 않는다. 통합·통섭적 시각과 능력의 부재는 다양하고 변화무상한 현실 앞에 더욱 무력한 모습을 드러낸다. 결국 인문학자의 눈은 과거로만 향하게 되고, 그들은 과거의 것에 대한 해석에만 매달리게 됨으로써 현실과 유리되어 가고 만다. 이것은 필경 인문학자들로부터 실천의 영역을 빼앗아가고 말게 된다. 이처럼 인문학의 위기가 인문학자 자신들의 통합·통섭적 능력의 부재로부터 자초한 점이 적지 않다.

한국 철학 연구 방면에 국한시켜 보아도 전문 분야의 분화에 따른 폐단은 곳곳에서 발견된다. 먼저 한국 철학 연구자들은 문·사·철의 높은 벽에 갇혀 추상적 개념의 나열을 자신의 주업으로 삼고 말았다. 그들의 연구물 속에서는 개념의 현실적 · 구체적 의미 맥락이나 살아있는 삶의 냄새를 맡을 수가 없다. 그들이 즐겨 분석하고 운위하는 개념은 분명히 당시에는 문 · 사 · 철의 벽을 자유로이 넘나들며 소통되는 살아있는 것이었을 텐데, 지금은 죽은 것이 되어 암호 마냥 자기들끼리도 알아듣지 못할 말로 서로가 중얼거리고 있을 뿐이다. 이렇게 한국 철학이 한문의 담을 넘어서지 못하다 보니 서양철학과 한자리에 앉는다거나 현실과 대화한다는 것은 애초 기대할 수 없는 노릇이다.

뿐만 아니라 한국 철학 연구자들은 유·불·도의 높은 담에 갇혀 한국 철학사 한권 제대로 엮어내지 못하고 있다. 유교 따로, 불교 따로, 도교 따로, 단지 그것을 한권으로 묶어낸 것이 지금까지의 한국 철학사란 이름으로 발간된 것들이다. 한국 철학 연구자들은 이 가운데 자기의 전공 분야 어느 하나에 매몰되어 버려 그것이 만들어 놓은 틀과 거기에서 사용하는 개념의 울타리를 벗어나지 못함으로써 철학은 고사하고 한국 철학 연구자들도 끼리끼리 모일 뿐이다. 유·불·도의 벽을 넘고 개념의 감옥에서 벗어나야만 서로의 맨살을 만질 수 있고 서로의 생각을 나눌 수 있을 것이다. 이때서야 비로소 진정한 의미의 한국 철학사도 기대해볼 수 있을 것이다.

한국 철학 연구자들은 지역의 담도 쉽사리 넘나들지 못하고 있다. 중국 철학, 한국 철학 또는 일본 철학이니 하면서 지역의 담을 쌓아 안주한 결과 그들에게서 동아시아적 지평에 선 연구를 기대하기 어려운 실정이다. 옛적 철학을 전개했던 사람들은 그들이 비록 중국, 한국, 일본에서 나눠져 있었을지라도 지역의 벽에 갇혀 있지 않았음은 분명하다. 물론 그들에게서 세계는 동아시아를 크게 벗어나지 않았겠지만, 그들의 철학은 동아시아라는 보편적 지평 위에서 전개되었다. 동아시아적 지평 위에서 한국 철학을 연구하는 것은 지난 시간은 물론이고 다가올 시대에는 더욱 필요할 것이다. 한국 철학 연구자들은 이밖에도 수많은 벽 속에 갇히고, 더러는 안주하면서 스스로 말라죽어가고 있다.

3. 인문학의 객관성과 한국 철학 연구

서양 근대 학문은 극단적 분화의 추세와 더불어 객관성을 철칙처럼 요구하고 있다. 여기에는 주와 객의 철저한 이분이 전제되어 있으며, 자연과학과 사회과학은 물론 인문과학도 그 연구자는 연구대상과 일정한 거리 두기를 해야 하며, 어떠한 경우에도 그 경계를 넘어서서는 안 된다고 말한다. 여기에서 인문학 혹은 인문학자가 과연 엄정하게 그럴 수 있는가란 회의와 더불어 꼭 그렇게 해야만 하는가라는 의문을 가지면서 논의를 시작해보기로 한다.

오늘날 인문학은 흔히 인문과학으로 불려지기도 한다. 그것은 대학 안 단과대학 명칭이나 연구소 이름 등에서도 쉽게 들을 수 있다. 인문학도 자연과학이나 사회과학처럼 하나의 과학이라는 말이다. 여기에는 자연과학과 사회과학이 각각 자연현상과 사회현상을 이론적으로 분석하는 것이라면, 인문과학은 인문현상을 이론적으로 분석하고 연구하는 것이라는 생각이 들어가 있다. 이렇게 연구대상의 차이에 따라 인문학도 과학의 한 자리를 차지하는 것은 크게 문제가 될 것이 없다. 문제는 연구방법이 같아야 한다는 데 있다. 그것도 자연과학에서의 연구방법이 사회과학 및 인문과학에서도 방법적 모델로 그대로 받아들여져야 한다는 데 있다.[107] 물론 자연과 사회 및 인문은 존재 영역이 다르므로 그에 따라 연구대상을 구분하기는 쉽다. 하지만 이 셋은 단순히 존재 영역이 다를 뿐

---

107) 조동일은 '인문학'을 '인문과학'으로 말하는 것에 대해서 이의를 제기하면서 '인문학문'이라는 말을 쓰고 있다. 조동일. 『인문학문의 사명』. 209-227쪽. '인문학문의 유래와 위치 재검토' 참조.

만 아니라 존재 양태가 다르며, 궁극적으로 우리가 그것에 대해 관심을 가지는 이유와 연구하는 목적이 다른 것이다. 그렇다면 연구방법도 조금 달리 설정할 수밖에 없지 않는가란 생각을 가지게 된다.

인문학은 연구자가 연구 대상과 끊임없이 관계하면서, 궁극적으로 자신의 변화와 더불어 자신이 몸담고 살아가는 사회의 변화를 추구하는 것이라고 생각한다. 오늘날에는 환경윤리나 환경철학에서 볼 수 있듯 그 대상이 자연으로까지 확대되어 가고 있다. 특히 철학의 영역에서 이것은 문제가 된다. 서양의 근대 학문에서는 당연히 이것을 금기로 삼았으며, 학문의 영역 밖으로 추방하였다. 거기에서는 연구자와 연구대상은 절대로 서로 손을 잡아서는 안 되며, 항상 마주보고 서 있어야 한다고 말한다. 학은 곧 과학이므로 존재(sein)의 문제만을 대상으로 삼고 당위(sollen)의 문제는 소홀히하였으며, 임(is)의 문제만 학문 영역에 남겨두고 됨(become)의 문제는 학문의 영토에서 추방하였다. 결국 실천의 문제는 학문 영역 밖의 것이 됨으로써 서양 근대의 인문학과 철학은 실천으로부터 떨어져 나갔다. 이렇게 볼 때, 서양 근대의 인문학은 애초 인문학 위기의 요인을 잠복하고 있었다고 말할 수 있겠다.

서양 근대 학문의 이러한 대원칙을 그대로 받아들일 경우 한국 철학은 심대한 훼손을 받게 된다. 동양 철학에서 학문학과 철학함의 목적은 유·불·도에서 다 볼 수 있듯 바로 자기 자신의 완성에 있다. 이것은 달리 말하면 학문함과 철학함의 중심에 사람이 있고, 그것도 다름 아닌 바로 자신이 있다는 것이다. 유학에서는 이것을 '위기지학爲己之學'이라고 불렀다.[108] 송·명의 신유학자들은 앞다투어 성인되기에 힘을 쏟았고, 그 후예인 조선의 이황은 그것을 '성학聖學'이라는 말로 표현하였다.[109] 내가 이루지 못하면 그 누구도 이루게 할 수 없다는 생각이 그 속에 깔려 있다. 이처럼 원래의 한국 철학에서는 무엇이 진리인가보다는 어떻게 진리에 이를 것인가에, 그리고 성인이란 무엇인가보다는 어떻게 성인의 경지에 이를 것인가에 더 관심을 두었다. 그렇다보니 원래의 한국 철학에서는 실천수양론이 중요한 자리를 차지하게 되었다. 이것은 불교나 도교에서도 마찬가지이다. 이것은 한국 철학의 본질이나 생명과도 같은 부분이다. 그런데 한국 철학은 지금 선택을 강요받고 있다.

이상의 문제는 학문(인문학)이란 무엇인가, 철학이란 무엇인가란 문제와 관계되어 있으며, 또한 나는 왜 학문을 하고 철학을 하는가란 문제와도 무관하지 않다. 직업으로써 학문을 하고 철학을 하는 경우에는 위의 질문은 한낱 웃음거리가 될 수 있을 것이다. 위의 질문에 대한 답은 퍽 다양할 수 있다. 그런데 위의 질문은 나로 하여금 1920년대 중국에서 전개된 '과학과 현학玄學 논전'[110)]을 떠올리게 한다. 이때 일군의 학자들은

---

108) 공자는 제자에게 '爲人之學'에 힘쓰지 말고 '爲己之學'에 힘쓰라고 말하였다. 위기지학이 '修己'의 학이라면 위인지학은 '治人'의 학이라 할 수 있으며, 오늘날의 인문과학과 사회과학에 대비시켜볼 수도 있겠다.

109) 이러한 생각에서 李滉(호 退溪)은 어린 宣祖에게 『聖學十圖』를 지어 올렸으며, 李珥(호 栗谷)도 『聖學輯要』를 지었다.

110) 1923년에 일어난 논전으로, 줄여 '科玄論戰'이라 부르며, 달리 '과학과 人生觀 논전'이라고도 부른다. 여기에서 현학은 곧 철학을 가리키는데, 서양 근대의 과학주의와 실증주의의 영향을 크게 받은 쪽에서는 과학의 원칙을 사회나 인문 현상을 연구하는 데에도 그대로 적용해야 한다는 주장을 폈는데, 이들을 과학파라 불렀으며 대표적인 인물로 胡適과 丁文江 등이 있다. 반면 현학파라 불린 이들은 人本主義의 입장에 서서 현학(철학)은 人生觀의 학이며, 여기에는 意志가 중요한 역할을 하므로 과학의 원칙이 적용되지 않는다는 주장을 폈는데, 대표적인 인물로 장군매와 장동손 등이 있다. 이들의 입장을 이어 '현대 신유학'이 생겨난다. 鄭家棟 지음. 1993. 한국 철학사상연구회 논전사분과 옮김. 『현대

현학 곧 철학은 과학이 아닌 인생관의 학이라고 보았다. 중국의 대표적 현대신유학자인 풍우란馮友蘭이나 방동미方東美 등도 이러한 관점에 서서 자신의 철학을 펼쳐나갔다.

그런데 오늘날 한국 철학 연구자들에게서 이러한 점에 대해 깊이 고민하는 모습을 찾기 어려우며, 한국 철학도 철학과 인문학으로서 '당당한' 학문의 자격을 부여받는 데에 더 관심을 두고 있다. 한국 철학은 철학의 한 특수한 내용인데, 서양 철학이 이미 '보편'의 자리를 차지하고 있다 보니, 지금껏 한국 철학 연구자들이 한 일이라고는 원전더미를 헤집고 다니거나 아니면 서양 철학의 틀로 한국 철학을 재단하는 데 골몰하는 것이었다. 이렇게 '보편'의 서양 철학 틀로 한국 철학을 재단한 결과 마침내 '격의한국철학格義韓國哲學'[111]이 출현하게 되었다. 이것은 필경 한국 철학도 서양 철학도 아닌 제3의 변종 철학이며, 사실 존재하지도 않는 철학이다. 그러는 과정에서 한국 철학의 특수성은 파묻히고 생명력은 잃어가게 되었다.

학문의 객관성과 관련하여 이어 떠오르는 생각이 '국학'의 문제이다. 앞에서의 논의가 인문학이 반드시 학문의 객관성을 철칙처럼 받아들여야 하는가에 대한 이의 제기였다면, 이것은 인문학이 과연 연구대상과 분리된 채 엄정 중립의 객관성을 지킬 수 있는가라는 문제와 관계되어 있다. 한국 철학도 국학의 일부이고, 그 동안 많은 경우 한국 철학은 국학

신유학』. 예문서원. 74-80쪽과 183-192쪽 참조.

111) '격의'라는 말은 중국의 '格義佛教哲學'에서 빌려온 말로, '격의'는 '本義'에 대비되는 말이다. 중국에서 불교를 처음 받아들일 무렵 아직 불교 철학과 교리에 대한 정확한 이해가 없어 기존의 중국 철학과 사유의 틀로 불교 철학를 해석한 것을 일컬어 격의불교 철학이라 불렀으며, 이것은 결국 불교 철학에 대한 부정확한 이해를 뜻하기도 한다.

이라는 틀 속에서 연구되어 왔는데[112], 1970년대 이후 주로 외국에서 '한국학(Korean Studies)' 연구가 시작되면서 양자 간에는 미묘하면서도 적지 않은 갈등이 일어나고 있다. 그 동안 국학으로서 한국 철학 연구는 애써 한국 철학의 자료들을 찾아 번역하고 분석함으로써 중국, 나아가 서양과는 다른 한국인의 사유 흔적들을 확인하고 그 흐름을 정리하는 데 주력하였다. 그 결과 한국 철학은 서양 및 중국 철학과 어느 정도 차별적인 지위를 확보할 수 있게 되었다.

국학과 한국학은 그 연구 대상이 한국이라는 점에서는 같다. 하지만 연구자의 심적 상태는 상당히 다르다. 한국학의 입장에서는 연구 대상인 한국과 일정한 거리 두기가 필수적이지만, 국학의 입장에서는 그렇게 하기가 쉽지 않으며 그럴 수도 없다. 그 차이는 연구자의 심적 상태에서만 그치지 않는다. 그것은 연구 방법과 관점에서도 차이를 일으키며, 연구의 목적도 궁극적으로 다를 수 있게 된다.[113] 국학자의 연구에는 피와 살이 있고, 아픔이 있고 기쁨도 있다. 우리는 그 좋은 예를 모종삼牟宗三 등 중국의 대표적 현대신유학자들의 '중국문화선언'[114]에서 볼 수 있다. 그

---

112) 근대시기 한국 철학 연구에 대해서는 홍원식의 「서구의 충격과 근대 한국의 인문정신-한국 근대시기 구학과 신학 논쟁과 국학 연구」. 『인문학의 전통과 새로운 지평』. 123-138쪽 참조.

113) 조동일은 '국학'과 '한국학'을 대비하면서 다음과 같이 정리하고 있다. 첫째, 국학은 오래 전부터 쓰던 말이고, 한국학은 새로운 용어이다. 둘째, 국학과 한국학은 학문하는 정신이 다르다. 셋째, 국학과 한국학은 학문하는 사람이 다르다. 넷째, 국학과 한국학은 지향점이 다르다. 조동일. 2005. 『세계 · 지방화시대의 한국학1』. 계명대학교 출판부. 29-30쪽 참조.

114) 1958년 중국의 대표적 현대신유학자들인 모종삼 · 서복관 · 장군매 · 당군의 네 사람은 공동으로 '중국문화를 위한 세계인에게 삼가 알리는 선언'(爲中國文化敬告世界人士宣言)을 발표하였다.

들은 세계의 중국학 연구자들에게 중국을 연구할 때 사체 대하듯 해부학적으로 대하지 말고 병리학적으로 대해 달라고 당부하였다. 중국은 심하게 병들어 있을 뿐 아직 죽지 않았다는 것이다. 살아있는 생명에 대한 외경심을 가지듯 그러한 마음과 태도로 중국문화를 대하고 연구해달라는 것이다. 이처럼 그들의 학문적 목적은 중국 문화와 정신, 철학을 되살려내는 데 있었던 것이다. 이에 따라 연구 방법도 달라야 함을 그들은 역설했던 것이다.

여기에서 볼 수 있듯 연구자와 연구대상을 엄밀하게 분리할 것을 요구하고 학문의 객관성을 엄정하게 들이댈 때 국학은 설자리를 잃게 된다. 국학과 한국학이 대척점에 서 있는 것은 아니지만 공유하는 부분과 더불어 확연히 다른 영역이 있다. 국학의 경우 학문의 객관성과 충돌되는 부분이 분명히 존재한다. 연구자가 연구 대상과 불가분의 관계에 있으므로 수시로 경계를 넘나들게 된다. 학문의 객관성은 기본적으로 존중되어야 하겠지만, 국학의 경우에서처럼 거리 두기가 쉽지 않으며, 때로 그 경계를 넘나들 필요가 있을 때도 있다. 이것은 국학의 경우에만 국한되지 않는다고 생각한다. 인문학이 객관적 학으로서의 자세만 견지할 때 학으로부터 삶은 이탈되어 가고 이론으로부터 실천은 유리되어갈 수 있다.

4. 맺는 말

말을 꺼내기가 주저되고 어려웠지만 말을 맺기도 마찬가지이다. 학은 어디까지나 학이 아닌가라는 생각이 나를 내내 내리누르고 있기 때문이다. 그럼에도 파편화된 학을 통합하는 것이 인문학이고 인문정신이며, 이것은 인문학자들 자신의 삶으로부터 시작되어야 한다는, 아니 보다 정확하게 말하면 그럴 수밖에 없다는 생각이다. 자신이 서지 못하고서 남을 세울 수는 없기 때문이다. 인문학의 위기는 이미 인문학자들 자신의 삶과 학 속에 깊숙이 다가와 있으며, 그것은 원래 근대 학문이 시작되면서 그 속에 잠복하고 있었다고 나는 생각하였다. 인문학의 위기는 그 본질이 인문정신의 위기이며, 인문정신의 위기는 그 원인을 물론 여러 방면에서 찾아볼 수 있겠지만, 나는 그것이 근대 학문의 극단적 분화와 학문의 객관성을 철칙처럼 받아들인 데서 비롯되었다고 전제하였다.

먼저 근대 학문의 분화는 인문학자들로 하여금 자연과학, 사회과학에 눈멀게 했고 문 · 사 · 철의 분리는 물론 철학 안에서도 여러 겹의 높은 벽을 쌓게 했다. 이것은 통합 · 통섭적 연구 대상에 대해 하나의 눈만을 가지게 하여 결국 대상에 대한 해석 능력의 상실을 가져오게 했고, 나아가 이것은 인문학자들을 과거에만 묶어둔 채 그들로부터 현실과 실천을 빼앗아가 버리고 말았다. 여기에서 인문학자들은 스스로 통섭할 눈, 통합할 능력을 가지는 길밖에 없다. 이것이 인문학이 회생하는 길이고, 인문정신이 살아나는 길이다.

학문 분화의 폐해는 한국 철학 연구에서도 다방면으로 노출되었다. 문 · 사 · 철과 유 · 불 · 도 등 겹겹의 벽속에 갇혀 독백과도 같은 연구를 되풀이하고 있다. 여기에서 우리는 동양 전통의 통섭학으로서 문 · 사 · 철이 한 뿌리라는 생각으로 돌아갈 필요가 있다. 전근대 사회에 있어서 그들의 학과 삶을 지금 그대로 모델로 삼을 수는 없겠지만, 삶과 학이 서로 분리되지 않는 그들에게서 좋은 귀감은 구할 수 있을 것이다. 통섭의 대상이

문·사·철에만 국한되어서는 안 된다고 생각한다. 인문학의 범위를 넘어 사회과학, 자연과학의 영역까지 넓혀나가야 한다. 그러나 그 중심에는 인문학이 있어야 하고, 사람이 있어야 한다고 생각한다.115)

또한 인문정신의 위기는 연구자와 연구대상을 철저히 분리시키고 학문의 객관성을 철칙처럼 받아들인 데서 비롯되었다고 생각했다. 학문의 객관성은 최대한 존중되어야 하지만, 인문학자들은 때로 연구대상과의 경계를 넘나들 필요가 있으며, 지나치게 대상과의 거리 두기와 학문의 객관성을 고집할 때 도리어 학으로부터 삶이 떨어져나갈 수 있다고 생각하였다. 덧붙여 나는 국학의 예를 들면서 한국학과 대비시켜 볼 때 과연 연구자가 연구 대상과 항상 일정한 거리 두기와 엄정한 객관성을 유지할 수 있는가에 대해 강한 의구심을 제기하였다.

좀 더 적극적으로 인문학자들은 대상과 끊임없이 관계하며 자신의 변화를 도모할 필요가 있다고 말하였다. 이것은 서양 근대 이래의 학문함이나 철학함의 자세와 크게 위배되는 점이지만, 동시에 동양 및 한국 철학에 있어서는 본질적이고 생명과도 같은 것이다. 이점은 반드시 정당한 권리를 인정받을 필요가 있으며, 스스로 서지 못하는 자가 남을 세울 수는 없다는 원리를 거듭 확인하였다. 모름지기 오늘날 인문학자들은 인문학 위기의 원인을 먼저 자기에게서 찾을 것이며, 자기의 변화로부터 그 문제를 해결해나가야 한다고 생각한다.

---

115) 모든 학문의 통섭을 주장하는 최재천도 "나는 자연과학자이지만 모든 학문은 인문학에서 출발하여 인문학으로 마무리된다고 생각한다. 학문이란 어차피 언어를 사용하는 인간이라는 동물의 지적 활동이기 때문이다"고 말하고 있다. 최재천. 2007. 「학문의 통섭과 21세기 한국학의 전망」. 『인문정신의 회복과 한국학의 길찾기』. 계명대학교 한국학연구원 2007년 기획학술대회 발표자료집. 20쪽 참조.

참고문헌

계명대학교 인문과학연구소 편. 2004.『인문학의 전통과 새로운 지평』. 계명대학교 출판부.

경상대학교 인문과학연구소 편. 1993.『새로운 인문학을 위하여』. 백의.

김교빈 · 이효걸 · 홍원식. 2002.『중국의 종교와 사상』. 한국방송대학교 출판부.

김영민. 1996.『탈식민성과 우리 인문학의 글쓰기』. 민음사.

서울대학교 인문과학연구소 편. 1984.『인문과학의 새로운 방향』. 서울대학교 출판부.

성균관대학교 인문과학연구소 편. 1995.『인문과학의 이념과 방법론』. 성균관대학교 출판부.

예문동양사상연구원. 2006.『오늘의 동양사상』 14. 예문서원.

조동일. 1993.『우리 학문의 길』. 지식산업사.

조동일. 1997.『인문학문의 사명』. 서울대학교 출판부.

조동일. 2005.『세계 · 지방화시대의 한국학 1』. 계명대학교 출판부.

최재천 · 주일우 엮음. 2007.『지식의 통섭-학문의 경계를 넘다』. 이름.

鄭家棟. 1993. 한국철학사상연구회 논전사분과 옮김.『현대신유학』. 예문서원.

Edward Wilson. 2005. 최재천 · 장대익 옮김.『통섭-지식의 대통합』. 사이언스북스.

최재천. 2007.「학문의 통섭과 21세기 한국학의 전망」.『인문정신의 회복과 한국학의 길 찾기』. 계명대학교 한국학연구원 2007년 기획학술대회 발표자료집.

홍원식. 2004.「서구의 충격과 근대 한국의 인문정신-한국 근대시기 구학과 신학 논쟁과 국학 연구」. 계명대학교 인문과학연구소 편.『인문학의 전통과 새로운 지평』. 계명대학교 출판부.

한국 역사학의 새로운 길 찾기

– 민족주의 역사학의 전망 –

이 윤 갑 (계명대학교 사학)

1. 급변하는 시대, 흔들리는 역사학

한국의 근대역사학은 일제하 박은식과 신채호에 의해 시작되었다. 이들의 역사연구는 민족해방투쟁의 일환이었다. 그로부터 현대에 이르기까지 한국의 근·현대 역사학을 관통하는 키워드는 민족주의였다.116) 이 시대에 있어 민족의 숙원은 외세로부터 해방과 자주적이고 민주적인 근대국가를 만드는 것이었고, 그것은 동시에 역사학의 과제이기도 하였다.

---

116) 한국의 민족주의 역사학의 발전과정에 대해서는 다음 연구 참조.
노태돈. 1991.「해방후 민족주의사학론의 전개」.『현대한국사학과 사관』. 일조각; 한국역사연구회. 1992.「근현대역사학의 발전」.『한국역사』. 역사비평사; 박찬승. 1994.「분단시대 남한의 한국사학」.『한국의 역사가와 역사학』. 창작과비평사; 이영호. 1994.「해방후 남한의 한국사연구 성과와 과제」.『한국사』 23. 한길사.

한국의 근대역사학은 이 과제를 이루기 위해 일제 치하에서는 식민사학자들과 투쟁했고, 해방 이후에는 남북이 분단된 가운데 통일과 민주화의 방향을 둘러싸고 치열하게 학문적 논쟁을 벌이면서 한국역사에 대한 이해를 확대하고 심화시켜 왔다.

냉전체제하에서 한국의 민족주의 역사학은 4월 혁명을 계기로 내재적 발전론에 입각해 식민사학을 극복하는 학문적 연구를 본격화 하였으며, 1972년 7·4남북공동성명이 발표되고 유엔동시가입이 거론되는 등 통일문제를 논의할 수 있는 틈이 열리자 통일시대의 역사학을 주창하며 분단의 원인과 이를 해결할 역사적 자원에 대한 연구를 전개하였고, 파시즘적 유신체제와 국가주도의 반민중적 경제개발의 모순이 광주민중항쟁으로 폭발하자 역사의 주체로서 민중에 대한 연구를 확대하고 근현대사의 합법칙적 발전방향으로 민중적 민족주의를 정립하고자 노력하였다. 민족주의 역사학의 이러한 발달은 친미반공의 권위주의 정권의 입장을 대변했던 국가주의적 역사학과 치열한 대결과 논쟁을 벌이면서 이루어졌다.

한국의 국가주의 역사학은 일제하 식민사학자들의 영향을 받고 성장했던 실증사학자들이 중심이 되어 수립하였다. 이들은 대한민국 건국후 이승만 정권과 결합해 극우반공체제였던 남한의 역사적 정통성을 수립하는 작업에 착수하였고, 미국의 록펠러재단, 아시아재단, 하바드대학의 옌칭연구소 등의 재정적 지원을 받았다. 국가주의적 역사연구는 박정희 정권하에서 국가의 조직적 지원을 받으면서 더욱 확대되었다. 4월 혁명을 계기로 민족주의 역사학이 발달하게 되자 박 정권은 이에 대한 대책으로 국가주의 역사학을 조직적으로 육성하였다. 국가주의 역사학은 일제하 민족 개량주의자들의 종족적, 문화적 민족주의를 계승하고 미국의 근대화론을 도입하여 극우반공정권의 역사적 정통성을 강화하고 국가 주도로 추진하는 종속적인 자본주의 산업화에 기여하는 역사인식체계를 수립하고자 하였다. 박 정권은 민족주의 역사학을 견제하고 탄압하면서 국사교과서의 편찬을 국정화하고 이를 국가주의 역사학자들이 독점하게 하였고, 국사를 국책과목으로 만들어 초중등교육과 대학에서 의무적으로 가르치게 하고 각급 공무원 시험에 필수과목으로 지정해 국가주의 역사관을 학생들과 국민 일반에게 주입하였다.

민족주의 역사학과 국가주의 역사학의 대결은 1987년 6월의 민주항쟁을 분수령으로 새로운 국면으로 접어들었다. 국민적 저항으로 군사독재 정권은 물러나면서 사회 전면에서 민주화가 불가역한 대세로 확대되어 갔다. 이에 따라 민족주의 역사학에 대한 국가권력의 견제는 현저히 약화되었고, 동시에 국가주의 역사학을 육성하고 보호하는 정책 또한 크게 후퇴하였다. 이러한 가운데 민중적 민족주의 정립에 노력해 온 진보적 소장 연구자들은 과학적 세계관에 기초해 '민주주의의 실현과 조국 통일'에 실천적으로 동참하는 '과학적 · 실천적 역사학'을 수립한다는 목표 아래 한국역사연구회를 비롯해 역사문제연구소, 역사학연구소 등을 창립하였다. 이들 연구회 또는 연구소의 결성은 그간 어려운 환경 속에서 개별 분산적으로 진행되어 왔던 역사연구를 체계화된 집단 연구로 발전시켰고, 역사연구의 문제의식과 방향과 방법을 심화시키는 토론과 논쟁을 활성화시켰다.

이러한 변화로 민중적 민족주의를 지향하는 역사연구는 전례 없는 활황기를 맞았다. 극우반공체제하에서 금기시되었던 일제강점기와 해방공간의 사회주의운동과 관련된 자료들이 간행되었고, 사회주의계열의 민족해방운동이나 사회운동에 관한 연구들이 진행되었다. 이에 더해 러시아, 중국과 국교가 수립되면서 민족운동사와 관련된 새로운 자료들이 발굴되어 유입되고, 미국의 국립문서보관소에 소장된 현대사 관련 자료들도 이용할 수 있게 되면서 근현대의 민족운동사에 대한 연구는 더욱 활기를 띠었다. 다른 한편 이승만 정권에 의해 구축되고 박정희 정권에 의해 더 없이 공고해졌던 극우반공체제와 분단체제, 근대화지상주의와 경제개발에 대한 비판적 연구도 이루어졌다. 또한 극우반공체제에 의해 은폐되고 왜곡되었던 진실을 발굴, 폭로하고 바로잡는 작업도 전개되었다. 아울러 국가주의 역사학이 남한의 역사적 정통성을 확립할 의도로 왜곡하였던 일제하 민족부르주아들의 민족개량주의와 친일행적에 대한 연구도 진행되었다. 이와 관련해 1930년대 이후 대한민국임시정부의 변화와 통일전선운동에 대한 연구도 이루어졌다. 민족주의 역사학은 이러한 연구를 통해 한말에서 일제 강점기를 거쳐 남북분단에 이르는 시기의 한국 민족주의운동의 큰 흐름들을 구체적 실상에 근거해 체계적으로 밝혀내었고, 그 성과에 기초해 민주화와 평화통일운동의 방향, 나아가 통일민족국가를 수립하는 원칙과 방안을 모색하기도 하였다.

그러나 6월 민주항쟁 이후 민족주의 역사학이 유례없이 활성화되었던 이 시기는 한국사회는 물론이고 세계 전체가 급격하고도 근본적인 변동을 겪었던 시기였다. 한국사회의 변화가 민주화에 기인하는 것이 주류를 이루었다. 그에 비해 세계의 변화는 사회주의체제의 붕괴와 미국 주도의 세계화에서 비롯되었다. 그러했던 까닭에 세계정세의 변화는 국내의 변화에 비해 보다 근본적이고 그 규모나 영향력이 엄청난 것이었다. 세계정세의 변화는 1980년대 후반부터 연쇄적으로 진행된 소련과 동유럽의 사회주의 국가의 붕괴로부터 본격화되었다. 이들 국가의 붕괴는 민주화를 요구하는 내부의 인민봉기에 의해 공산당과 그들이 독점했던 국가권력을 해체하는 방식으로 진행되었다. 그 과정에서 소연방이나 유고연방에 속했던 소수민족들이 분리 독립을 추구하면서 부국강병을 지향하는 민족주의가 대두되었고, 이로 인해 민족 간의 유혈분쟁도 발생하였다. 소련과 동유럽의 사회주의 국가들이 인민봉기로 무너지고, 새로 수립된 민주정권이 반사회주의 내지 비사회주의 노선을 택함으로 인해 냉전질서의 한 축을 이루었던 사회주의 체제는 소멸하였다. 이에 따라 반세기 이상 지속된 동서냉전체제도 결국 자본주의체제의 승리로 막을 내리게 되었다.

사회주의 체제가 붕괴하는 것과 때를 같이해 냉전체제에서 승리의 주역이 되었던 미국은 앞장서 새로운 국제질서를 구축하였다. 그것은 강대국에서 형성된 초국적 자본이 자유롭게 세계를 누비며 자본축적활동을 전개할 수 있는 신자유주의적인 세계질서를 형성하는 것이었다. 1994년에 출범한 WTO체제를 시작으로 하여 FTA체제로 확대 심화되는 세계화가 그것이었다. 미국을 위시한 강대국들은 세계화로 국제질서를 재편하면서 자국 군수산업을 보호하고 아울러 석유와 천연가스 등의 에너지 자원과 주요 산업자원을 탈취할 목적으로 세계 여러 지역에서 침략전쟁을 벌였다. 그 전쟁은 에너지 자원과 산업자원을 보유한 동유럽과 중앙아시아의 신생독립국가(구사회주의국가)와 이라크 등지에서 자행되었다. 이들은 신생국의 민족분쟁을 이용해 전쟁을 일으키거나 강대국 주도의 세계화질서에 순응하지 않는 국가를 독재국가 혹은 테러국가로 몰아 전쟁을 일으켰다.

이러한 세계정세의 변화는 한반도의 남북관계에 지대한 영향을 미쳤다. 그 변화는 특히 북한에 큰 타격을 주었다. 북한은 사회주의 체제의 일원으로 사회주의 국가들과 인적, 물적 교류 속에 정치군사적, 경제적 생존과 발전을 도모해 왔고, 미군과 군사적으로 대치하면서 가장 강경한 반미노선을 견지해왔다. 그러했던 까닭에 사회주의 체제의 붕괴는 북한에게 심각한 정치군사적 위기와 경제적 생존위기를 안겨 주었다. 북한은 정치군사적으로 국제사회에서 고립되었을 뿐 아니라 초강대국인 미국의 공격대상이 되었고, 에너지나 소비재, 식량자원이 절대적으로 부족하게 되어 경제적으로도 심각한 위기를 맞게 되었다. 그런 만큼 유일한 우방이 된 중국에 보다 크게 의존하게 되었고, 따라서 외교적 자주성도 약화될 수밖에 없었다. 이런 상황에서 1994년 김일성 주석이 사망하고, 더욱이 그 이듬해부터 연이어 자연재해를 입게 되어 대량으로 아사자가 발생하고 탈북자가 속출하는 식량위기를 맞았다. 북한은 이러한 위기 상황을 타개하는 방도로 '강성대국론'을 표방하고 대내적인 사상통제와 동원을 강화하면서 체제의 안전과 대외 교섭력을 높이는 미사일과 핵무기 개발을 가속화하면서 경제난 타개를 위해 제한적으로 개혁·개방노선을 모색하였다. '강성대국론'은 사회주의체제가 붕괴하는 가운데 나온 북한 나름의 부국강병론이며, 전형적인 '국가주의적 내셔널리즘'이었다.117)

이에 비해 남한은 1997년에 세계화에 미숙하게 대처해 심각한 금융위기를 맞기도 했지만 이를 잘 극복하고, 세계화에 적극적으로 편승해 자본주의 시장경제체제의 발전을 지속하고 있다. 정치적으로도 평화적 정권교체에 성공해 사회 각 방면에서 양적 · 질적으로 민주화를 확대하였고,

117) 서동만. 2000. 「북한체제와 민족주의」. 『역사문제연구』 4. 역사문제연구소.

일제하의 친일잔재와 군사독재정권 시기에 자행된 권력형 인권침해를 청산하는 과거사정리작업도 진행하고 있다. 남북관계에서도 남한은 이러한 성공을 바탕으로 국제사회에서 영향력을 확대하면서 경제난에 처한 북한에 식량과 생필품을 지원하고 한반도의 군사적 긴장완화와 평화정착, 남북교류에 적극적으로 나서고 있다. 그리하여 냉전시대와는 대조적으로 민족문제나 통일논의에서 북한을 대신해 남한이 주도적, 공세적인 역할을 하는 변화가 일어났다.

1987년 민주항쟁으로 극우반공체제가 무너지고 민중적 민족주의를 지향하는 역사연구가 자유롭게 활성화되던 시기에 일어난 이러한 국내·외의 변화는 민족주의 역사학에 큰 혼란을 초래하였다. 이러한 변화는 민중적 민족주의의 역사인식을 근저에서부터 흔드는 요인이 되기에 충분했다. 민중적 민족주의 역사학은 극우반공체제와 분단체제, 근대화지상주의를 비판하고 민주주의와 평화통일, 자유 · 평등의 가치를 확립하고자 노력해 왔다. 민족주의 역사학은 우리 역사가 추구해야 할 민족국가나 통일국가의 발전방향을 한말에서 남북분단에 이르는 시기에 전개된 민족운동의 민중적 흐름 속에서 찾고 있었다. 연구자에 따라 다소 편차가 있지만 그 흐름은 조선후기의 실학과 농민운동에서 연원해 한말 갑오농민전쟁, 계몽운동, 의병전쟁으로 이어지고 일제하에서는 비타협적 민족주의운동, 노동 · 농민운동, 사회주의운동을 거쳐 일제말기에 해방공간에서 자주 · 민주 · 평등을 실현하는 민주주의 독립국가 건설을 추구한 민족통일전선운동으로 이어지는 것이었다. 이러한 흐름은 대한민국임시정부와 좌우합작을 추진한 신민족주의계열, 조선공산당을 위시한 좌익계열을 망라하는 것이었다. 이 흐름이 지향하였던 정치경제적 체제는 자립과 평등을 중시하는 혼합경제체제나 사회민주주의체제, 혹은 사회주의체제였다. 그러나 근년의 세계사의 흐름은 이러한 방향의 민족주의 운동에 대해 적지 않은 회의를 불러일으킨다. 이러한 흐름의 민족주의 운동은 실패하거나 위기를 맞고 있으며, 향후 전망 또한 희망적이지 못하다.

1987년 민주항쟁 이후 민중적 민족주의 역사학을 발전시키는 데 중심적인 역할을 하였던 역사비평은 최근 창간 20주년을 기념하는 특집호를 발간하였다. 그 특집호의 책머리에 편집진은 세계사의 격변 속에서 한국의 민족주의 역사학이 처한 고민을 다음과 같이 서술하고 있다.

> "이제 한국사회는 다른 한편으로 보다 성숙하고 복잡한 사회로 변화하고 있다. 상식적인 수준에서 판단하기 어려운 사안들이 수없이 생겨나고, 나름대로 설득력 있는 대안들이 서로 충돌하며 난무하는 복잡한 세상이 되어 가고 있다. … 민족주의를 절대선으로 보는 시각은 점차 약해지고 세계화의 흐름을 대세로 수용하며 영어 공부를 생존의 필수도구로 여기는 세상, 그러면서 한편으로는 축구 대표팀에 열광하는 복잡한 세상이다. 역사를 이해하는 눈높이 자체가 높아지고 있다. 이러한 인식의 혼돈, 또는 복잡화는 자본주의를 대신할 미래의 대안 부재로 인해 더욱 증폭되고 있다. 과거와 현재, 미래 모두가 흔들리고 있다."[118]

여기서 말하듯이 자본주의의 극복을 추구한 역사적 운동들은 실패하거나 좌절하였고, 민족주의를 절대선이라고 보는 시각이 설득력을 잃고 있고, 과거와 현재, 미래에 대한 역사적 인식과 평가가 근본적으로 흔들리고 있는 것이 지금의 상황이다. 그런 만큼 국내에서 민족주의 역사학에

118) 역사문제연구소. 2007.『역사비평』80. 역사비평사. 11쪽.

대해 이의가 제기되는 것은 당연한 일이었다.

2. 민족주의 역사학에 대한 비판과 논쟁

한국의 민족주의 역사학에 대한 비판은 1990년대 중반에 동유럽 국가들의 민족주의를 연구했던 임지현으로부터 나왔다. 임지현은 한국사학계에서 주류로 자리 잡고 있는 민족주의 사학의 '민족' 이해가 민족적 형식을 강조한 나머지 민족을 초역사적인 자연적 실재로 부당 전제하고 있다고 지적하고, 이러한 이해는 세계사적 관점을 결여한 편협한 민족적 관점이라 비판하였다.[119] 그는 이러한 '민족' 이해가 식민지라는 특수한 상황에서는 충분히 그 역사적 가치를 지닐 수 있었지만, 식민지 상황과는 역사적 성격이 다른 오늘날까지 좌우를 막론하고 여전히 역사학계의 기본정조로 자리 잡고 있는 것은 문제의식이 정체해 있음을 보여주는 것이라고 비판하였다.

민족을 초역사적인 자연적 실재로 전제하는 이해가 남·북한의 역사학계에서 현재까지 여전히 지속되는 원인은 무엇인가? 그는 그 원인을 남·북한 모두가 민족주의를 분단국가의 체제 이데올로기로 이용했기 때문이라 하였다. 즉 남과 북의 공식 이데올로기는 자유민주주의와 사회주의였지만, 남 · 북 공히 국민을 통합하고 동원하는 데에서는 민족주의적 에토스에 호소해 왔다는 것이다. 그러한 에토스를 불러일으킬 수 있는 가장

119) 임지현. 1994. 「한국 사학계의 '민족'이해에 대한 비판적 검토」. 『역사비평』 26. 역사비평사.

좋은 장치가 민족을 초역사적인 자연적 실재로 전제하는 것이었다. 이 점에서는 비록 그 목표가 달랐지만 남한의 보수와 진보도 공통되었다.

민족에 대한 세계사적 관점을 결여한 편협한 이해는 역사연구의 인식론적 가치를 훼손한다. 임지현은 민족주의 역사학이 지니고 있는 이 폐해를 구체적으로 신라의 삼국통일을 민족통일, 민족형성으로 해석하고, 몽고 침략에 대한 민중항쟁을 민족항쟁으로 이해하고, 중앙집권체제의 형성을 민족통합으로 이해하는 민족주의적 역사 서술 동향을 들어 지적하고 비판하였다. 민족주의에 대한 보편적 이해를 결여할 때 초래되는 보다 큰 폐해는 현실에 열려 있는 건강한 실천적 지향을 굴절시키는 데 있다. 현대에 있어서 이러한 역사해석은 결국 국수주의적이고 보수적인 민족주의로 전락할 위험성이 크고, 민중-민족 개념에 기초한 내재적이고 혁명적인 민족주의의 지향을 가로막는 역기능을 하게 된다는 것이다.

임지현의 민족주의 역사학에 대한 비판은 남북한의 역사학, 보수와 진보의 역사학 모두를 대상으로 한 것이었다. 체제 이데올로기였던 남한의 국가주의 역사학 내지 우익의 역사학과 북한의 역사학은 물론이고, 저항 이데올로기이기도 했던 남한의 민중적 민족주의의 역사학 또한 민족을 초역사적인 자연적 실재로 부당 전제하는 데서 자유롭지 못하다고 비판하였다.

임지현의 비판은 냉전해체와 세계화가 확대되는 가운데 세계적으로 보수적인 민족주의가 대두하고 있는 상황에서 나왔다. 당시 남한에서도 민중적 민족주의에 입각한 역사연구가 활성화되고 있고, 북한에서도 핵위기가 고조되면서 민족주의가 체제생존전략으로 고창되고 있었다. 민족주의는 그 주창자가 놓인 사회적 관계나 지향에 따라 보수적이 될 수도 있고 진보적이 될 수도 있다. 그러므로 그 성격은 다소 달랐지만 남북한에서 민족주의가 고조되고 있던 바로 그 시점에서 민족주의를 점검하고 진보적인 방향으로 나아갈 수 있도록 비판하는 것은 시의 적절하였다. 아쉬운 점은 그 비판이 전근대의 역사연구에 한정되어 민족주의가 본격적으로 대두하는 근대 이후의 한국사연구에 대한 비판이 후일의 과제로 남은 점이다.

이 무렵 한국사회의 민주주의를 연구해 온 최장집도 한국의 민족주의와 민족운동의 특성에 대해 비판하는 글을 발표하였다.[120] 임지현의 비판이 역사학을 대상으로 하였다면, 최장집은 민족주의운동을 대상으로 하였다. 그런 만큼 최장집의 비판에서 민족주의 역사학에 직접 관련되는 비판이나 언급은 많지 않았다. 그러나 그 비판에는 한국 민족주의의 발전 경로와 관련해 주목할 대목이 있었다.

최장집은 민족독립운동 과정에서 부르주아지가 지도력을 상실하면서 한국 민족주의 운동이 양극으로 분화했다고 보았다. 우파 민족주의는 1930년대 이후 거의 현실적인 기능을 상실하였고, 좌파 민족주의는 우파 민족주의가 남겨 놓은 공간에서 헤게모니를 강화함으로써 더욱 증폭되었다. 이러한 분화를 거쳤지만 식민지하 독립운동을 통해 이상적으로 표출되었던 한국 민족주의의 패러다임은 보편주의, 평등주의, 국민주의, 민중주의 등이었다.

그러나 그는 이러한 패러다임이 해방 후 남북이 분단되는 과정에서 남북한 어느 정권에 의해서도 계승되지 못했다고 보았다. 즉 남한의 정권

120) 최장집. 1996. 「한국 민족주의의 특성」. 『한국민주주의의 전망과 조선』. 나남출판.

을 수립한 세력들은 그 인적구성이나 정치경제적 지향에서 일제하 독립운동에서 형성된 민족주의 패러다임을 도저히 계승할 수 없었다. 남의 우파 민족주의는 냉전 하에서 강력한 혁명적 민족주의 운동의 도전에 직면하여 극우적 반공주의로 전환되었다.

한편 북한 정권을 수립한 세력들은 일제하 좌파 민족주의를 이끌어온 주체들의 한 부분이었지만, 그들이 분단국가를 건설한 방식은 그 패러다임과는 거리가 멀었다. 해방 후 북한의 분단국가건설방식은 보수세력들의 사회개혁 프로그램과 마찬가지로 수동혁명적 성격이 매우 강했다. 이들은 세계에서 유례없는 급진적인 토지개혁과 사회주의 변혁을 수행하였지만, 그 과정에서 민중의 참여는 수동혁명에 대칭되는 의미에서 농민과 노동자가 주체가 된 능동혁명으로 보기 어려울 정도로 매우 제약된 것이었다. 그리하여 냉전 하에서 작동된 북의 민족주의는 강력한 당 관료조직의 확대에 의한 농민의 위로부터의 동원, 대중동원의 이데올로기로서 메시아니즘적 유일 주체사상의 강화, 쇼비니즘적 반외세주의 등을 그 내용으로 하였다. 결국 북의 민족주의 또한 보편주의, 평등주의, 국민주의, 민중주의 등을 중심으로 하는 식민지하의 민족주의 패러다임으로부터 크게 일탈하였다.

이와 같이 분단체제라는 현실에 제약되어 남·북한 정권의 지도부는 앤더슨이 말하는 의미에서의 "공식적 민족주의(official nationalism)"를 표방할 수 없는 구조적 한계를 가지게 되었고, 대신 북한은 사회주의 경로를 통해서, 남한은 반공주의와 발전주의를 통해서 각각 독자적인 국가형성을 완료하게 되었다는 것이다. 최장집은 이렇게 남·북한에 분단국가가 형성되는 과정은 곧 민족주의가 해체되는 과정이었다고 보았다.

식민지하 민족운동을 통해 형성된 한국 민족주의의 패러다임이 분단체제가 구축되는 과정에서 남·북의 정권에 의해 승계되지 못했다는 인식은 민중적 민족주의 역사학의 근현대사 연구와 관련해 시사하는 바가 크다. 이러한 인식은 일제하와 해방공간에서 민중적 민족주의 운동에 포괄될 수 있는 다양한 스펙트럼의 민족운동과 민중운동을 평가하고 재인식하는 방법으로 음미되고 논쟁될 가치가 충분하다.

이와 더불어 최장집의 비판에는 민중적 민족주의 역사학이 나아가야 할 방향과 관련해 주목할 또 다른 내용이 있었다. 그것은 냉전해체와 세계화 시대에 있어 민족주의의 바람직한 방향과 역할에 관한 언급이었다. 최장집에 따르면 한국에서 민족주의는 정권의 지배 이데올로기가 될 수 없었지만 대신 숨은 이데올로기로 침잠해 지배권력에 대항하는 반체제 저항 이데올로기로서 명맥을 이어 왔다. 즉 한국의 민족주의는 반체제 운동의 이념적 자원, 정치적 지배와 사회의 구조를 비판적으로 인식하는 비판적 언술 내지는 이념적 틀로서 중요한 정치적 기능을 가지면서 간헐적으로 반체제 민주화운동이나 통일운동을 통해서 표출되어 왔던 것이다. 이들 반체제 운동에서 민족주의는 기존질서에 대한 현실적 프로그램이나 대안이 아니라 기존 질서를 붕괴시키기 위한 무기였다. 그로 인해 민족주의는 일련의 합리적 이념의 체계를 띠기보다 좌절된 역사적 경험을 통해서 집적된 기억이 환기시켜내는 집합적 감성의 응집체로 남게 되었고, 이러한 한계는 냉전의 해체와 민주화로 인해 보다 확연히 드러나게 되었다. 그러나 최장집은 이러한 한계에도 불구하고 민족주의는 탈냉전 시대, 세계화 시대에도 여전히 중요한 이념적 자산이라고 평가하였다. 민족(국가)주의가 민족의 정체성과 그것에 기반하는 민족공동체의 복리를 증진하고, 이러한 공동체의 토대 위에서 정치적 통일을 이루는 것을 핵심적 내용으로 하고 있고, 세계화 시대에도 강력한 작동원리의 하나로 건재하고 있는 실체이기 때문이다.

최장집은 오늘의 한국적 현실에서 민족주의가 주요한 이념적 자원으로 제시될 수 있는 영역을 세 가지로 보았다. 첫째는 분단 극복과 통일의 영역이고, 둘째는 민족문화의 정체성을 유지하고 발전시키려는 문화적 영역이고, 셋째는 세계화 시대에 민족경제를 운영하는 영역이다. 그는 현재적으로 재구성되어야 할 민족주의로 민주주의와 평화의 결합을 가능케 하는 원리로서 "시민적 민족주의(civic nationalism)"를 제시하였다. "시민적 민족주의"는 한 민족국가의 사회의 경계 내에서 민주주의와 평화의 원리를 실현하는 것이 가장 현실주의적이면서도 동시에 가장 이상주의적이라는 문제의식에 입각해 있다. 이와 관련해 그는 한국 민족주의의 의제로 민족자존, 평화주의, 민주주의, 민중주의, 문화적 다원주의, 경제적 민족주의 등을 제기하였다.

임지현과 최장집은 민족주의를 운동사적으로 접근하는 세계사적 관점에서 한국민족주의의 진보적 측면과 보수적 측면을 비판적으로 조명하고, 탈냉전과 세계화라는 시대상황 변화에 대처할 수 있는 민족주의의 변용을 모색하였다. 이들은 민족주의가 원초성과 보수성으로 우경화될 위험성을 안고 있고, 세계화가 민족주의를 보수화시키는 원인으로 작용하고 있지만, 그 이유 때문에 민족주의를 부정하거나 폐기하는 것은 국제주의 좌파들이 범했던 민족허무주의를 되풀이하는 것이라 보았다.[121] 대

121) 임지현. 1999.『민족주의는 반역이다』. 54쪽.

신 이들은 민족주의를 오늘의 현실에서 진보적 역할을 할 수 있도록 변용할 것을 주장하였다. 최장집은 그 대안으로 민주주의와 평화의 결합을 가능케 하는 원리로서 "시민적 민족주의(civic nationalism)를 주창하였고, 임지현도 'ethnic nationalism'에서 'civic nationalism'으로 이동할 것을 주장하였다. 임지현은 오늘의 한국 민족주의가 추구해야 할 'civic nationalism'은 프랑스 혁명을 추동했던 시민적 민족주의 혹은 식민지의 저항 민족주의가 지녔던 혁명적 역동성을 견지하면서, 더 이상 체제를 옹호하는 권력 이데올로기가 아니라, 건설을 기약하는 반역의 이데올로기를 재창조하는 것이라 보았다.[122] 이들의 한국 민족주의 비판은 민중적 민족주의 역사학에게 세계사적 보편성에 입각해 한국 민족주의의 발전과정을 재조명하고, 나아가 현재적으로 유의미하게 그 문제의식과 연구방법을 자성하는 계기를 제공하였다.

다른 한편 이 시기에는 민중적 민족주의에 대한 비판이 또 다른 시각에서 제기되었다. 일제의 식민지 지배를 「수탈-개발론」의 관점에서 이해한 연구자들의 민족주의 비판이 그것이었다.[123] 「식민지 수탈-개발론」을 이론화한 것은 쿄오토대학(京都大學)의 나카무라 사토루(中村哲)의 영향하에 1987년 한일양국의 경제사학자들이 결성한 '한국근대경제사연구

122) 임지현. 1999. 앞의 책. 8쪽.

123) 安秉直 · 李大根 · 中村哲 · 梶村秀樹편. 1989. 『近代朝鮮의 經濟構造』. 飛峰出版社; 安秉直 · 中村哲 共編. 1993. 『近代朝鮮 工業化의 硏究 -1930~45-』. 序文. 一潮閣; 安秉直. 1994. 「한국에 있어서의 경제발전과 근대사연구」. 『全國歷史學大會發表要旨』; 李榮薰. 1995. 「韓國史에 있어서 近代로의 移行과 特質」. 『제 39회 全國歷史學大會發表要旨』 역사학회; 이영훈. 2006. 「왜 다시 해방 전후사인가」. 『해방전후사의 재인식』 1. 책세상.

회'였다. 이들은 1980년대 후반부터 공동연구성과를 내기 시작하였고, 그 성과를 바탕으로 1990년대 중반에 들면서 「내재적 · 자립적 근대화」와 「외래적 식민지화」의 대항이라는 민중적 민족주의 역사학의 한국근대사 인식틀을 부정하고 이를 근본적으로 전환시킬 것을 주장하였다.[124)]

이들은 민중적 민족주의의 한국근대사 인식틀을 부정하는 근거를 가까이는 해방이후 대립적으로 이질적인 체제를 발전시켜 왔던 남 · 북한의 현실에서, 멀리는 냉전에서 세계자본주의체제의 승리 및 NIEs의 정치, 경제적 성공에서 찾았다. 즉 한국은 1960년대 이후 지난 30 여 년간의 급속한 경제발전을 통해 저개발국에서 중진국으로 진입하고 나아가 선진국화를 전망하게 되었고, NIEs일반과 성장을 같이 했던 한국의 이러한 발전은 '자본주의 제 3파동'의 일환이라 불릴만한 세계사적으로 매우 새로운 현상이자 기존 사회주의 제국 몰락의 한 원인이 되었고, 또한 그 발전의 모형이 되기도 하였다는 것이다. 이와 같은 현대사의 경험에 의하면 이른바 「외래적 식민지화」 내지 「종속적 근대화」 노선과 「내재적 · 자립적 근대화」 내지 「사회주의적 근대화」 노선이 대립하였지만 후자는 실패하고 전자만이 성공하였으므로 「내재적 · 자립적 근대화」 노선의 편

---

124) 물론 이상과 같은 식민지 「수탈과 개발」론의 연구시각은 이전에 볼 수 없었던 전혀 새로운 것은 아니었다. 이미 일제 강점기에 관학자들이 중심이 되어 식민지 지배는 근대화를 위한 개발과정이라고 주장한 바 있었고, 해방 후에도 남한의 일부 학자들이 로스토우(Rostow)류의 근대화론을 받아들여 '개발-성장'론의 시각에서 식민지 경제를 연구한 적이 있었다. 1970년대 후반 하바드 대학에서 일제하 경제변동을 연구하였던 서상철이 이런 입장을 대표하였다. 식민지 '개발-성장'론은 사회주의권의 식민지 해방이론에 대한 대항 이데올로기로 제기된 근대화론의 한국적 적용이라 할 수 있다. 식민지 「수탈과 개발」론은 이론적 맥락에서는 식민지 '개발-성장'론의 연장선에 위치하였다.

향된 시각에서 벗어나 식민지 근대화를 새롭게 평가하는 새로운 패러다임을 정립해야 한다는 것이었다.125)

이러한 관점에서 이들은 일제 강점기의 역사를 「수탈과 저항」이 아닌 「수탈과 개발」의 역사로 인식할 것을 주장하였다. 이들은 경제 지표나 생산력의 관점에서 일제 하의 '식민지 개발'에 주목하고 동시에 여기에 대응한 한국인의 자기개발과정을 중시하면서 일제하에서 이루어진 압축적인 생산력 발전과 자본가와 임노동계급의 형성이 해방 후 한국의 급속한 근대화를 가능케 한 물적(物的) 기반이 되었다고 주장하였다.

식민지 「수탈과 개발」론은 「내재적 · 자립적 근대화」노선을 부정하고, 대신 식민지 국가의 해방과 발전은 "선진제국으로부터의 후발성의 이익을 흡수하는"노선에 따라 즉 "제국주의와의 대결"이 아니라 "세계자본주의제국과의 협력과정"에서 이루어져야 한다고 본다. 따라서 일제 강점기를 제국주의 지배에 맞서 「내재적 · 자립적 근대화」를 추구한 민족해방운동의 역사로 인식할 것이 아니라, 일본에 의한 제국주의적 식민지 개발과 그에 대응한 조선인의 근대적인 농민 · 노동자 · 자본가로의 자기 개발의 역사로, 요컨대 서유럽적 근대의 이식에 의한 '제 1단계의 근대화과정'에 있는 사회로 인식해야 한다는 것이었다.

---

125) 安秉直. 1994. 「한국에 있어서의 경제발전과 근대사연구」. 『全國歷史學大會發表要旨』. 역사학회.
"압축 성장, 고도성장으로 지적되는 한국의 경제발전은 20세기 후반기의 세계자본주의 체제 속에서 이루어졌다. 한국의 경제발전은 자생적인 것이라기보다 선진제국으로부터의 후발성의 이익을 흡수하는 과정에서 이루어졌다. 그 경제발전은 제국주의와의 대결과정에서 달성된 것이 아니라 세계자본주의제국과의 협력과정에서 이루어진 것이다. 이러한 현실은 세계관과 역사관을 바꾸도록 강요하는 것이다."

그러한 인식은 근대로의 이행과 관련해서는 내재적 발전에 의한 자주적 근대화의 가능성을 부정하는 인식을 기반으로 하고 있고, 근대화 자체와 관련해서는 전전의 식민지 자본주의화나 전후의 이른바 "선진제국으로부터의 후발성의 이익을 흡수하는" NIEs형 자본주의화 모두에서 자본주의적 생산력의 발전은 경제적 자립기반을 확대하고 사회적으로 자유민주주의적인 정치체제의 발전을 가져오는 등 근대적 합리성을 확립시킨다는 인식과 연결되어 있다.

즉 이 이론은 근대로의 이행과 관련해서는 개항 이전의 조선 사회에서는 유의미한 자본주의의 맹아나 근대적인 주체형성을 발견할 수 없고, 따라서 한국사의 근대는 서유럽적 근대가 개항 이후에 이식되었음을 주요 계기로 한다고 보았다. 따라서 이러한 관점에서는 1894년의 농민전쟁 등 아래로부터의 근대화운동은 애초 인정될 수 없었다. 그러한 운동은 "인민주의적 · 평균주의적" 요구를 내세움으로써 도리어 서유럽적인 근대 이행을 저지하거나 지체시킨다는 것이었다. 반면 조선을 강점한 일본은 서유럽적 근대를 조선에 본격적으로 이식한 국가로, 토지조사사업을 위시한 식민지 지배정책은 조선사회를 근대적으로 개발하는 계기로 인식되었다.

또한 근대화의 전망과 관련해서는 제국주의적인 식민지 개발은 다른 한편 지역내적 분업연관을 심화시켰고 한국민의 근대적인 농민 · 노동자·자본가 등으로의 자기 개발을 촉발하였으며, 그리하여 해방의 시점에 이르면 한국 독자의 국민경제를 형성할 분업체계의 재편 조건이 일부 형성되었다고 보았다.

해방 후의 현대사에 대해서도 제국주의로부터 단절을 추구했던 북한은 "집단경제와 수령체제의 비근대"로 귀결되었지만, 새로운 중심국가로 다가온 미국과 "접합"하여 "제2의 개항" - 서유럽적 근대의 제 2의 이식 - 을 맞았던 남한은 이른바 "세계자본주의제국과의 협력과정" 속에서 제 2단계의 근대 이행을 완료할 수 있었다고 보았다. 보다 구체적으로 말하면 해방 후 일제하 식민지 근대화 노선을 계승해 미국에 "접합"하였던 남한은 "강하고 효율적인 국가의 기획력에 주도되어 …… 공산품을 열려진 세계시장에 수출하게 되었으며, 나아가 자립경제의 기반으로 중화학공업화를 달성"했고 "미국이 이식한 자유민주주의의 정치체제는 전통과 쉽게 어울려 재편된 부르주아 주권의 독재와 부패를 적절히 견제"할 수 있어서 "제 2단계에서 근대 이행"을 완료하고 현대를 성립시킬 수 있었다는 것이다.

요컨대 「식민지 수탈－개발론」은 민주주의와 시장경제라는 근대적 문명의 핵심적 요소들을 수용하고 확산시키는 데 북한은 실패하고 남한만이 성공하였고, 따라서 북한이 선택한 「내재적 · 자립적 근대화」 노선을 지향하는 민중적 민족주의 역사학의 한국근현대사 인식은 부정되어야 하고 대신 남한이 선택한 「종속적 근대화」 노선을 합리적인 역사발전체계로 정립해야한다는 것이었다.

「식민지 수탈－개발론」자들의 민중적 민족주의 역사학에 대한 이와 같은 비판은 그 관점에 입각해 진행된 한국근대경제사에 대한 공동연구를 토대로 한국근대사발전에 대한 대안적 이해체계를 제시하며 제기되었다는 점에서 전면적이고 본격적인 것이었다. 그들의 비판은 사회주의 체제의 몰락으로 북한이 국제적으로 고립되어 생존위기를 맞고 있고, 미국을 위시한 자본주의 열강들이 주도하는 세계화가 기세를 올리던 상황에서 제기됨으로 인해 더 큰 충격을 주었다.

「식민지 수탈—개발론」의 비판에 대해 민족주의 역사학 쪽에서도 반론을 제기하였다. 그 반론은 「식민지 수탈-개발론」의 이론적, 실증적인 문제점을 지적하는 데 초점이 맞추어졌다.126) 먼저 「식민지 수탈—개발론」이 역사발전의 인과를 자의적으로 설정하는 오류를 범했다는 비판이 제기되었다. 「식민지 수탈—개발론」의 관점을 단순화시키면 현재의 결과를 놓고 볼 때 남한은 근대화에 성공했고, 북한은 근대화에 실패했는데 그 원인을 찾아보면 남한은 「외래적 식민지화」 내지 「종속적 근대화」 노선을 택했고, 북한은 「내재적 · 자립적 근대화」 내지 「사회주의적 근대화」 노선을 선택했기 때문이라는 식이다. 남·북한이 선택한 발전노선이 현재의 성공과 실패를 가른 원인이 된 것은 분명하다. 그러나 그것은 여러 요인 가운데 하나일 뿐이며, 세계적으로 보면 「종속적 근대화」 노선을 택하고도 근대화가 지지부진한 지역도 허다하다. 어느 노선을 선택했는가 못지않게 국내적 조건과 주체들의 운용능력, 특히 국제적 조건이 성패에 크게 영향을 미쳤다. 따라서 「식민지 수탈—개발론」의 역사발전론은 인과설정이 충분하지 않고 따라서 논리적으로 합당하지 않은 자의적 해석에 불과하다는 것이다.

다음으로, 경제의 양적 성장을 지상의 유일 가치로 단순화하여 역사의 발전 즉 근대성의 확충을 경제성장의 총량적 지표의 증가로 환원시키는

---

126) 역사문제연구소 편. 1996. 『한국의 '근대'와 '근대성'비판』. 역사비평사 ; 허수열. 2005. 『개발 없는 개발—일제하 조선경제 개발의 현상과 본질』. 은행나무 ; 정태헌. 2007. 『한국의 식민지적 근대성찰』. 선인 ; 이승렬. 2007. 「'식민지근대'론과 민족주의」. 『역사비평』 80. 역사비평사.

점이 비판되었다. 「식민지 수탈-개발론」은 경제성장 즉 자본주의적 산업화를 준거로 사상과 정책, 역사적 행위나 사회운동을 평가하고, 역사발전체계를 수립하였다. 이에 따라 경제발전, 시장효율성, 국가경쟁력과 배치되거나 대립하는 것은 근대 이행을 저지하거나 지체시키는 반근대적인 것으로 평가한다. 이러한 관점은 자본주의의 발전이 근대성을 확충을 수반한다는 인식을 전제하고 있다. 경제성장은 그것이 곧 근대성의 확충을 의미해야만 가치가 있기 때문이다. 물론 이러한 인식은 일면에서는 수긍될 여지가 있다. 근대적인 사회적, 문화적 합리성의 발전 수준은 대체로 각국의 자본주의의 발전정도와 밀접히 연관되어 있고, 근대사회에서 이성과 과학의 발달을 이끄는 가장 유력한 견인차가 자본주의이기 때문이다.

그러나 자본주의의 발전이 근대성의 확충을 자동적으로 수반하는 것은 아니다. 자본주의의 발전은 반드시 합리적인 방향으로만 이루어지는 것은 아니다. 자본관계는 비합리적인 지배관계를 내포하고 있고, 따라서 자본의 축적은 이러한 비합리성을 더욱 증폭시키는 방향으로 진행되는 경향을 내포하고 있다. 자본주의의 발전이 도리어 근대성의 확충을 저해한 사례는 역사적으로 무수히 발견된다.[127] 그런 까닭에 자본주의 국가에서 역사의 진보를 담보하는 근대적 합리성은 자본의 야만성, 비합리성에 저항하는 반체제운동의 부단한 대립과 투쟁 속에서 발전되고, 확충되

127) 박영도. 1994. 「현대사회이론에서의 비판패러다임의 구조변동」. 서울대학교 사회학과 박사학위논문(미간행) ; 역사문제연구소 편. 1996. 『한국의 '근대'와 '근대성'비판』. 역사비평사 ; 이윤갑. 1997. 「일제시대 사회성격론」. 『한국근현대의 민족문제와 신국가건설』. 지식산업사.

어 왔다. 「식민지 수탈－개발론」은 이러한 역사발전과정을 간과하고 경제성장이 근대성의 확충을 수반하는 것으로 간주하여 근대성 확충에 필수적인 자본에 대한 저항운동을 역사발전을 저지 내지 지체하는 요인으로 단정하는 인식의 오류를 범하고 있다. 한국의 예를 보더라도 자본주의의 발전이 국민들의 삶의 질을 개선하는 결과를 가져오게 한 중요한 요인은 「내재적 · 자립적 근대화」 내지 「사회주의적 근대화」 노선을 지향하며 민주화운동에 앞장섰던 민족운동 · 민중운동이었다. 「식민지 수탈－개발론」이 민족주의를 부정하고 자본주의 발전을 주도한 "강하고 효율적인 국가의 기획력"을 높이 평가하는 국가주의적 성향을 강하게 보이는 것도 이러한 인식의 오류에서 비롯된다.

셋째로, 「식민지 수탈－개발론」이 실증적으로 뒷받침되지 않은 허구에 입각해 무리하게 역사발전론을 수립하였다는 비판이 제기되었다. 「식민지 수탈－개발론」은 일제의 식민지 지배를 받으면서 한반도에서는 일본에 의한 제국주의적 식민지 개발과 그에 대응한 조선인의 근대적인 농민 · 노동자 · 자본가로의 자기 개발이 이루어졌고, 해방 후 남한은 「종속적 근대화」 노선에 따라 이를 계승하고 기반으로 삼았던 까닭에 경제성장과 근대화에 성공할 수 있었다고 주장하였다. 그러나 역사적 사실에서는 이러한 전후 인과관계가 실증될 수 없다는 것이 비판의 요지였다. 전후 한국의 경제개발을 가능하게 한 인프라나 주체는 주로 미국과의 연관 속에서 형성된 것으로 나타난다. 또한 전전 군국주의적 파시즘 체제하의 자본주의 문화와 전후 미국의 자유주의적 자본주의 문화는 이질성이 강하다. 한 예로 전후 한국의 자본주의 발전은 정경유착을 핵심적인 특징으로 하지만, 식민지시기에 조선의 자본가들은 국가권력의 운영에서는 철저히 배제되어 있었다. 「식민지 수탈-개발론」은 이러한 사실을 간과하고 자의적으로 역사발전론을 입론했다는 비판이다.

「식민지 수탈-개발론」의 이와 같은 오류는 오늘의 현실을 암묵적으로 또는 명시적으로 역사발전의 최종적 발전지점으로 상정하고, 이 지점에서 역사를 역으로 재해석하려 한 데서 비롯되는 것이다. 그 이론은 발전주의 내지는 성장 이데올로기를 옹호하고 경제발전, 시장효율성, 국가경쟁력이라는 공리주의적 가치를 중심에 두는 신자유주의적 세계화의 역사관을 대변하는 것이고, 이를 합리화하는 역사발전이론을 자의적으로 수립하고 있다. 그로 인해 역사발전이 다양한 가치가 충돌하고 병행하는 과정에서 이루어진다는 사실을 부정하고 자본주의와 경제성장에 대해 대항하는 가치나 운동을 역사발전을 저지 내지 지체시키는 요인으로 주저 없이 단정하고 있다.[128)]

그러나 이러한 오류나 단점과는 별개로 「식민지 수탈-개발론」이 민중적 민족주의 역사학에 대해 가한 비판 가운데는 주목할 가치가 있는 대목이 있었다. 그 하나는 민족주의 역사학이 역사발전의 합법칙적, 진보적 노선이라 상정하였던 인민민주주의 혁명이나 사회주의 혁명 또는 복합경제체제를 지향하는 민주주의 혁명이 평등이나 민주주의라는 가치에서는 대단히 이상적이었지만 현실에서는 성공할 수 없는 허구적 목표였다고 비판한 대목이다. 이러한 비판은 민족주의 역사학의 문제의식과 연구방향에 대한 근본적인 문제 제기로 향후 진로와 관련해 반드시 논의를

128) 최장집. 2007. 「한국민족주의의 특성」. 『민족주의, 평화, 중용』. 60쪽. 까치. 최장집은 1996년에 발표한 「한국 민족주의의 특성」에 이후 전개된 민족주의 논쟁에 대한 논평을 후기 형태로 첨부해 이 책에 다시 실었다.

해야 할 매우 중요한 문제를 지적한 것이다.

다른 하나는 민중적 민족주의 역사학의 식민지 근대화에 대한 연구가 그 자체의 실상을 구명하기 보다는 제국주의 지배의 수탈성과 혁명운동의 대상과 동력을 해명하는 데에 초점을 맞추어 편향되게 이루어지고 있음을 비판한 것이다. 이러한 연구방법은 일제의 식민지 지배에 따른 사회변동을 제한적으로만 이해하고 역으로 민족운동을 과대평가하는 오류를 낳게 된다. 민족운동에 대한 가치평가와 식민지 미화론에 대한 경계가 지나쳐 사실과는 거리가 있는 편향된 역사인식으로 흐르는 경향이 생겨나는 것이다. 민중적 민족주의 역사학이 이러한 한계를 극복하지 못하는 한 앞서 「식민지 수탈－개발론」에 대한 비판에서 지적된 오류에서 스스로도 결코 자유롭지 못하다.

민족주의와 민족주의 역사학을 부정하는 비판은 「식민지 수탈－개발론」과는 별개로 포스트모더니즘 및 자유주의 영향을 강하게 수용한 연구자들로부터도 제기되었다. 이러한 입장에서 민족주의 역사학 비판에 앞장섰던 연구자는 윤해동이었다.[129] 윤해동은 근대의 국가와 민족을 '집단이기주의'가 공공연하게 인정될 수 있는 최소단위로 이해하였다. 국가주의나 민족(국가)주의는 '집단이기주의'를 추구하기 위해 만들어진 이데올로기이다. 그런 까닭에 그는 지배이데올로기가 되었던 저항이데올로기가 되었던 민족주의는 국가주의와 동일하게 차별과 배제의 기능을 가지고 억압적, 권력적으로 작동한다고 보았다. 이러한 맥락에서 그는 민족주의 역사학의 내재적 발전론을 식민사학의 '타율성론'과 '정체성

129) 윤해동. 2003. 『식민지의 회색지대』. 역사비평사; 역사문제연구소. 『역사문제연구』 4(2000. 4.)의 종합토론. 5(2000.12.)의 토론마당.

론'을 그대로 뒤집어 놓은 형태에 지나지 않는다고 비판한다. 또한 박정희 정권의 체제이데올로기와 그에 대항했던 반체제적 민중적 민족주의가 국민화 과정에 대한 기여라는 측면에서 볼 때 거의 차별성이 없다고 비판하였다. 입장만 상반될 뿐 구조와 성격이 별반 다르지 않은 동일 지평에 같이 놓여있는 근대의 집단주의적 이데올로기에 불과하다는 것이다.

윤해동의 민족주의에 대한 비판은 민족이라는 역사적, 집단적 자아의 구성적 요소를 해체하고, 이데올로기적 억압에서 벗어난 이성적이고 자유로운 자아의 복원을 목표로 한다.[130] '민족국가'나 '민족해방'의 억압에서 벗어나 보편적인 인간의 자유와 인권, 공공성, 평화로 나아가고자 시도하고 있다. 이러한 문제의식에서 그는 민족주의라는 잣대로 투시할 수 없는 내부 식민화문제, 소수자문제, 제국주의 지배와 그에 대한 저항이라는 단순 도식으로 인식할 수 없는 '회색지대'에 주목한다. 이 비판은 개인의 의식과 가치, 그리고 정체성의 구성적 요소에 기준을 둔 미시적 차원에서 거시구조적 맥락에서 이해될 수 있는 민족주의를 비판하고 해체하려는 시도이다.

윤해동은 민족주의를 부정하는 또 다른 이유로 세계화가 국민국가의 해체를 불가피하게 확대시킨다는 점도 들었다. 세계화가 자본-상품과 인적 자원 - 그리고 정보의 초국가적 이동을 확대시킴으로 인해 국민국가의 존재가 위협을 받고, 국민국가와 그 경제제도 사이의 연합이 무너지고 있다. 반면 한 나라 영토 안에서 점점 더 여러 가지 문화와 인종과 종족이

130) 최장집. 2007. 앞의 논문. 58쪽.

혼합되고 있고, 인터넷이 국제적 소통과 교류를 촉진해 이러한 혼합을 가속화시키고 있다. 이러한 세계화의 힘은 어떤 방식으로든 국민국가와 민족문화의 정체성을 강력하게 변화시킬 것이고, 국가공동화 현상을 촉진할 것이라는 것이다.

민족주의 역사학에 대한 포스트모더니즘적인 비판은 「식민지 수탈-개발론」의 비판과는 또 다른 차원에서 논쟁을 불러 일으켰다. 후자가 근대화의 노선을 둘러싼 논쟁이었다면, 전자는 민족주의가 추구하는 근대성의 실체와 성격을 대상으로 한 메타이론적인 논쟁이었다. 그러했던 만큼 윤해동의 문제제기를 둘러싼 논쟁은 역사적 사실에 대한 실증이나 해석의 차원을 넘어 그 상위에 있는 사회철학이나 역사철학을 아우르는 차원에서 전개되어야 하는 것이었다. 그러나 막상 펼쳐진 공개토론의 장에서는 의미 있는 논의가 전개되지 못했다. 철학적 논의와 역사학적 논의를 오가며 정연하게 논쟁을 전개할 정도로 준비가 이루어지지 못했기 때문이었다. 그리하여 두 차례의 토론회는 민족주의 옹호자들이 그 비판자들에게 민족(국가)주의의 현재적 효용성 여부나 대안적인 사회체제를 추궁하는 정도에 머물렀고, 토론의 열기가 격렬했음에 비해 논의의 차원이 다른 질문과 답변이 뒤섞이면서 "민족주의에 대해 회의하고 비판해보자"는 합의 외에는 달리 생산적인 성과를 내지 못했다.[131]

그러나 이 토론회는 이후 민족주의 역사학의 동향에서 볼 때 중요한 의미를 지녔다. 이 공개토론을 계기로 학계 전반에서 민족주의에 대한 관심과 논의가 확대되었으며, 세계사적 관점에서 민족주의에 대한 보편

131) 역사문제연구소. 『역사문제연구』 4(2000.4.)의 종합토론, 5(2000.12.)의 토론마당.

적 이해가 심화되었고, 민족주의 역사학의 진로에 대한 고민도 본격화되었다. 「식민지 수탈－개발론」의 입장에 선 연구자들은 『해방전후사의 재인식』 1, 2권(책세상, 2006)을 간행하여 실증적인 역사연구로 자신들의 입론을 뒷받침하고 민족주의 역사학을 부정하고자 하였고, 포스트모더니즘 및 자유주의 영향을 강하게 수용한 연구자들도 자신들의 문제의식을 역사연구로 구체화한 『근대를 다시 읽는다』 1, 2권(역사비평사, 2006)을 간행하였다. 이러한 연구서들이 간행되면서 민족주의 역사학을 둘러싼 논쟁은 지금부터 본격화될 전망이다.

3. 진전을 위한 단서들과 역사학의 길 찾기

한국 근대 역사학의 주류는 민족주의 역사학이었다. 민족주의 역사학은 일제하에서는 일제의 지배로부터 민족을 해방하기 위해 투쟁하였고, 해방공간에서는 자주적인 민주국가의 수립을 위해 헌신하였고, 남북분단 이후에는 반공독재체제와 분단체제, 근대화지상주의에 맞서 민족자존을 지키고 민주주의와 평화통일, 자유·평등을 실현하고자 노력하였다. 그러나 민족주의 역사학은 1980년대 후반 사회주의체제가 붕괴되고 강대국과 초국적자본이 주도하는 세계화가 전지구적으로 확대되는 격변을 겪으면서 그 존립의 근거와 정체성을 근본적으로 위협받는 거센 도전에 직면하게 되었다.

학문적으로 보면 민족주의 역사학이 시대의 변화 속에서 이러한 도전을 받은 것은 당연한 현상이다. 역사가는 자신이 살고 있는 당대의 필요와 관심 —개인적인 것이든, 사회적인 것이든—에서 과거를 연구하고 해석한다. 모든 역사연구는 그 연구가 행해진 당대의 사회적, 사상적 조건에 제약되는 일종의 사회적 실천이고, 그 점에서 역사는 미래와 과거의 대화이다. 그런 까닭에 사회적 조건과 현실의 필요가 달라지면 그에 따라 역사학도 변화할 수밖에 없다. 그러므로 바람직한 것은 역사학이 사회변화를 시차 없이 소화할 수 있는 학문적 유연성과 자기 혁신성을 확보하는 것이다. 그러나 현실에서 역사학이 그렇게 되기는 쉽지 않다. 역사학은 역사가가 구성한 사실에 의해 뒷받침되는 고도로 논리화된 해석체계이므로 이를 유연하게 변화시키는 것 자체가 쉬운 일이 아니다. 더욱이 그 해석이 다수의 지지를 획득해 지식권력으로 전화되기에 이르면 시의적절한 자기 혁신은 더욱 힘들어진다.

현재의 민족주의 역사학은 세계사적 격변을 시차 없이 소화하지 못하고, 그 괴리된 틈새로 밀고 들어온 외부의 공격을 받고 당혹해 하고 있다. 민족주의 역사학이 먼저 살펴야 할 것은 자신을 부정하는 외부의 비판자가 아니라 이러한 처지에 놓이게 된 스스로의 모습이 아닐까. 지금 긴요한 것은 역사학이 그 본연의 역할에 충실할 수 있도록 스스로를 혁신하고 학문적 유연성을 회복하는 일이다. 그렇게 하자면 과거로부터 인문성은 충실히 계승하되 역사해석체계로부터는 자유로워져야 하며 개방적인 자세로 겸허히 현재의 문제에 직면해 새로이 길을 찾아 나서야 한다. 보편적 가치를 가진 이전의 학문적 유산들 또한 그러한 노력을 통해서만 현재적 생명력을 되찾게 될 것이다.

지금 민족주의 역사학에 대해 가해지고 있는 비판은, 비록 그 목표가 민족주의 역사학의 부정이나 해체에 있다고 하더라고, 민족주의 역사학으로 하여금 그 현실적 생명력과 학문성을 되찾게 하는 핵심적인 단서를 제공하고 있다. 그 비판을 실마리로 삼아 이하에서는 민족주의 역사학이 역사학 본연의 학문성을 되찾는 길을 모색해 본다.

먼저 검토할 것은 탈'민족', 탈'국가'론에 선 비판이다. 탈'민족', 탈'국가'론을 주장하며 민족주의 역사학의 존립근거를 부정한 비판은 포스트모더니즘 및 자유주의의 영향을 강하게 수용한 연구자들로부터 제기되었다. 그들의 비판은 '국가'와 '민족'은 집단 이기주의를 추구하는 도구이자 이데올로기로 파악하는 데서 출발한다. '국가'와 '민족'은 공리주의에 입각한 근대적 이성의 산물로 차별과 억압을 동반하지 않을 수 없기 때문에 가장 소중한 가치인 개인의 자유와 인권, 공공성과 평화가 보편적으로 실현될 수 없도록 저해한다. 집단이기주의는 어떠한 명분을 내세우던 반인간적이고, 반생명적이고, 반도덕적이다. 따라서 '국가'와 '민족'은 해체되어야 한다는 것이다. 이들은 현실적으로도 지금 전지구적으로 도도한 흐름을 형성하고 있는 세계화와 정보화가 급속히 국민국가와 민족의 경계를 허물고 공동화시켜 가고 있어 탈'국가', 탈 '민족'은 불가피할 것으로 주장한다.

물론 이들의 비판은 경청할 가치가 있다. 근대적인 자유, 평등, 권리 개념의 제한성과 차별성, 집단주의적, 공리적 이성의 야만성과 반생태성 등에 대한 비판은 탁월하다. 그러나 근대성의 이러한 한계와 야만성을 비판하는 것이 곧 국가를 부정할 이유는 되지 못한다. 근대 국가와 그 국민의 형성을 목표로 하는 민족주의가 근대 이성의 산물인 것은 사실이다.

그러나 국가와 국민의 근대에만 존재했던 것은 아니다. 국가는 사람들이 집단을 이루어 상호 의존적으로 생존하는 사회에서는 그 사회의 유지와 공통선을 위해 그 성원들이 형성하지 않을 수 없는 자족적이고 자율적인 결합관계이자 그 구성체이다. 이 목적을 위해 통상 국가는 그 자체가 막강한 힘을 지니고 사회 내부의 변동과 환경의 변화에 대응하여 합목적적이고 지속적으로 영향력을 행사한다. 그런 까닭에 그 구체적인 구성방식이나 구조, 기능, 역할에서 차이가 있지만 국가는 선사시대부터 현재에 이르기까지 인간이 사회를 이루고 생존한 곳에서는 언제나 존재하였다. 국가나 권력을 구성하고 운영하는 방식이나 양상은 시대에 따라 달랐고, 동일한 시대라 하더라도 그 국가의 역사문화적 특성과 주변 국가와의 관계에 따라 달랐다. 역사상 존재하였던 국가는 상반되는 두 가지 성격, 즉 권력의 지배체제와 공영의 생활 체계라는 성격을 모순적으로 공유하였는데 어느 방향을 지향하는 가에 따라 그 구조와 기능, 양태가 달랐다.

또한 국가는 그 힘의 원천이 국민이기 때문에 국민을 사상적, 문화적, 정서적으로 통합하고 국가에 대한 충성심을 높이는 일을 자신의 중요한 기능 가운데 하나로 삼았다. 물론 시대에 따라 국가의 정책의 목표로 삼았던 대상은 달랐다. 소국이나 촌락의 수장층이 대상이었던 시대도 있었고, 세대공동체나 가문의 지도자들 혹은 가족의 대표가 대상이 되던 시대도 있었고, 근대와 같이 개인이나 단체가 대상이 되는 시대도 있었다.

포스트모더니즘의 비판이 표적으로 삼았던 대상은 근대적 현상으로서의 국민국가와 그 민족주의이다. 포스트모더니즘은 근대적 이성에 의거해 성립된 국가와 국민형성을 비판해 그 속에 은폐되어 있는 불합리와 차별, 억압 등의 비인간성과 야만성을 폭로한다. 물론 그러한 비판은 중요한 가치를 지니며, 역사상 존재했던 모든 국가와 권력을 대상으로 하더라도 성립될 수 있다. 그러나 국가를 비판하는 것과 국가 자체를 부정하는 것은 다르다. 인간의 파괴적 이기심과 일탈, 야만을 비판하는 것과 인간의 존재 가치 자체를 부정하는 것이 다른 것처럼. 국가를 해체한다는 것은 다음 두 가지 경우에만 가능할 것이다. 하나는 인간이 사회적 생존을 포기하는 경우이다. 다른 하나는 개인이나 생존 단위들이 모두 고도의 도덕성과 사회성을 체현하여 국가라는 구성체에 의거하지 않고 완전히 자율적으로 대등하게 교류하며 살아갈 수 있게 되는 경우이다. 전자는 애초 불가능한 경우이고, 후자 또한 현실에서 도달하기가 매우 어렵고 요원하다.

또한 세계화와 정보화가 국가와 민족을 공동화시키는 방향으로 작용한다는 점을 인정하더라도 그 반대 작용 또한 매우 크다. 세계화는 국가 간의 경쟁을 격화시키는 요인으로 작용하고 있고, 초국적자본 또한 국민국가를 자신의 자본축적활동에 유리하도록 조정하고 통제하려 할 뿐 이를 해체하려 하지 않는다. 국민국가가 초국적자본의 활동에 장애가 되기도 하지만, 반대로 그들이 안전하게 활동할 수 있는 조건을 제공할 수 있기 때문이다. 정보화의 작용 또한 그 기대효과가 과장되어 있다. 정보화가 문화 교류를 쉽게 하고 문화 융합을 촉진시키는 작용도 하지만, 동시에 문화 간의 경쟁이나 패권주의를 강화시키는 요인이 되기도 한다.

따라서 탈'국가', 탈'민족'을 주장하며 민족주의를 부정하는 것은 현실성이 없고, 민족허무주의라는 비판을 면하기 어렵다. 포스트모더니즘 계열에서 제기한 근대 국가 및 민족주의의 불합리와 야만성에 대한 비판을 적극적으로 수용하고, 국가와 민족을 부정하는 대신 그 모순을 해결하는 새로운 국가구성과 국민형성의 길을 모색하는 것이 바람직하다.

이와 관련해 검토가 필요한 문제는 민족주의의 폐기를 주장하는 「식민지 수탈-개발론」 내지 「종속적 근대화론」자들의 견해이다. 그들의 주장은 민중적 민족주의가 지지한 「근대화 노선이 「내재적 · 자립적 근대화」 내지 「사회주의적 근대화」 노선이었고, 그 노선을 추구했던 북한은 '인간 정신의 자유를 철저히 말살하는' 수령체제로 귀착되고, 경제적으로도 인민을 기아의 늪으로 몰아넣는 참담한 지경에 이르고 말았기 때문에 민중적 민족주의는 부정되고 폐기해야 한다는 것이다.[132] 그러나 그 주장은 「내재적 · 자립적 근대화」 노선과 「종속적 근대화」 노선 가운데 후자가 성공의 길이며, 후자의 노선을 추구하기에 적합한 국가체제와 리더십, 국민적 문화와 가치관을 형성하자는 것일 뿐, 근대적 내셔날리즘 자체를 부정하는 것은 아니다. '민족주의'는 자립적 경향이 기본 성향이므로 부정하는 것이고, 대신 「종속적 근대화」노선과 대립하지 않는 '국민주의'를 추구하는 것인데, 그 '국민주의' 자체가 근대적 내셔날리즘의 한 변형일 뿐이다.

「식민지 수탈-개발론」자들이 지적한 대로 사회주의 체제는 실패하였고, 민중적 민족주의 계열의 역사연구에서 「내재적 · 자립적 근대화」 노선에 입각해 식민지 시기와 해방공간에서 사회주의계열이 택했던 건국노선을 긍정적으로 평가하는 연구가 많았던 것은 사실이다. 그러나 이와 관련해 다음 세 가지 점은 명확히 하고 싶다.

첫째, 북한에서 사회주의가 실패한 원인이 해방공간에서 북한이 선택한 근대화 노선에 있다는 식의 논리는 결코 합리적이지 않다. 전후 남한

---

132) 이영훈. 2006. 「왜 다시 해방 전후사인가」. 『해방전후사의 재인식』 1. 책세상.

과 같은 길을 택했던 신생 독립국들이 전부 경제개발에 성공했던 것이 아니었듯이 현재의 성공과 실패를 가르는 데에는 그 선택 외에도 여러 중요한 요인들이 복합적으로 작용하였다.

둘째, 최장집이 지적하였듯이 식민지시기에 형성된 민중적 민족주의의 패러다임이 북한의 건국과정에서 실현된 것이 아니었다. 식민지하에서 형성된 민중적 민족주의는 보편주의, 평등주의, 국민주의, 민중주의를 중심으로 하는 패러다임이었다. 그러나 북한의 건국과정은 수동혁명적 성격이 강했고, 냉전 하에서 작동된 북의 민족주의도 강력한 당 관료조직의 확대에 의한 농민의 위로부터의 동원, 대중동원의 이데올로기로서 메시아니즘적 유일 주체사상의 강화, 쇼비니즘적 반외세주의 등을 그 내용으로 하였다는 것이다. 이 시기를 대상으로 한 민중적 민족주의 계열의 역사학 연구를 보더라도 이념적 지향이나 역사평가가 결코 단일하지 않으면 그 스펙트럼이 넓다. 그러므로 자신들의 비판과 합치하는 몇몇 연구를 지목하여 마치 민중적 민족주의 계열의 역사연구 전체가 북한이 걸어간 실패한 노선을 지지한 것처럼 몰아가는 것은 무리한 주장이다.

셋째, 민중적 민족주의 역사학이 추구해 온 가치는 사회주의 체제의 해체 여부와 상관없이 여전히 중요하다는 것이다. 보편주의, 평등주의, 국민주의, 민중주의가 그러하고, 약소민족의 해방과 반제국주의, 국제적 평화공존과 상호협력, 민주주의 등이 그러하다. 이러한 가치는 인류의 오랜 이상이기도 한 보편적 가치들이다. 물론 「식민지 수탈－개발론」자들은 여기에 동의하지 않을 것이다. 그들이 정의로 믿는 것은 민주주의와 시장경제뿐이며, 그것에 상응하는 자유와 이기심을 최고의 사회적 가치로 추구한다. 그들은 사회주의 체제가 몰락하고 신자유주의적 세계화가 확대되는 오늘의 현실을 역사발전의 최종 지점으로 상정하는 까닭에 그렇게 한다.[133] 그러나 그것이야말로 신자유주의적 세계화가 이상적으로 팽창하는 특정 국면에서 일시적으로 유효할 특수한 가치가 아닐까?

이상의 검토를 단서로 삼아 한국의 역사학이 나아갈 길을 모색하면 먼저 민족주의 역사학의 진보적 가치를 계승하고, 인류의 오랜 이상인 자유와 평등을 조화롭게 실현하는 국가와 세계를 만드는 데 학문적으로 기여하는 역사연구를 발전시켜야 할 것이다. 역사학이 그 방향으로 나아가자면 '국가'와 '민족' 개념에 대한 근본적인 성찰이 필수적이다. 역사학에서 국가는 권력의 지배체제로 인식된다. 역사상에 존재했던 국가권력은 보편적 가치와 공통선을 추구한다는 명분을 내걸었지만 그 실질에서는 공리적 가치를 추구하였고, 그로 인해 배제되고 차별받는 집단에 대해 자신의 의지를 관철시키는 물질적인 힘을 구사해 왔다. 근대적인 시장경제와 조화를 이루는 민주주의란 시장에서 공리적 가치의 추구를 극대화하고 이로 인해 초래되는 피해대중의 저항이 시장경제체제를 파괴하거나 심각하게 동요시키지 않도록 대의 민주적인 정치제도를 이용해 적당하게 조정하고 통제하는 민주주의를 의미한다. 그러한 까닭에 그러한 민주주의 하에서는 보편적인 평등과 자유, 인권의 실현은 제약될 수밖에 없고, 그 피해는 소수자나 약자층일수록 더욱 크다. 사회주의 국가 또한 그 해체국면에서 폭발한 민족혁명이나 인민봉기에서 보듯이 국가는 공리적 가치를 추구하는 권력 즉 공산당과 국가관료의 지배체제 이상이 아니었다. 근대의 '민족' 혹은 '민족주의' 개념은 권력의 지배체

133) 이영훈. 2006. 앞의 논문.

제였던 국가의 국민형성과 국민통합 및 동원 이데올로기이거나, 그러한 국가 구성을 목표로 한 혁명운동이나 저항운동의 이념이었다. 포스트모더니즘 계열의 근대 '국가'와 '민족'에 대한 비판은 이 점에 초점을 맞춘다. 일제의 식민지 지배에 저항했던 민족운동가들 가운데에도 독립국가 건설을 구상할 때 이러한 한계를 극복할 수 있는 방안을 찾기 위해 고민하였던 자들이 있었다. 비록 현실적인 구상을 마련하는 데는 성공하지 못했지만 신민족주의 계열의 민족운동가들이 그들이었다.[134)]

민족주의 역사학은 앞으로 이 한계를 극복하는 방안을 진지하게 고민해야 한다. 그 문제를 해결할 것이라 기대했던 사회주의 체제는 그 한계를 더욱 심각하게 노정했고 끝내는 몰락하고 말았다. 그렇다고 「식민지 수탈－개발론」이 이상으로 추구하는 신자유주의적인 시장민주주의체제가 민족주의 역사학이 추구해 온 인문적 가치를 실현하는 국가상이라 보기는 어렵다. 따라서 민족주의 역사학은 이 시점에서 국가와 민족 개념을 새롭게 정립할 필요가 있다. 새로운 개념을 모색하는 데 참고가 될 자료는 역사적으로 풍부하게 존재한다. 고대 그리스에서 국가와 정치의 실상과 이상을 학문적으로 연구하였던 아리스토텔레스는 국가를 "인간의 본성에 기인하여 최선의 삶을 목적으로 하는 자족적 인간결합"으로 정의하였다. 이상적인 국가상으로 국민 모두가 최선의 삶을 추구할 수 있게 결합된 자족적 구성체를 제시한 것이다. 『예기』의 「예운」편에도 이상적인 국가상을 추호도 천하(天下)를 자기의 사유물로 생각하지 않으며 모든 사람이 공도(公道)를 함께 실천하는 대동사회로 제시하고 있다.

134) 김인식. 2005. 『민세 안재홍의 신국가건설운동 1944-1948』. 선인 ; 박찬승. 2007. 『민족주의의 시대』. 경인출판사.

권력이 국민으로부터 분리되어 존재하지 않는 국가, 평등하고 자유로운 공생이 가능한 공영의 생활 체계로서의 국가를 상정하는 것이다. 다소 추상적이지만 자유와 평등을 구현할 국가개념으로 탈'권력'의 공화주의 자치공동체를 설정하고 이를 실현할 정치적 소통 및 공영체계와 경제적인 생산체계를 구체화 할 사상적, 이론적 자원을 현실과 역사 속에서 찾아야 할 것이다.

'민족주의' 혹은 '국민주의'의 개념 또한 그 관점에서 새롭게 정립해야 할 것이다. 탈 '권력'의 공영의 생활체계로서의 국가는 법과 제도, 정책만으로 만들어 질 수 있는 것이 아니다. 하나의 체계이므로 구성 및 운영원리로서 법과 제도가 필요하지만, 그 법과 제도가 기본적으로 사회위에 군림하는 권력의 강제에 의해서가 아니라 국민의 자율적인 행위를 통해 성립하고 기능이 발휘되어야 만 공영의 생활체계가 수립될 수 있다. 그러므로 국가 구성원들이 이러한 자율성을, 달리 말해 공통선과 공공성을 추구하는 가운데 화합하는 자치문화를 체현하도록 사회성을 개발하고 함양해야 한다. 이와 관련해 앞서 소개한 『예기』「예운편」에는 "대도(大道)가 행해지던 시대에는 천하를 자기의 사유물로 생각지 않고 공공(公共)의 것으로 여겨왔다. 그리하여 임금이 된 자는 이것을 자손에게 넘겨주지 않고 착하고 유능한 자를 뽑아 전수(傳授)했다. 신의를 강습하고 화목함을 수행하였다. 그러므로 사람들은 자기 부모만을 친애(親愛)하거나 자기 자식만을 자애(慈愛)하는 일이 없었다. … 재화라는 것은 땅에 버려지는 것을 싫어하지만 반드시 자기 혼자만을 위해 감추어 두지 않았으며 힘이란 반드시 사람의 몸에서 나오지 않을 수 없는 것이지만 반드시 자기 자신의 사리(私利)를 위해서만 쓰지 않았다"고 서술하고 있다. '민족주의'

혹은 '국민주의'를 이러한 공공성과 사회성을 개발하는, 달리 말해 국민을 자율적인 공영의 주체로 성장시키는 사상 및 운동으로 재정립해야 한다. 그러한 방향으로 전환하자면 민족을 초역사적 실체로, 공통의 역사와 문화를 이어받은 인종적 실체로 간주하는 민족주의로부터 벗어나야 한다. 개인주의가 발달하고, 합리적 정신을 개발할 수 있는 교육체계가 발달한 현대사회는 그 어느 역사시대보다 공화주의 자치공동체를 추구할 수 있는 유리한 조건을 갖추고 있다.

이러한 관점에서 민족주의의 새로운 대안으로 제기되고 있는 'civic nationalism('시민적 민족주의' 혹은 '공공적 민족주의')'관심을 기울이고, 이를 더욱 심화, 발전시키는 것이 필요하다. '공공적 민족주의 civic nationalism'는 한 민족국가의 사회경계 내에서 민주주의와 평화의 원리를 실현하는 것이 가장 현실주의적이면서도 가장 이상주의적이라는 문제의식에 입각해 제기되었다. 즉 민족주의가 국가 사회 내부에서 민주주의와 평화를 실현하는 사상 및 운동으로 기능하게 하고, 타인종이나 국가를 배척하거나 공격하는 이데올로기로 작동하지 않게 방향을 전환하는 것이다.

'국가'와 '민족' 혹은 '민족주의' (또는 '국민주의')의 개념을 이와 같은 방향으로 전환하면 개인의 의식과 가치, 일상의 삶에 관심을 두는 미시적 차원의 연구와 국가와 사회체제라는 거시구조적 연구를 유기적으로 결합하고 통일적으로 인식하는 길이 열린다. 이러한 연구방법으로는 사회구조와 행위를 상호의존적 · 순환적인 것으로, 통일적인 것으로 이해하고자 하는 사회학계의 새로운 연구들이 참조가 된다[135]. 기든스나 부르

135) 구조/행위의 통합을 추구하는 이론적 경향 및 그 성과에 대해서는 다음 연구를 참조.

디외, 무젤리스 등이 이를 대표하는 데 그들의 연구에 의하면 '사회구조=사회적 공간'은 상이한 '사회적 위치들=주체위치들'이 형성하는 관계들의 총체로 이해된다. 여기서 '사회적 위치들=주체위치들'이란 행위 주체들의 의식이 형성되고 실천(행위)이 이루어지는 사회적 장소를 의미하며, 따라서 그것은 사회구조 속에서 개인(존재)들이 차지하는 '관계적 위치'이고 '관계의 형성'이 이루어지는 공간이다. 그런 만큼 이 위치들은 다양한 물질적・관념적 자원 및 규칙들의 분배관계, 그리고 이에 따른 지배, 종속 관계를 내포한다.

다시 말하면 이들 이론에서는 사회적 존재로서의 인간은 정치・경제・문화적 자원의 분배를 둘러싸고 형성된 일정한 사회적 관계 속에 위치한 관계적 행위자 내지 실천자로 이해되고, 이러한 관계행위의 총체가 곧 사회구조가 된다는 것이다. 이들은 관계적 행위자인 주체가 어떤 의식을 갖고 어떻게 행위 할 것인가는 구조에 의해 일방적으로 결정되거나 아니면 전적으로 행위자의 자율의지에 따라 결정되는 것이 아니라고 본다. 그것은 시간적 과정 속에서 진행되는 '객관적 구조-구조의 객관적 계기'와 '주관적 구조-구조의 주관적 계기' 간의 상호작용에 달려 있다고 보는 것이다.

이 이론에서 사회나 사회구조 혹은 '체계'(체제) 등은 '사회적 위치들'이 형성하는 관계의 총체 혹은 관계망으로 이해된다. 물론 이러한 사회구

정태석. 2002. 『사회이론의 구성』 제2장, 제3장. 한울아카데미 ; 현택수 외. 1998. 『문화와 권력 - 부르디외의 사회학의 이해』. 나남출판 ; 피에르 부르디외. 1995. 최종철 옮김. 『자본주의의 아비투스-알제리의 모순』. 동문선 ; 피에르 부르디외. 1997. 정일준 옮김. 『상징폭력과 문화재생산』. 새물결 ; 앤소니 기든스 외. 1998. 임현진・정일준 옮김. 『성찰적 근대화』. 한울.

조 혹은 관계망은 '사회적 위치들'로 표현되는 그 구성원들에게 부과되는 객관적 권력관계들이고, 개별 행위자들의 의도나 심지어 행위자들 간의 직접적 상호작용으로도 환원될 수 없는 일련의 관계들이다. 그러나 이러한 구조 혹은 '체계'는 '사회적 위치들'의 실천- 부르디외의 '계급투쟁'-을 통해서만 형성되고 재생산될 뿐만 아니라 변형된다.

다른 한편 이 이론은 사회 혹은 사회구조를 형성하고 재생산하거나 변형하는 주체를 '관계적 행위자 =사회적 위치들'과 하비투스 개념으로 이해한다. 사회적 주체로서의 인간은 '사회적 위치들'로서 '관계적 행위'를 하는 존재로 현존하고 있다. 현실의 인간은 다양한 물질적・관념적 자원 및 규칙들의 분배관계 속에 차별적으로 위치하고 있고, 그러한 사회적 위치들은 지배, 종속 관계를 내포하는 '상대적 위치들'이다. '사회적 위치들'은 각각에 특징적인 사고 및 행위성향을 갖는다. 이것이 부르디외가 아비투스로 부른 실천 혹은 행위의 발생도식이 되는 '구조화된 성향'이다. 아비투스는 일시적이거나 우연적인 것이 아니라 연속적이고, 규칙적이며, 행위 주체를 구속하는 제한성을 갖는다. 다시 말하면 '사회적 위치들'은 각각 지배, 종속 관계 속에 위치하면서 그 각각에 상응하는 '구조화된 성향'을 갖고 있는 존재들인 것이고, 따라서 그들은 '구조화된 행위' 또는 '사회적 관계가 각인된 행위'를 하기 때문에 결국 사회구조를 재생산하고 지속시키게 된다는 것이다. 사회구조가 유지되고 재생산되는 것은 '사회적 위치들'의 행위가 사회구조와 하비투스의 복합적 작용 속에서 발생하는 '구조화된' '관계적' 실천이기 때문이라는 것이다[136].

---

136) 정태석. 2002. 앞의 책. 76-85쪽, 112-115쪽.

행위, 구조를 통합적으로 이해하려는 이상의 논의들은 사회구조나 변동을 보다 과학적으로 이론화하기 위한 시도였지만, 그 바탕을 이루었던 중요한 문제의식은 인간이라는 종의 생존을 더 이상 보장하지 못할 정도로 자기파괴적이 된 근대 자본주의체제의 위험을 넘어설 학문적 근거를 발견하려는 것이었다. 그들은 세계화에 비판적이었고, 세계화 체제를 대체할 보다 합리적인 사회구성의 원리와 그러한 사회로 이행할 동력을 찾고자 하였다. 논자에 따라 다소 차이는 있지만 공통적으로 전망하는 것은 체제합리성을 초월 - 기든스에 의하면 '탈전통' - 하여 자기 생애에 주체가 되는 자율적 생활방식, 전 지구적 차원의 새로운 상호의존을 형성하는 소통과 연대, 사회와 자연의 공존을 추구하는 환경주의적 생존방식을 새로운 사회구성의 원리로 제시하고 있다[137].

한국 근현대의 역사에서 민족주의 역사학은 민족주의의 한 부분으로 일제 강점기에는 민족해방운동으로, 분단체제 하에서는 반체제운동의 이념적 자원, 즉 정치적 지배와 사회의 구조를 비판적으로 인식하는 비판적 언술 내지는 이념적 틀로서 기능하였다. 그로 인해 기존 질서에 대한 현실적 프로그램이나 대안으로 내용을 가지기보다 기존 질서를 비판하고 무너뜨리는 데 기여하는 방향으로 발전해 왔다. 역사적 대안으로 기대를 가졌던 것은 사회주의나 민주주의, 민족통일 등이었다. 그러했던 까닭에 기존의 체제와 질서를 비판하면서도 이를 극복할 대안 모색에서는 구체성과 현실성을 갖지 못했고, 논의를 관망하고 논평하는 위치로 한발 물러설 수밖에 없었다. 포스트모더니즘 계열의 비판이나 「식민지 수탈-

137) 앤소니 기든스외. 1998. 앞의 책.

개발론」의 비판에 대해 적절하게 대응할 수 없었던 이유 또한 이와 무관하지 않았다.

세계사의 격변 속에서 민족주의 역사학은 이제 새로운 길을 찾아 나서야 하는 시점을 맞게 되었다. 이제 역사학은 비판과 저항의 길을 넘어 민중적 민족주의 역사학이 추구해 온 보편적 가치와 인문성을 바로 이 시점에서 국가적으로, 동시에 세계적으로 실현할 수 있는 새로운 역사발전의 길, 역사 만들기의 길을 찾아 나서야 한다. 이 도전이 성공하기 위해서는 무엇보다도 민족주의 역사학의 성과에 대한 비판을 통해 무엇을 계승하고 무엇을 버릴 것인가를 점검해야 한다. 칼 맑스가 한 아래의 지적은 지금 민족주의 역사학이 귀 기울여 새겨야 할 대목이다.

"인간은 자신의 역사를 만들어 가지만, 자신이 바라는 꼭 그대로 만드는 것은 아니다. 인간은 스스로 선택한 환경 속에서가 아니라, 이미 존재하는, 주어진 물려받은 환경 속에서 역사를 만들어 가는 것이다. 모든 죽은 세대들의 전통은 악몽과도 같이 살아 있는 사람들의 머리를 짓누른다."(『브뤼메르 18일』)

참고문헌

김인식. 2005. 『민세 안재홍의 신국가건설운동 1944-1948』. 선인.

노태돈. 1991. 「해방후 민족주의사학론의 전개」. 『현대한국사학과 사관』. 일조각.

모르치오 비롤리. 2006. 『공화주의』. 인간사랑.

박영도. 1994. 「현대사회이론에서의 비판패러다임의 구조변동」. 서울대학교 사회학과 박사학위논문(미간행)

박찬승. 1994. 「분단시대 남한의 한국사학」. 『한국의 역사가와 역사학』. 창작과 비평사.

박찬승. 2007. 『민족주의의 시대』. 경인출판사.

서동만. 2000. 「북한체제와 민족주의」. 『역사문제연구』 4.

안병직 · 이대근 · 中村哲 · 梶村秀樹편. 1989. 『근대조선의 경제구조』. 비봉출판사.

안병직 · 中村哲 공편. 1993. 『근대조선 공업화의 연구 -1930~45-』. 일조각.

안병직. 1994. 「한국에 있어서의 경제발전과 근대사연구」. 『전국역사학대회발표요지』.

앤소니 기든스 외. 1998. 임현진 · 정일준 옮김. 『성찰적 근대화』. 한울.

역사문제연구소 편. 1996. 『한국의 '근대'와 '근대성'비판』. 역사비평사.

역사문제연구소. 2000. 『역사문제연구』 4(2000.4.)의 종합토론, 5(2000.12.)의 토론마당.

오문환. 2005. 「동학에 나타난 민주주의 : 인권, 공공성, 국민주권」. 『한국학논집』 32.

이승렬. 2007. 「'식민지근대'론과 민족주의」. 『역사비평』 80. 역사비평사.
이영호. 1994. 「해방후 남한의 한국사연구 성과와 과제」. 『한국사』 23. 한길사.
이영훈. 1995. 「한국사에 있어서 근대로의 이행과 특질」. 『제 39회 전국역사학대회발표요지』.
이영훈. 2006. 「왜 다시 해방 전후사인가」. 『해방전후사의 재인식』 1. 책세상.
이윤갑. 1997. 「일제시대 사회성격론」. 『한국근현대의 민족문제와 신국가건설』. 지식산업사.
이윤갑. 2005. 「일제의 식민지 지배와 마을문화의 해체」. 『한국학논집』 32.
이해준. 2005. 「한국의 마을문화와 자치 · 자율의 전통」. 『한국학논집』. 32.
임지현. 1994. 「한국 사학계의 '민족'이해에 대한 비판적 검토」. 『역사비평』 26.
임지현. 1999. 『민족주의는 반역이다』. 소나무.
정태석. 2002. 『사회이론의 구성』. 한울아카데미.
정태헌. 2007. 『한국의 식민지적 근대성찰』. 선인.
최장집. 1996. 「한국 민족주의의 특성」. 『한국민주주의의 전망과 조선』. 나남출판.
최장집. 2007. 「한국민족주의의 특성」. 『민족주의, 평화, 중용』. 까치.
피에르 부르디외. 1995. 최종철 옮김. 『자본주의의 아비투스 - 알제리의 모순』. 동문선.
피에르 부르디외. 1997. 정일준 옮김. 『상징폭력과 문화재생산』. 새물결.
한국역사연구회. 1992. 「근현대역사학의 발전」. 『한국역사』. 역사비평사.

허수열. 2005.『개발없는 개발-일제하 조선경제 개발의 현상과 본질』. 은행나무.

현택수 외. 1998.『문화와 권력 - 부르디외의 사회학의 이해』. 나남출판.

한국 미학 : '무의식의 미'에서 한국인의 미의식으로

강 영 희 (문화평론가)

1. 야나기 무네요시의 한국미론과 일본 국학의 사상

식민지시대로부터 탈식민지시대인 오늘에 이르기까지 우리 인문학의 핵심인 한국학의 출발점은 **나는 누구인가** 라는 명제이다. 이 명제의 바로 뒤에는 **나는 너와 어떻게 소통할 것인가** 라는 명제가 숨막히게 가로놓이며, 언제부턴가 인문학의 주제가 전자를 뛰어넘어 후자로 옮아간 것처럼 보이기도 한다. 하지만 적어도 우리 인문학의 경우 여전히 전자는 후자를 위한 선결 과제인 것이 사실이다. 후자의 중요성을 폄하하려는 것은 아니다. 그럼에도 전자에 대한 대답이 만족스럽지 못할 경우 후자에 대한 대답은 뿌리없이 허공에 뜬 이야기가 될 수밖에 없다. 따라서 날이 갈수록 주체를 열어젖히고 해체하여 마침내 주체를 존재와 존재 사이의 소통을 위한 정거장쯤으로 인식하는 오늘의 학문적 흐름에서 의도적인 정지(pause)의 상태를 가까스로 유지하기란 갈수록 어려워짐에도 불구하고,

소통(疏通)의 명제를 등에 진 채 자꾸만 주체(主體)의 명제를 돌아보지 않을 수 없다. 언젯적 한국학을 지금도 부여잡고 있어야 하는 사정이 여기 있다.

한국 사상이나 한국 철학의 경우에도 사정은 다르지 않지만, 한국 미학의 경우에는 문제가 좀더 심각하다. 세계화의 시대, 문화의 시대, 한류의 시대를 맞이하였음에도 불구하고, 한국 미학에 대한 논의는 주춧돌조차 제대로 놓여 있지 않은 것이 현실이다. 한국 미학의 문제는 일제 강점기 직후 야나기 무네요시(柳宗悅, 1889-1961)라는 일본인에 의해 잘못된 주춧돌이 놓인 이래, 오늘에 이르기까지 그것을 고스란히 확대 재생산하며 이어져왔다. 이것을 한마디로 정리하면 일본판 오리엔탈리즘(orientalism)의 식민미학(植民美學)이다.

야나기 무네요시에 대해 이야기하기 전에 먼저 우리에 대해 이야기해 보자. 우리가 생각하는 우리 자신은 누구인가. 우리가 생각하는 한국인은 누구인가. 이와 관련해서 떠오르는 다음의 항목들을 열거하다 보면, 이것은 결국 한국인의 정서, 한국인의 미의식과 통하는 문제임을 알 수 있다.

> 백의민족(白衣民族), 순백(純白)의 아름다움, 비애(悲哀)의 미, 선(線)의 미, 슬픔의 미학, 한(恨)의 미학 / 자연스러움의 미학, 꾸밈없는 자연스러움, 기교가 없는 아름다움, 작위적이지 않은 자연미.

우리는 어린 시절부터 대략 감상적인 수필체로 쓰여진 이같은 내용의 글들을 교과서나 저널리즘 등지에서 지속적으로 접하며 자라났다. 이에 따라 우리 마음의 한복판에는 옳고 그르고를 따지기도 전에 이같은 자의

식이 어느덧 자리잡았다. 그런데 위에 열거한 항목들을 자세히 살펴보면, 이것들은 정서 또는 미의식에 대한 것이면서 동시에 그 이상이라는 사실을 알 수 있다. 그러니까 정서 또는 미의식이란 결국 주체의 문제 즉 나는 누구인가라는 질문과 직결된다.

이제 다시 한번 이야기해보자. 이것들이 정말 우리가 생각하는 우리 자신과 관계가 있는가. 우리는 정말 '비애의 미'와 '작위적이지 않은 자연미'와 관련된 미의식을 지니고 있는가. 이에 대한 대답을 논하기 전에, 먼저 이같은 담론이 생겨나게 된 역사적 연원에 대해 살펴보자. 그런데 바로 이 대목에서 우리는 일본인 야나기 무네요시의 이야기를 하지 않을 수 없다. 그가 바로 한국미를 '비애(悲哀)의 미'와 '무작위(無作爲)의 미'로 규정한 장본인이기 때문이다.

> [1-1] 백의민족, 중국과 특히 일본에서는 그처럼 다양한 색채의 의복이 발달하였는데, 왜 이웃 나라인 조선에서는 그러지 못했는가? 입고 있는 의복의 색은 **아무런 색도 지니지 않은 흰빛**이 아닌가. 그렇지 않으면 색이 가장 적은 연한 옥색이 아닌가. 늙은이나 젊은이나 남자나 여자나 다 같은 색의 옷을 입는다는 것은 어찌된 연유에서일까? 이 세상에는 나라도 많고 민족도 많다. 그렇지만 이처럼 기이한 현상은 어느 곳에서도 찾아볼 수 없다. 나는 역사가가 아니므로 이러한 의복이 어느 시대에 생겼는지 단정할 근거가 없다. 그러나 흰옷은 언제나 **상복**이었다. **쓸쓸하고 조심성 많은 마음의 상징**이었다. 아마 이 민족이 맛본 **고통스럽고 의지할 곳 없는 역사적 경험**이 이러한 의복을 입는 것을 자연스럽게 만들어버리지 않았나 생각한다. 어쨌거나 색이 빈약하다는 것은 생활에서 즐거움을 잃었다는 분명한 증거가 아니겠는가?[138]

138) 야나기 무네요시. 1996. 심우성 옮김. 「조선의 미술」. 『조선을 생각한다』. 학고재.

[1-2] 예술에서 선의 요소를 다량으로 포함하고 있는 경우를 찾는다면 조선의 예술이야말로 그 적절한 예가 되지 않겠는가? … 시험삼아 조선의 수도를 방문하여 남산에 올라가 시가지를 내려다보기로 하자. 눈에 비치는 것은 가옥 지붕에 나타나는 한없는 곡선의 물결이 아닌가... 시대를 거슬러 올라가지만, 저 대동강 부근에 있는 고구려시대의 벽화에서도 마찬가지이다. 중국 양식을 모방한 것이겠지만 조선의 아름다움이 번져 나오고 있다. 벽에 그려진 네 신, 즉 현무와 주작과 청룡과 백호를 보라... 그것은 선 속에 있는 무늬라 해도 좋을 것이다. 가늘고 긴 곡선이 모든 것을 지배하고 있다. 선에 의해 표현된 무늬의 극단적인 실례일 것이다.[139]

[1-3] 저 **호소하는 듯한 선** 속에서 말할 수 없는 정을 읽지 못할 사람이 있을까. 그 기물은 하나의 확실한 실체라기보다는 오히려 흐르는 곡선이라 말하는 쪽이 사실에 더 가까울 것이다.… 끊어질 듯하면서도 계속 이어지는 그 선은 무엇을 말하는 것일까? 선은 **쓸쓸함의 아름다움**을 우리에게 보여준다. 동경하는 **마음의 눈물**을 유도한다. 선에 사는 기물은 **정의 기물**이다.[140]

[2-1] 질이 떨어지는 경우는 조잡하다고 할 수 있지만 뛰어난 작품은 천진스러우며 자연스러워서 최고의 미를 만들어낼 수 있는 요소를 갖추고 있다. 거기에는 천연이 부여해준 **무기교의 기교**가 있다. **인공적인 작위가 적기 때문에 자연스럽게 살아 있다.** 시대가 내려옴에 따라 기교는 복잡해지는 것이라고 하지만 조선시대의 요예만은 놀랄 정도로 예외이다.[141]

[2-2] 저 아무것도 배우지 못한 조선 도공들에게 그러한 **지적 의식이 있었다고는 생각할 수 없다. 아니, 이러한 의식에 사로잡히지 않았기 때문에**

139) 같은 책.

140) 야나기 무네요시. 1996.「도자기의 아름다움」. 같은 책.

141) 야나기 무네요시. 1996.「조선시대 요(窯) 만록(漫錄)」. 같은 책.

자연스러운 그릇이 만들어진 것이다. … 이도는 태어난 기물이지 만들어진 기물이 아니다. 그 아름다움은 부여된 것이고, 은총이며 주어진 것이다. 자연에 순응하는 태도가 이러한 은총을 받은 것이다.[142)]

[1]의 담론들은 흔히 '비애의 미'로 불리는 내용들이며, [2]의 담론들은 흔히 '무작위의 미' 또는 '무기교의 미'로 불리는 내용들이다. 그런데 이같은 내용들은 다음과 같은 글에서 확인되듯이, 고스란히 한국의 미, 한국인의 미의식의 핵심으로 자리잡아 왔다.

[3-1] 흰빛은 비애의 기치이다. 심리학설에 의하건데, 적색은 감정의 흥분을 일으키고, 청색은 감정의 침정(沈靜)을 준다. 백색은 물리학적으로 색이 아니지마는, 통속적 의미에서의 백색은 감정의 비애를 의미한다. 고래로 혁명의 기는 적색으로 하되, 항복의 기는 백색으로 함이 이것이다. 조선에서 상주는 특히 흰 옷을 입으며, 일본에서도 장식시(葬式時)의 상주는 순백색으로 입는다. 이는 다 한가지의 이례(異例)이다. 백의는 망국민을 상징한다.[143)]

[3-2] 가모노 마부치(1679-1769)는 <만엽집> 연구를 통해 일본의 고대 정신이 작위를 배제한 무위자연의 세계라고 파악했다. 즉 거기에는 사람들이 '천지 그대로의 마음'으로 살았던 원시 자연의 세계가 있다고 말하였다. 그는 일본에서 국학운동을 일으킨 사람들 중 하나인데 일본 고대 정신의 파악을 통해 일본적인 것을 발견하려 했다. 이로부터 약 170년 후 야나기 무네요시는 동양 예술에서 조선은 독자적인 위치를 차지하며, 그 독자성은 비애의 미, 가느다란 선의 미, 무작위의 미라고 제

---

142) 야나기 무네요시. 2004. 김순희 역. 「'기자에몬 오이도'를 보다」. 『다도와 일본의 미』. 소화.

143) 최현배. 1930. 「조선민족갱생의 도」. 열화당.

시했다. 이후 어떤 이유에서인지 모르지만 무작위의 미가 한국미의 요체처럼 자리잡았다.[144)]

일제 강점기의 최현배는 백의는 비애, 상복, 망국민을 상징한다는 야나기의 주장을 고스란히 받아들였다. 해방후 1세대 미학자 김원룡은 한국미는 무의식, 무작위, 무기교의 미라는 야나기의 주장을 한국미에 대한 극찬으로 이해하며 이를 적극적으로 수용하였다(2장에서 인용함). 해방후 3세대 철학자인 탁석산은 일본 국학의 핵심인 일본정신 즉 '작위를 배제한 무위자연의 세계'가 한국미의 요체로 자리잡은 것에 대해 의문을 제기한다.

대체 어떻게 해서 이런 일이 일어났을까. 즉 어떻게 해서 일개 제국주의 지식인 일본인 야나기의 견해가 수많은 식민지 지식인 한국인들의 견해로 '자연스럽게' 수용되었을까. 그런데 이같은 의문에 대한 해답을 찾기에 앞서 우선적으로 밝혀야 할 것이 있다. 그것은 일본인 (야나기)에게서 '비애의 미'와 '무작위의 미'가 의미하는 것이 한국인에게서 그것이 의미하는 것과 다르다는 사실이다.

모토오리 노리나가가 일본의 이니시에노미치(古道)에서 그러한 것을 보았다고 해도 좋다. 노리나가는 카라고코로(漢意)나 불의(佛意)를 비판하고 **야마토타마시이(大和魂)**를 칭송했다. 야마토타마시이라고 하면 왠지 열광적(fanatic)이며 관념에 사로잡힌 것으로 생각되지만 사실은 그 반대다. 관념적인 원리에 달라붙은 편집증적 태도야말로 '카라고코로'인 것이다... 반대로 노리나가는 감정이 지성이나 도덕성보다 심오한 것이 될 수 있다고

---

144) 탁석산. 2000.「한국미의 정체성」.『한국의 정체성』. 책세상.

생각했다. 야마토타마시이란 그렇게 세세한 감정을 존중하는 것이다... **지적, 도덕적 원리에 의해 부정되고 은폐되어 버리는 작은 감정(모노노아와레)을 소중하게 생각하는 것**이 야마토타마시이라고 말한다.[145]

야마토타마시이 또는 대화혼(大和魂)이란 일제강점기 특히 대동아공영권을 외치며 성전(聖戰)으로서의 대동아전쟁을 수행하던 극우 일본인들의 캐치플레이즈로 사용되었던 말이며, 이른바 일본 국학의 '얼'에 해당하는 개념이다. 그것의 핵심이 바로 지(智)에 대비되는 정(情) 즉 모노노아와레라는 것인데, 야나기가 도자기와 곡선(曲線), 백의(白衣) 등 조선의 문화예술 전반에서 눈물겨울 만큼 반갑게 만난 것이 바로 이것이었다. 일본 국학정신의 흐름 속에서 일본 근대사상의 체계를 세운 일본 근대사상사의 대부 마루야마 마사오는 다음 글에서와 같이 일본 국학의 핵심인 '모노노아와레'를 sadness of things 라고 번역했다. 그러니까 '모노노아와레'야말로 야나기가 한국미에 대해 이야기한, 비애(悲哀)는 물론이거니와 무의식, 무작위가 의미하는 바의 진면목에 해당하는 것이다.

다시 말해서 "감동을 받는 것은 바로 사람이 타고난 마고코로(眞心)에 들어맞는 것이며, 감동을 받지 않는 것을 자랑스러워하는 사람은 마치 나무와 돌맹이와도 같다라고 한 것이야말로 바로 노리나가의 주정주의(主情主義)이며... 노리나가의 문학론은... 이런 것들은 모두 자연스러운 인간의 감정이므로, 누구나 그런 감정이 일게 될 것이다. 그런 정이 없다면 마치 바위나 나무와도 같은 사람일 것이다. 그것을 있는 그대로 그려낼 때, 마치 어린 여자아이처럼 어쩔 줄 몰라하며 맹한 부분이 많게 되는

---

145) 가라타니 고진. 2003. 송태욱 옮김. 「일본정신의 기원」. Imagine.

> 것이다"라고 하여 '마스라오 부리'(호쾌한 남성스러움)의 한층 더 깊은 곳에 있는 심정에서 우타 모노가타리의 본질로서의 모노노아와레(sadness of things)를 찾아냈다… '노래가 말하고자 하는 것'인 **'모노노아와레'는 그대로 신토 그 자체의 본질로까지 오르게 된 것이다.**[146)]

이것이 바로 야나기가 한국미에서 친근하게 발견한 '정(情)'이나 '인정(人情)' 또는 '비애(悲哀)'의 본질이다.

> 그는 언제나 곁에서 떼어놓지 않던 조선의 자기에 또다시 마음을 빼앗기고 있었다. 그는 언제나 그 자기들과 이야기를 할 수가 있었다. 그러나 서로 통하는 그 마음은 언제나 그에게 **쓸쓸한 정감**을 자아내게 했다. 그는 그 모습에 나타나는 **미의 쓸쓸함**을 생각하지 않을 때가 없었다… 조용하고 차분한 하얀 유약이나, 그 속에서 소리도 없이 떠올라오는 푸른 화초, 또는 그것들을 둘러싸는 **우아한 선**이 그의 눈에 남모르는 **정(情)의 세계**를 보여주었다. 그는 갖가지 일들을 생각해보았다. 거기에 표현된 인정이나 마음의 하소연이나 또는 그곳에 살고 있는 사람들의 운명이 그의 마음 속을 빈번히 오고갔다. 그리하여 마침내는 언제나 그의 눈에 **눈물이 어리는 것**이었다.[147)]

이제 조금 분명해지는 것이 있다. 그러니까 야나기는 일본 국학의 핵심 정서인 모노노아와레를 한국 예술에서 발견하고 기뻐했던 것이다. 그렇다면 한국인들은? 한국인들은 무엇보다 망국민의 설움을 달래주고 위로해주는 호의적인 일본인의 마음을 기쁘게 받아들였던 것이며, 그처럼

---

146) 마루야마 마사오. 1995. 김석근 옮김. 「일본 정치사상사 연구」. 통나무.
147) 야나기 무네요시. 1996. 「그의 조선행」. 앞의 책.

우호적인 마음 위에서 아마도 정(情), 인정(人情), 비애(悲哀)는 다정한 한국인에 대한 호의적인 감정 플러스 망국민의 설움에 대한 동정쯤으로 이해하고 나아가 무작위(無作爲), 무기교(無技巧)는 자연친화적인 천지인 합일의 사상쯤으로 받아들였을 것이다.

> 내가 지금 그 시대적 양상이 너무나 비슷한 관계로 간간이 펼쳐보며 40여 년 전의 옛날과 다름없이 그 **고귀한 인간정신에 대한 감격**을 되새기는 한 권의 책이 있으니 그것은 바로 <조선과 그 예술>이다. 야나기 무네요시는 일본인, 아니 **한국계 귀화인**일지도 모른다.[148]

한국인들은 식민지 치하에서 신음하고 있는 조선인들을 향해 '솟아나는 사랑을 당신들에게 보내지 않고는 견딜 수 없다'고 고백한 야나기에게 감격했으며, 결국 그의 견해를 망국의 비애에 사로잡힌 서글픈 심정 속에서 한국인 자신의 견해로 수용하기에 이르렀다. 게다가 1984년 일본인 야나기는 대한민국 정부가 일본인에게 준 최초의 훈장인 대한민국 보관(寶冠) 문화훈장을 받았다. 그렇다면 다시 묻건대, 야나기 무네요시는 누구인가? 우선 그가 일본 귀족 자녀들의 교육기관이자 국학 엘리트의 산실인 학습원(學習院) 고등학교의 우등생이었다는 사실에서부터 이야기를 시작해보자.

> 일본의 대표적인 귀족 교육기관 학습원 고등학교. 야나기는 어떻게 여기에 들어갔을까. 야나기는 해군소장의 아들이다. 일본 군벌의 주류인

---

148) 이한기. 1974. 「야나기 무네요시와 한국」. 『신동아』. 1974년 5월.

사쓰마벌에 속하는 그의 아버지 야나기 나라요시(柳楢悅)는 일본 '해군 창립에 대한 건의서'를 냈으며, 1870년대의 한국 침략시에 실무급의 영관장교였다. 그러니까 그는 일본이 메이지유신 이후 군국주의의 길로 들어서면서 제국주의의 주춧돌을 놓을 때 실무급의 지휘관 역할을 한 인물로서, 1888년 해군제독으로 퇴역한 이후 곧바로 원로원에 들어갔고, 1890년에는 귀족원 위원이 되었다.[149]

야나기 무네요시는 해군제독을 지냈으며 일본 제국주의의 원로 대열에 들었던 아버지 야나기 나라요시 덕분에 황족, 화족의 자식들이 들어가는 학습원에 다녔다. 참고로 덧붙이자면 야나기의 누이는 인천 총영사와 결혼한 뒤 해군대장과 재혼했으며 여동생은 조선총독부의 내무국장과 결혼했을 정도로, 그의 주변에는 조선 침략과 식민지 경영에서 핵심적인 역할을 담당한 일본 제국주의의 엘리트들이 자리잡고 있었다. 결론을 이야기하자면 이렇다. 야나기 무네요시를 '고귀한 인간정신'의 소유자나 '한국계 귀화인'으로 보는 것은 사실과 다르다. 그의 집안은 제국주의 일본의 무반적(武班的) 귀족 가문이었으며, 그 자신도 귀족 자녀들의 교육기관이자 국학 엘리트의 산실인 학습원 고등학교 출신이다. 따라서 그의 사상의 개인적 특성을 십분 고려하더라도, 적어도 그의 글에 등장하는 주요한 개념들이 일본 국학의 맥락(context)에서, 나아가 일본적 미의식의 맥락에서 해석되어야 하는 것은 당연하다.

사람은 지적 근거만이 정확한 것의 기초라고 생각해서는 안 된다. 나

149) 김정동. 1997. 「조선을 사랑한다고 말한 어느 일본인의 궤적」. 『일본을 걷는다』. 한양출판.

는 차라리 변증이 없는 **자연스러운 인정** 같은 것이 오히려 진리의 본질에 가깝다고 생각한다…. 자연스러움에 기초를 둔 감정은 항상 바르고 따뜻한 진리의 세계를 드러내준다. 그러데 **이지(理智)를 위한 이지** 때문에 이 자연스러운 진리가 얼마나 자주 사라지고 있는지 모른다… 일찍이 이지가 따뜻한 우의(友誼)를 보증한 예가 있었는가. 그것은 정(情)이 따뜻하게 해주는 복지가 아니겠는가. 나는 이와 같이 자연스러운 바탕 위에 나의 사상의 기초를 세우려고 했던 것이다.[150)]

다섯 번째 특질은 자연스러움(Naturalness) 또는 필연성이라고 할 수 있다. 쉽게 말하면 의도가 없는, 저절로 된 것이라는 성질이다. 진정한 시부사는 결코 의도적인 것에서 나오지 않는다. 의도가 노출되면 그 때문에 차분함을 잃고 시끄러운 것으로 기울어 시부사에서 멀어진다. 은근한 멋이 있는 것은 이와 같은 뜻에서 생겨나는 것이고 만들어야 하는 것이 아니다. 다인들이 "은근한 아취가 있는 것은 좋고 억지로 아취 있게 만드는 것은 나쁘다"라고 한 것은 과연 명언이다. 임제 선사는 "겸손함에는 조작이 없다"고 했지만 시부사에서는 **조작**(Artifice, Aification)**을 떠난 고요함, 즉 자연스러움의 정취**를 볼 수 있다.[151)]

첫 번째 인용문에 나오는 '이지를 위한 이지'와 대비되는 '자연스러운 인정'이 앞서 말한 대로 일본 국학의 '모노노아와레'와 관련된 것임은 물론이며, 두 번째 인용문에 나오는 '자연스러움' 역시 일본미의 특질을 말하는 것으로서 이것을 부연 설명하는 '조작을 떠난 고요함 즉 자연스러움의 정취' 역시 마찬가지로 일본 국학의 핵심 개념과 관련된 것이다.

---

150) 야나기 무네요시. 1996. 『조선을 생각한다』의 서문. 앞의 책.
151) 야나기 무네요시. 2004. 김순희 역. 「시부사에 대하여」. 『다도와 일본의 미』. 소화.

그리하여 마침내 야나기의 주장이 다음과 같은 지점으로 귀착되는 것은 오히려 자연스러운 일이다. 아니 어쩌면 이것은 그의 주장의 귀착점이 아니라 시발점에 해당한다.

> 마치 고대 일본이 조선 예술에 의해 그 문명의 첫걸음을 내딛었듯이, 지금의 일본도 그것을 돌봄으로써 마음을 기를 수 있는 것이다. 미의 마음이 풍성한 일본은 이미 이러한 진리를 받아들일 준비가 되어 있을 것이다. 이러한 생각을 할 때면, 조선 예술에 대한 소개가 젊은 일본인들에게 새로운 경악을 가져다 주리라는 것을 믿어 의심치 않는다.[152)]

야나기 무네요시는 도자기를 비롯한 조선의 예술을 사랑하고 어루만지며, 일본 국학의 정신을 풍성하게 가다듬었다. 그가 당시 첫 손가락에 꼽히는 조선 민예품 수집자였으며 그의 자손들이 그가 수집해놓은 일급의 조선 민예품들을 전시하는 민예관을 운영하고 있다는 사실은 널리 알려진 대로다.

2. 일본판 오리엔탈리즘과 '무의식의 미'

앞장에서는 야나기 한국미론의 핵심에 해당하는 비애의 미, 무작위의 미가 결국 일본의 국학 또는 일본인의 미의식으로부터 비롯된 개념임을 말하였다. 따라서 뒷장에서는 한국인의 미의식에는 본래 비애의 미, 무작위의 미가 존재하는 것이 아니라, 다른 것이 존재함을 이야기하게 될 것

---

152) 야나기 무네요시. 1996. 「그의 조선행」. 앞의 책.

이다. 하지만 한 가지 넘어야 할 산이 있다. 그것은 바로 야나기 한국미론의 뿌리에 담겨 있었던 일본판 오리엔탈리즘을 넘어서는 일이다. 야나기의 한국미론의 핵심인 '무작위(無作爲)의 미'를 다른 말로 바꾸면, '무기교(無技巧)의 미' 또는 '무의식(無意識)의 미'가 된다. 이것을 김원룡을 비롯한 한국인들은 야나기가 한국미를 '사고(思考) 이전' '인위(人爲) 이전' '조작(造作) 이전'의 (최고의) 경지에서, 자연(神)과 합일이 된 상태에서 만들어진 특출함을 지닌 것으로 찬양한 것이라 이해했다. 요컨대 한국미를 '자연미'라는 미의 극치로서 상찬했다는 것이다. 그런데 바로 여기에 함정이 있다.

> 일본의 미술사가인 야나기 무네요시는 한국의 고대 예술인들의 세계는 '사고(思考) 이전' '인위(人爲) 이전'이라고 말한 일이 있다. **한국미의 정신은 실로 이 평언(評言)으로써 적중되었으며** 여기에 더 덧붙일 말을 찾을 수 없다. 다시 말하면 미를 만들어내자, 완전한 형을 만들어보자 하는 따위의 예술가적인 사고를 하기 이전, 마치 자연이 산천초목을 만들어내는 것과 같은 '인간 이전' '조작(造作) 이전'의 경지에서 만들어진 것이 한국의 미며, **그렇기 때문에 한국 미술품의 미는 특출하다는 것이다.**153)

물론 한국미가 상대적으로 자연스러움의 미의식을 지니고 있다는 것은 수긍이 가는 지적이다. 문제는 이같은 미(美)를 성취하는 과정에 대한 것인데, 그것을 야나기는 무의식(無意識)의 미, 무기교의 미로 설명했다. 다음 인용문을 보자.

153) 김원룡. 1996. 「한국의 미」. 『한국미의 탐구』. 열화당.

이렇게 말하면 새나 벌이 본능으로써 맵시있게 지붕을 짓는 것이나 다름없다고 할는지 모른다. 그러나, 한쪽은 생래(生來)의 본능이지만, 한쪽은 인간의 기(技)를 통해 자연을 살리는 것이다.… **이지(理智)의 작품이 아니므로** 멍청한 구석도 있지만 **그만큼 티없고 순박한 데가 엿보인다**(야나기 무네요시, [한국의 목공품]).

그럼에도 불구하고 예술의 역사에서 실로 흥미로운 이례(異例)를 조선시대의 요예에서 찾아볼 수 있다.… **실로 꼼꼼한 기교란 그들이 모르는 수법이었다.** 도공은 그야말로 천진하고 자연스럽게 하나의 그릇을 빚어냈다.… 조선 도자기의 미는 자연이 보호해주고 있다고 생각한다. 아치(雅致)는 모두 자연이 준 혜택이다.[154]

조선 도공은 새나 벌이 본능으로써 지붕을 짓듯이 도자기를 구워냈다. 이것은 이성과 지혜로써 예술품을 창작하는 인간의 예술사에서 흥미로운 예외에 속한다. 꼼꼼한 기교 따위는 없었다. 조선 도공은 모든 것을 자연(신)에 맡겼고, 자연은 도공에게 미를 선사했다. 이것이 바로 야나기가 말한 무의식의 미의 본질이다. 얼핏 보면 예술의 이상형(理想型)이랄 수 있는 멋진 설명으로 들린다. 야나기의 무작위의 미를 한국미의 본령으로 받아들인 한국인들 역시 그렇게 이해했다. '그렇기 때문에 한국 미술품의 미는 특출하다는 것이다'. 하지만 야나기의 이런 말 뒤에는 다음과 같은 말이 따라붙는다.

저 평범한 밥공기가 어떻게 사람들에게 아름답다는 인정을 받았을까? 거기에는 다인들의 눈물겨운 창작이 있었다. 밥공기는 조선인들이 만들어

154) 야나기 무네요시. 1996.「조선시대 도자기의 특질」. 앞의 책.

냈다 하더라도 천하명물은 다인들이 만들어낸 것이다.… 다기는 다인들을 어머니로 하여 태어나는 것이다. 이도(井戶)가 일본으로 건너오지 않았더라면 조선에서 존재할 수 없었을 것이다. **일본이야말로 그 고향이다.**[155)]

그가 있어서 만들었다고 하기보다 그가 없어서 물건이 만들어졌다는 쪽이 맞을 것이다. 이것을 알면 자력의 작품이라고는 도저히 할 수 없다. 이도는 타력(他力)에 의한 이도인 것이다. 그 아름다움은 타력의 한 도를 통해서 피어난 꽃이다. 여기서 흥미롭게 생각되는 것은 이와 같은 이도의 타력의 아름다움이 자력(自力)의 입장에서 선가에 의해 먼저 우러러 받들어지고 사랑받았다는 것이다... 실은 앞에서도 예로 삼았던 이도 찻잔은 전형적인 타력의 작품이라고 해야 할 것이다.[156)]

자기에게 힘이 없으면 뭣인가가 그들을 보호해 주어야 한다...(힘없는 자가) 구원을 받지 못하는 것은 힘 없는 자기 자신에 의존하기 때문이다. 자기의 작은 것을 안다면 자기에게 무슨 집착이 있을까. 그저 다른 큰 힘에 자기를 맡겨 두면 살아 나가는 것이다. 이것이 타력교(他力教)이다.… **(공인들은) 자기 자신의 힘으로 그것(걸작, 미)을 만들어낸 것이 아니고 타력의 부축을 받고서 그런 기적을 이룬 것이다.**[157)]

이도는 어째서 아름다운가...첫째는, 원래부터 무엇이 진정으로 깊은 아름다움인가를 간파할 안목이 다인들에게 있었던 것이다...게다가 그 공예품 중에서도 가장 싸고 가장 흔한 민중의 그릇 속에서 놀라움을 발견했던 것이다. 즉 가장 낮은 층에서 가장 높은 질을 찾았던 것이다. **이러한 감상은 아직 역사상 유례가 없다.**[158)]

155) 야나기 무네요시. 2004. 「기자에몬 '오이도'를 보다」. 앞의 책.
156) 야나기 무네요시. 「젠차로쿠(禪茶錄)를 읽고」. 앞의 책.
157) 야나기 무네요시. 「종교선집1」.
158) 야나기 무네요시. 「젠차로쿠(禪茶錄)를 읽고」. 앞의 책.

> **어쨌든 자력의 일문(一門)을 빠져나가는 '라쿠'인 이상 난행(難行)이 따라 다니기 마련이다.** 조선의 물건들이 타력의 도에 의해서 성불(成佛)을 이루었던 것과는 종류가 다른 것이다.[159]

도공이란 조선인이며, 다인이란 일본인이다. 도공은 '힘없는 자'로서 '큰 힘'에 자기를 맡겨두어야 성불을 이룰 수 있는 타력(他力)의 존재들인 반면, 다인은 힘들지만 자력(自力)의 '일문을 빠져나가는' 존재들이다. 다인은 '눈물겨운 창작' '역사상 유례가 없는 감상'을 통해 도공이 알지 못하는 다기의 아름다움을 발견해낸다. 조선의 도공은 타력에 의해 '평범한 밥공기'를 만들었을 뿐이지만, 일본의 다인은 자력에 의해 '천하명물'을 만들어낸다. 그리하여 조선 도자기의 고향은 조선이 아니라 일본이며, 조선 도자기의 어머니는 조선인이 아니라 일본인이다.

실로 놀라운 이야기가 아닐 수 없다. 하지만 이같은 이야기는 사실 새삼스러운 것이 아니다. 다음의 글을 보자.

> 궁극적으로 허용되어야 할 유일한 **동양, 또는 동양인, 또는 주체란** 철학적으로 말하면 소외된 존재, 곧 **자기 자신과의 관계에서 자기 자신이 아니고, 타인에 의해 제기되며, 이해되며, 정의되며 그리고 기능하는 존재이다.**… 서양은 어디까지나 행위자(actor)이고 동양은 수동적인 반응자(reactor)이다. 서양은 동양의 행동의 모든 측면에 관하여 관찰자이고, 재판관이며, 배심원이다.[160]

오리엔탈리스트가 동양에 관하여 말하는 것은 일방통행의 거리 속에

---

159) 야나기 무네요시. 「기수의 아름다움」. 앞의 책.
160) Edward W.Said. 2007. 박홍규 옮김. 『오리엔탈리즘』. 교보문고.

서 얻어진 저술로서 이해되어야 한다. 곧 **'그들'이 말하고 행동하는 것을 '그'는 관찰하고 기록한다.**[161)]

그런데 여기서 동양인을 조선인(도공)으로, 서양인을 일본인(다인)으로 바꾸어도 무리가 없다.

> 궁극적으로 허용되어야 할 유일한 **조선, 또는 조선인, 또는 주체란** 철학적으로 말하면 소외된 존재, 곧 **자기 자신과의 관계에서 자기 자신이 아니고, 타인에 의해 제기되며, 이해되며, 정의되며 그리고 기능하는 존재이다.**… 일본인(다인)은 어디까지나 행위자(actor)이고 조선인(도공)은 수동적인 반응자(reactor)이다. 일본은 조선의 행동의 모든 측면에 관하여 관찰자이고, 재판관이며, 배심원이다.
>
> 일본판 오리엔탈리스트(야나기)가 조선에 대하여 말하는 것은 일방통행의 거리 속에서 얻어진 저술로서 이해되어야 한다. 곧 **'그들(조선인 도공)'이 말하고 행동하는 것을 '그(일본인 다인 또는 야나기)'는 관찰하고 기록한다.**

우리의 논점은 야나기를 일본판 오리엔탈리스트로서 비판하는 데서 한 걸음 나아간다. 우리의 논점은, 이같은 일본판 오리엔탈리즘의 맥락에서 조선인이 '소외된 존재, 곧 자기 자신과의 관계에서 자기 자신이 아니고, 타인에 의해 제기되며, 이해되며, 정의되며 그리고 기능하는 존재'로 전락하는 사실을 비판하는 것이 되어야 한다. 일본인은 능동적인 행위자가 되는 반면, 조선인은 수동적인 반응자가 되는 것. 일본인에게는 자력

---

161) Edward W.Said. 2007. 같은 책.

의 성불이 허용되는 반면, 조선인에게는 타력의 구원이 허용되는 것. 조선 도자기의 고향은 조선이 아니라 일본이 되며, 조선 도자기의 어머니는 일본의 다인이 되는 것. 이것이 바로 야나기 무네요시가 말한 바, 한국미의 본질로서의 '무의식의 미'의 진면목이다.

이제 한국인의 입장에서 문제를 다시 한번 살펴보자. 야나기가 말한, 한국미의 본질로서의 '무의식의 미'의 본질은, 결국 한국인의 미의식을 근본적으로 부정한 것에 다름 아니다. 결과적으로 그것은 한국인의 미의식의 부재(不在)를 일본인 야나기의 발의와 한국인들의 박수 속에서 대내외에 선포한 것에 다름 아니다. 이것은 명실상부한 식민미학(植民美學)이다.

이제 글의 앞머리로 되돌아가 문제의식을 다시 한번 확인해보자.

식민지시대로부터 탈식민지시대인 오늘에 이르기까지 우리 인문학의 핵심이랄 수 있는 한국학의 출발점은 **나는 누구인가** 라는 명제로 집약된다. 물론 바로 뒤에는 **나는 너와 어떻게 소통할 것인가** 라는 명제가 숨막히게 가로놓여 있다. 하지만 전자에 대한 대답이 만족스럽지 못할 경우 후자에 대한 대답은 허공에 뜬 이야기가 될 수밖에 없다. 언젯적 한국학을 지금도 부여잡고 있어야 하는 사정이 여기 있다.

한국 사상이나 한국 철학의 경우에도 사정은 다르지 않지만, 한국 미학의 경우에는 문제가 보다 심각하다. 세계화의 시대, 문화의 시대, 한류의 시대를 맞이하였음에도 불구하고, 한국 미학에 대한 논의는 주춧돌조차 제대로 놓여 있지 않은 것이 현실이다.

한국 미학의 문제는 일제 강점기 직후 야나기 무네요시(柳宗悅, 1889-1961)라는 일본인에 의해 잘못된 주춧돌이 놓인 이래, 오늘에 이르기까지 그것을 고스란히 확대 재생산하며 이어져왔다. 그것을 한마디로 정리하면 일본판 오리엔탈리즘(orientalism)의 식민미학(植民美學)이다.

3. 한국미의 현상적 범주들에 대한 본질적 재해석

이제 본론으로 들어가보자. 그렇다면 한국인의 미의식은 과연 무엇인가.

그런데 바로 이 시점에서, 앞의 지적을 뼈아프게 통과해온 결과 우리 머리 속에 깊은 상처를 남긴 채 자리잡아온 일본판 오리엔탈리즘의 공백(空白)이 생각보다 치명적임을 돌아보지 않을 수 없다. 다시 서론으로 돌아가보자. 앞에서 열거했던 것처럼 우리 머리 속에 깊은 상처로 자리잡아온 다음과 같은 개념들과 그 너머의 텅 빈 '무의식(無意識)'의 공간들로부터 벗어나는 것은 그리 쉬운 일이 아니다.

'무의식(無意識)'의 공백을 넘어서고 우리 머리 속에 자리잡은 깊은 상처를 넘어서는 일차적인 방법은 현상 자체는 그대로 둔 채 현상을 바라보는 시각을 변화시키는 것이다. 말하자면 백의민족, 순백의 아름다움, 비애의 미, 선의 미, 슬픔의 미학, 한의 미학 / 자연스러움의 미학, 꾸밈없는 자연스러움, 기교가 없는 아름다움, 작위적이지 않은 자연미 등을 일단 현상적 범주로서 인정하고 그에 대한 본질적 재해석을 시도하는 것이다.

이제 하나씩 살펴보자. 우선 백의(백색)와 선에 대한 야나기의 해석과 다른 해석을 시도해보자. 첫 번째로 백의(백색)에 대한 다른 해석을 살펴보자. 야나기가 조선옷의 흰빛에서 일본 국학의 정서인 모노노아와레 또는 비애를 본 반면, 1902년 조선을 방문하여 고종의 공식 초상화를 그린 프랑스의 저명 화가 드 라네지에르는 조선옷의 흰색에서 다음과 같은 정서를 읽어냈다.

> "청색이 중국의 색이라고 한다면 흰색은 한국의 색이다. 조선의 고유 의상에서는 **생동감이 넘치는 백옥 같은 밝은 흰색부터 광목처럼 거칠고 투박한 흰색에 이르기까지** 아주 다양한 종류의 흰색을 만나게 된다. 따라서 조선의 거리 어디에서나 볼 수 있는 다양한 흰 옷의 물결이 만들어내는 조화는 마치 음색의 향연 그 자체인 것이다.…".162)

그러니까 프랑스인 라네지에르는 조선옷의 흰색에서 비애 대신 생기(生氣)를 읽은 것이다. 그런데 조금 서둘러 말하자면, 이것은 2002년 월드컵 당시 세계인들이 한국인에게서 읽은 '다이내믹 코리아'와 공통점을 지닌다.

조금 더 나아가보자. 한국인은 흰옥을 즐겨 입었으며 흰색을 좋아했다. 그런데 주목해야 할 점은 이 경우의 흰색은 색이 없는 무색이 아니라 자연의 바탕색인 소색이라는 것이다. 소색이란 무엇인가. 바탕 소자(素)에 색 색자(色). 이것은 옥양목이나 비단, 광목의 색처럼 재질에 따라 다양한 뉘앙스의 색감을 드러내는 천연의 바탕색을 말한다.

> 소색(素色)의 아름다움은 무명이나 모시로부터 창과 문에 바른 한지,

---

162) 백성현 · 이한우. 1999.『파란눈에 비친 하얀 조선』. 새날.

벽에 바른 흰 석회, 백자 항아리 등의 일반 조형예술에까지도 같은 감정으로 표현되어 있다.… 소색의 백색은 화학약품으로 처리되어 표백된 순백색이 아니라 옅은 색상을 띤 백색이다. 같은 백색이라 해도 민족마다 색감에 대한 선호도의 차이가 있기에 각 색의 색감은 다르다. **한국인이 애호한 백색은 백자의 투명함에 접할 수 있는 백색이나 세모시 백색 도포에서 보이는 백색과 같이 격(格) 있고 깊이 있는 색이다.**[163]

다양한 질감을 지닌, 생기 넘치는 소색의 아름다움. 은은하고 투명하면서도 깊은 맛을 지닌, 미묘한 뉘앙스의 매력. 천연 그대로의 색을 간직한, 격 있고 깊이 있는 아름다움.

소색이 지닌 복합적인 뉘앙스를 좀더 큰 시야에서 바라보면, 그것은 '묵한 색이 다섯 색을 구비했다'고 보는 동아시아의 색채론과 관련된다. 그것은 고려 청자의 청색 한 가지에서 수십 가지의 색을 느낄 수 있고, 조선 백자의 흰빛 한 가지에서 수십 종의 다채로움을 느낄 수 있는 것과도 무관하지 않다(김용준, <조선시대의 화가들>). 이렇게 볼 때 소색이 지닌 복합적인 뉘앙스를 무시한 채 서구의 색채론에 따라 색의 단일함이나 색의 부재로 몰아붙이는 사고방식이 얼마나 잘못된 것인지를 알 수 있다.

그러고 보면 색채에 대한 감각이 세련될수록 '단일색에서도 호리(毫釐, 털끝을 말함)의 변화로 복잡한 색도를 느낄 수 있다'는 것(김용준, 앞의 책)은 비단 동아시아의 색채론에만 한정되는 것이 아니라 보편적인 색채론 전반에 적용되는 것이다. 결국 한국인이 소색을 즐겨 사용했다는 사실은 한국인의 색 취향의 무미건조함을 말하는 것이 아니라 도리어 그것의

---

163) 금기숙. 1994. 『조선복식미술』. 열호당.

섬세함 또는 세련됨을 말하는 것이다. 이처럼 한국인이 즐겨 사용한 흰색 또는 소색이 생기 넘치는 깊은 미감을 발산한다는 사실은, 한국인의 색채적 심상이라는 큰 그림 속에 들어 있는 소색이 수묵채색화의 여백과도 같이 그림 속의 다른 색들을 생기 있게 돋보이도록 하는 역할을 한다는 사실을 통해 한층 분명해진다. 그렇게 보면 다음과 같은 여백(餘白)의 역할은 한국인의 색채적 심상 속의 소색의 역할과 일맥상통한다.

> 여백은 빈 공간으로 나타나지만 동양화에서는 중요한 의미를 지닌다. 서양화에 있어서 공간은 문자 그대로 빈 것으로 이해되며 따라서 그들은 그 빈 공간을 채우기 위해서 많은 것들을 빈틈없이 그려 넣는다. 그러나 동양화에 있어서 공간은 그 안에 모든 것에 대한 풍부한 가능성을 포함하고 있으며 이 비가시적인 풍요로움으로부터 실체인 모든 것이 나오기도 하고 다시 그 속으로 들어가 숨어버리기도 한다.… **여백은 문자 그대로 비어있는 상태가 아니라 무엇인가가 존재하고 있지만 우리의 눈에 쉽사리 확인되지 않는 그 어떤 심오한 상태인 것이다.**[164)]

더구나 한국인의 색채적 심상 속에는 흰색 또는 소색과 함께 오방색의 다채로움이 함께 한다. 소색의 저고리에 곁들인 자줏빛 회상의 근사한 멋이나, 소색의 백자 위에 푸른색을 곁들인 청화, 붉은 색을 곁들인 진사, 검정색을 곁들인 철화 처럼 말이다. 무엇보다 그것은 노랑저고리에 빨강치마, 그리고 색동옷의 명랑함으로 대표된다.

> 황색의 저고리와 빨간 치마는 명랑한 색조화로 명절의 분위기를 한껏

---

164) 박용숙. 「한국미술의 해학정신」.

돋우고 평상복의 단조로움을 깨는 파격적인 색채감정의 한 예로 부각되고 있다. 여기에서 한국인이 선호한 빨강은 중국의 빨강과 비교할 때 명도가 높아 담백한 맛을 주고, 노랑 역시 자연에서 쉽게 접할 수 있는 밝고 맑은 노랑색이다. 그러므로 이러한 **빨강과 노랑을 대비시켜 이룩한 화려하고 미묘한 색채조화에서 한국인의 색 기호 경향을 볼 수 있다.**[165]

한국의 색과 중국의 색, 일본의 색을 비교할 경우, 이처럼 한국의 색이 지닌 '밝고 맑은, 담백한 맛'과 '여백과도 통하는 소색의 맛'이 확연히 이해될 수 있다. 이것이 바로 한국인의 취향(趣向)으로서의 미의식(美意識)이다.

두번째로 야나기가 선(線)에 의해 표현된 무늬의 극단적인 실례라고 말한 평안남도 강서군 강서대묘의 사신도에 대해 살펴보자.

그러나 그 힘이란 장중하기만을 위하여 즉 안정율의 크기만 보이기 위한 정지태의 힘이 아니라 무서운 힘으로서 움직여 왔었고 또 무서운 힘으로써 움직여 나가려는 세력적 운동의 선상의 순간적 계기를 잡아 표현한 힘이다. 즉 그곳에 표현된 창룡이면 창룡, 백호면 백호가 그대로 힘있게 버티고 선 그러한 정지태의 것이 아니라 무서운 기세로서 달려오는 순간에 실로 극히 찰나적인 순간에 땅에 붙을 듯한 계기와 동시에 벌써 그것은 다음의 운동 계열로 몸이 뛰어들어간 순간의 표현이다. 즉 결론을 간단히 말하면 **그들의 미의식은 주제가 정지태에 있지 않고 힘찬 운동 계열에 있는 것이다.**[166]

---

165) 금기숙. 1994. 앞의 책.
166) 고유섭. 1993. 「고대인의 미의식」. 『고유섭 선집』. 통운산.

이야기는 의외로 싱겁게 끝났다. 야냐기는 '선의 비밀을 풀지 못하면 조선의 마음에 들어갈 수가 없다'고 했으며 정작 그 비밀을 '모노노아와레' 또는 '비애'로 제시했지만, 오히려 그것은 '정지태에 있지 않고 힘찬 운동 계열에 있는 것'으로 재해석된다. 조지훈에 따르면 이것은 '가동적인 정지태' 또는 '멋의 형태미의 본질'으로 이해된다.

> 다시 말하면 우리의 예술은 왜 선의 예술이냐 하는 문제이다. 이것은 바로 앞에서 지적한 바와 같이 우리의 예술은 흐름과 율동, 곧 멋을 특색으로 하기 때문이다. 이러한 **가동적인 미는 그 수법으로서 색을 요구하지 않고 선을 요구하게 된다.**… 선은 형체를 나타내는 경우에도 색과 같이 정지적으로 나타내지 않고 형태를 가동적 상태에서 표현한다...우리 예술에 있어서의 선의 의의는 가동적 형태미에 대한 지향의 바탕에서 설명될 성질의 것이다.… 멋은 형상이나 가락이나 마음에 있어서 한 움직임에서 다음 움직임에로 이어 가고 넘어 가는 과정에 나타난다. **가동적인 정지태(靜止態), 멈추려는 움직임이 연속되는 가동적인 경향상태가 멋의 형태미의 본질이다.**[167]

세 번째로 한(恨)의 미학에 대해 살펴보자. 지금도 한국미를 소개하는 책자에서 한 또는 Han의 미학에 대한 소개를 심심찮게 발견할 수 있다. 한국인은 '한(恨)의 민족'이며, 한국미는 '한(恨)의 미'라는 것이다. 하지만 이 경우의 한(恨)은 야나기가 말한 '모노노아와레'의 번안인 비애 또는 슬픔과 다르지 않다. 거칠게 말하면, 슬픈 역사 속에서 한의 정서가 생겨났다는 것이다. 하지만 한국인의 미의식에서 한(恨)이 발견될 때, 그

167) 조지훈. 1996. 「멋의 연구」. 『조지훈 전집』. 나남출판.

것의 뒤에는 반드시 흥(興) 또는 신명이 뒤따른다는 사실을 빠뜨려서는 안된다.

'한은 흥으로 발효된다'. 이같은 정서와 관련된 한국인의 자화상을 대표하는 것이 바로 <흥부전>의 주인공 흥부다. 흥부의 형상은 마땅히 받아야 할 것을 받고 누려야 할 것을 누리는 대신, 어처구니없는 고통에 빠져 인욕(忍辱)의 세월을 보내는 모습이다. 따라서 대성통곡하며 우는 흥부의 모습을 통해 느껴지는 것은 한국인의 자화상에 포함된 눈물이자 한(恨)이다. 그런데 한국인의 자화상은 흥부의 내면적 형상뿐 아니라 외면적 형상을 통해서도 묘사된다. 전자가 대성통곡하며 우는 눈물이자 한이라면, 후자는 배꼽을 잡으며 웃는 웃음이자 흥이다. 결국 한국인의 자화상에서는 눈물을 웃음으로, 한을 흥으로 승화시키는 정서적 메커니즘이 작동하는데, 이것이 바로 해학과 신명이다.

한국인은 눈물과 한, 웃음과 흥이 한데 버무려져, '생짜의 것'이 '곰삭은 것'으로 발효되는 것을 지켜보면서, 자신의 한 위에 어느새 흥이 겹쳐지는 것을 느낀다. 이것이 바로 한국인의 표정을 대표하는 얼굴이 눈물의 세월을 안쪽에 숨긴 곰삭은 웃음으로 떠오르는 까닭이다. 서글픔일랑 진즉에 통과하여 저만치 흥에 겨운 얼굴. 해학과 신명의 가락 위에 얹어놓은 자화상. 이것은 한국인으로 하여금 시골 중늙은이의 보릿대춤과도 같은 어깻짓을 추어올리게 하는데, 이것은 앞서 조지훈이 말한 멋의 형태미인 '가동적인 정지태'의 미학 또는 '선의 미'와도 통한다. 그리고 이것은 다시 앞서 1902년 서울 거리에서 프랑스 화가 라네지에르의 눈에 비친 조선인들의 복색에서 마주친 어떤 '거칠은 생기'와도 연결된다.

이와 관련하여 박래경은 '살아 있는 유기적 생명체가 역시 생명을 지닌 것으로 간주되는 자연 속에서 노닐면서 자신의 생명유지와 생명확장을 추구하는 과정에서 파생되는 갈등을 타넘은 결과 어떤 즐거움과 유희성이 동반되는 것'이라고 말했다.([한국 해학의 현대적 변용]) 이 글에서 우리는 결국 한국인의 미의식의 규명이 야나기의 '모노노아와레'의 뒤편에 가로놓인 일본 국학의 사상과 맞서는, '어떤 한국학의 사상'과 연결되어야 하는 것임을 예감할 수 있다. 그리고 그같은 '어떤 한국학의 사상'이야말로 야나기에 의해 한국미의 현상적 범주로서 수면 위로 떠오른 여타 항목들 - 자연스러움의 미학, 꾸밈없는 자연스러움, 기교가 없는 아름다움, 작위적이지 않은 자연미 - 에 대한 비판적인 재해석을 완성할 수 있도록 하는 근원적인 동력으로 작용할 것이다. 나아가 '일본 국학의 사상'과 '모노노아와레'가 그랬듯이, '어떤 한국학의 사상'과 한국인의 미의식이란 사실상 동전의 양면처럼 한꺼번에 자신들의 선명한 윤곽을 드러내게 될 것이다.

4. 상(象)의 미의식과 음양오행사상

앞 장의 마지막에서 필자는 한국미의 현상적 범주들에 대한 비판적 재해석을 완성하는 것은 물론이요 나아가 한국인의 미의식에 대한 본격적인 논의를 전개하기 위해서는 '어떤 한국학의 사상'에 대한 논의가 우선되어야 할 과제임을 이야기했다. 그렇다면 '어떤 한국학의 사상'이란 과연 무엇인가. 요컨대 한국학의 사상 또는 대표적인 한국 사상이란 무엇인가. 이제 다시 머리말로 돌아가보자.

식민지시대로부터 탈식민지시대인 오늘에 이르기까지 우리 인문학의 핵심이랄 수 있는 한국학의 출발점은 **나는 누구인가** 라는 명제로 집약된다. 물론 이 명제의 바로 뒤에는 나는 **너와 어떻게 소통할 것인가** 라는 명제가 숨막히게 가로놓인다. 그런데 전자에 대한 대답이 만족스럽지 못할 경우 후자에 대한 대답은 허공에 뜬 이야기가 될 수밖에 없다. 따라서 날이 갈수록 주체를 열어젖히고 해체하여 마침내 주체를 존재와 존재 사이의 소통을 위한 정거장쯤으로 인식하는 오늘의 인문학적 흐름에서 의도적인 정지(pause)의 상태를 가까스로 유지하기란 갈수록 어려워짐에도 불구하고, 어쩔 수 없이 소통(疏通)의 명제를 등에 진 채 자꾸만 주체(主體)의 명제를 돌아볼 수밖에 없다.

한국 미학의 경우에도 사정은 다르지 않다. 한국 미학의 문제는 일제 강점기 직후 야나기 무네요시라는 일본인에 의해 잘못된 주춧돌이 놓인 이래, 오늘에 이르기까지 그것을 고스란히 확대 재생산하며 이어져왔다. 그것을 한마디로 정리하면 일본판 오리엔탈리즘의 식민미학이다. 하지만 한국 미학의 문제는 한국 미학의 문제로만 끝나는 것이 아니다. 한국 사상 또는 한국 철학의 문제에 대해 이렇다 할 해답이 나오기까지 한국 미학의 문제에 대한 근본적인 해답은 주어지지 않을 것이다. 그러니까 한국 미학의 문제와 한국 사상의 문제는 한꺼번에 해결되어야 하는 무엇이다. 나아가 그것은 주체(主體)의 문제에서 소통(疏通)의 문제까지를 한꺼번에 아우른다. 한국 인문학의 본령인 한국학은 세계 인문학의 본령과 동떨어진 것이 아니다.

그렇다면 이제 부족하나마 한국인의 미의식에 대한 필자의 가설을 정리해보겠다.

한국인의 미의식은 무엇인가. 그것은 한마디로 상(象)의 아름다움을 추구하는 것이다. 상이란 무엇인가. 그것은 형(形)과 대립하는 개념이다. 예로부터 한국인은 형과 상이 하나로 어우러져 사물을 이룬다고 생각했다. 그 결과 생겨나는 것이 사물의 형상이다. 하지만 사람의 눈에 익숙한 것은 어디까지나 형인 까닭에 무형의 상에 대해 말하는 것은 불가능하게 느껴진다. 하지만 그것이 반드시 불가능한 것만은 아닌 것이, 상이란 형의 기본을 이루는 것일 뿐 아니라 형을 통해 자취를 드러내는 것이기 때문이다.

> 상(象)이라는 개념은 형(形)과는 바로 반대되는 개념이다. 만일 형을 인간의 감각에 쉽게 느껴질 수 있는 것이라고 한다면 상은 일반적인 인간, 즉 명(明)을 잃은 인간이나 또는 자연법칙을 관찰할 줄 모르는 사람에게는 인식되기 어려운 무형을 말하는 것이다. 그렇다면 상은 사실상 무형인가 하면 반드시 그런 것은 아니다. 다만 세속적인 사회생활과 거기에서 오는 사욕 때문에 어두워진 근시안적인 사람의 이목에만 무형으로 나타나는 것뿐이다.… 형과 상은 이와 같은 관계에 있는데도 불구하고 인간은 형을 볼 수 있지만 상을 관찰하지는 못하는 것이다. 왜 그런가 하면 상이 비록 무형이라고 할지라도 그것이 바로 형 이전의 기본이라는 원리를 모르기 때문에 모든 형은 반드시 기미(幾微)를 나타내고 있다는 사실에 몽매하게 됨으로 인하여 형에서 상을 찾으려고 하지도 못하며 또는 그 법칙을 공부하려고도 하지 않는 것이다.[168]

형을 통해 상의 자취를 포착한다는 것. 이것은 무슨 도사나 점장이의

168) 한동석. 1966.『우주변화의 원리』. 행림출판.

소관인가. 하지만 한국인에게는 예로부터 이것이 장삼이사의 일상 속에 자리잡았는데, 한국인의 국민 상식인 음양오행사상의 기초가 바로 상이었다.

한국인에게 있어 음양오행사상을 관통하는 상이란 언제든지 곁에 놓아두고 사용해온 일상의 척도였다. 형이상의 측면이란 도가(道家)와 유가(儒家)의 철학으로 전개된 우주의 생성론이며, 형이하의 측면이란 음양가(陰陽家)에 의해 발전된 만물의 변화론이다. 음양오행사상은 이처럼 우주의 생성론과 만물의 변화론이 결합하여 인식과 실천의 체계를 이룬 것인데, 이것들은 모두 형 너머의 상이라는 프리즘을 통해 우주 만물의 본질에 접근하고자 했다.

물론 장삼이사의 한국인들 모두가 추상적인 이론인 음양오행사상을 철학적으로 이해하지는 못했을 것이다. 그러나 그들은 적어도 구체적인 척도인 음양오행사상을 일상적으로 체득했다. 이같은 사실은 의식주를 비롯한 한국문화 전반의 세부항목을 주의 깊게 들여다본 사람이라면 누구나 쉽게 알 수 있다. 암키와와 수키와를 요철로 결합시킨 것도 음양의 조화를 염두에 둔 것이요, 한 개의 숟가락은 양이고 두 개의 젓가락은 음으로 보아 수저를 함께 사용한 것도 마찬가지 이치다. 태극처럼 음양의 조화를 표현한 문양을 즐겨 사용한 것도 그런 것이요, 사상의학에 따라 화(火)로 분류된 비장이 큰 소양인은 찬 음식을 가까이하고 비장이 작은 소음인은 더운 음식을 가까이하는 섭생의 이치를 따른 것도 마찬가지다. 혼례 함에 들어가는 색실이나 신방의 이부자리, 꼭두각시 놀음에서 보이는 벽사(辟邪) 기원의 인형에 이르기까지 양(陽)을 대표하는 홍색과 음(陰)을 대표하는 청색을 배합한 청홍색(靑紅色)이 가는 곳마다 눈에 띄는 것도 마찬가지다.

다시 음양오행이란 무엇인가. 그것은 우주와 만물의 성질에서 상(象)을 취한 다음 음양(陰陽)의 개념을 붙이고 다시 오행(五行)의 개념으로 나눈 것이다.

> 이와 같이 만물의 과정적 변화에서 그 원리를 연구할 수 있는 계기가 마련되었고 그 계기에 의하여 수립된 법칙이 바로 음양오행의 운동법칙이며 동시에 만물과 우주의 본원도 여기에서 찾아낼 수 있게 되는 것이다. 이 법칙은 우주간의 모든 변화현상을 탐구할 수 있는 대본(大本)이기 때문에…. 이것은 그의 성(性)과 질(質)에서 상을 취하여 가지고 음양이란 개념을 붙인 것이다… 그러므로 우주의 변화하는 상태는 사실상 음양운동인 바 이것을 좀더 구체적으로 보면 오행운동이고 추상적(요약하여서)으로 보면 음양운동인 것이다.[169]

음양오행사상의 형이하의 측면에 해당하는 만물의 변화론이 한국인에게 일상의 구체적인 척도로 사용되어 온 것은, 상(象)이라는 것이 한국인의 삶에서 차지해온 만만치 않은 비중을 짐작하게 한다. 음양오행사상은 눈에 보이지도 않고 이렇다고 집어 말할 수도 없음에도 불구하고 한국인의 마음 속에 살아 숨쉬는, 언제든지 곁에 놓아두고 사용되는 일상의 척도였다.

한국인에게 고유한 '상(象)의 미의식'을 보여주는 대표적인 예로서 화가 박수근(朴壽根, 1914-1965)의 그림을 들 수 있다. 박수근의 그림에는 식민지와 전쟁을 연이어 겪고난 후 고단하고 지친 모습을 한 한국인의

169) 한동석. 1966. 같은 책.

자화상이 등장한다. 머리에 수건을 쓴 채 정담을 나누는 아낙들. 눈을 내리깐 채 아기를 업은 깜장고무신 단발머리의 소녀. 인생살이의 고단함을 말없이 삼키는 중늙은 여인과 곁에 놓인 항아리. 아이를 업거나 '다라이'를 이고 벌거벗은 나무 아래를 서성이는 여인들…. 박수근의 그림을 보고 있으면 그림 속 사람의 마음이 그림 밖 사람의 마음으로 다가오는 듯이 느껴진다. 그는 '눈에 보이는' 사람들의 모습 너머에 존재하는 '눈에 보이지 않는' 사람들의 마음을 그리고자 한 것이다.

박수근의 그림과 함께 한국인의 '상(象)의 미의식'을 보여주는 예로서, 한반도 곳곳의 절벽마다에 새겨진 마애불(磨崖佛)을 들 수 있다. 경주 남산 탑곡의 마애불이든 서산의 마애삼존불이든 하나같이 웃는 얼굴의 이 분들은 하나같이 넉넉한 웃음을 머금고 계신다. 얼핏 보면 어딘가 서툴어 보이기도 하는 이분들의 미소는, 다시 보면 과연 우아하기 이를 데 없다.

박수근 그림의 인물은 마애불의 부처님을 닮았다. 무엇보다 박수근 화폭의 독특한 질감이 마애불 표면의 질감을 연상시킨다. 하지만 정작 양자의 닮은 점을 꼽는다면, 그것은 질감 너머에 존재하는 무엇이다. 박수근이 도달한 어눌한 듯하면서도 격조 넘치는 성찰의 시선은, 우둘투둘 졸(拙)한 듯하면서도 부드러운 아(雅)를 발하는 화강암 마애불의 푸근한 깨달음의 미소와 놀랄 만큼 겹친다. 바로 상(象)의 미의식이다.

우리는 여기서 우아함과 서투름, 아와 졸, '눈에 보이지 않는'과 '눈에 보이는' 같은 한쌍의 대립항이 지속적으로 등장함을 알 수 있다. 이상을 올바로 이해하기 위해 우리는 이른바 상(象)과 형(形)의 관계를 명확하게 인식할 필요가 있다.

그러므로 이것을 **형상(形象)의 대립**이라고 한다. 다시 말하면 형(形)과 기(氣)는 언제나 그 세력이 병행하는 것이 아니고 서로 소장(消長)하면서 외면을 형성한다는 원리를 말하는 것이다.[170]

박수근 그림의 인물과 마애불의 부처님은 꿈 속에서처럼 흐릿한 모습을 하고 있다. 희한한 것은 이들의 모습이 흐릿해지면 질수록 이들의 마음이 한층 또렷하게 느껴진다는 것이다. 그렇다면 '눈에 보이지 않는' 것들을 보기 위해 눈을 감듯이, 박수근 그림의 인물과 마애불의 부처님은 그들의 마음을 드러내기 위해 짐짓 흐릿한 모습을 한 것이다.

또 비록 기교가 없이 소박하고 세부 표현이나 기술적인 완벽성이 어느 정도는 결여되어 있으나 이는 **더 큰 의미의 전체적인 통일감과 생동감을 위하여 희생된 것임**을 알 수 있다.[171]

요컨대 사물은 상(象)과 형(形)이 하나로 결합하여 이루어지는 것이며 양자는 서로 반비례 관계에 있어서 하나가 평균 이상으로 빼어나면 다른 하나는 평균 이하에서 어릿거리는 경향이 있음을 알고 있는 한국인은 짐짓 형(形)을 희생함으로써 상(象)을 드러내려는 취향을 지니게 되었던 것이다.

그 반면 건축이 갖는 조형미에 직접 영향을 미치지 않은 세기(細技) 즉

170) 한동석. 1996. 같은 책.

171) 김리나. 1984.「한국의 고대 조각과 미의식」. 김정기 · 김리나 외.『한국 미술의 미의식』. 고려원.

극히 세부적인 부분에 가해진 공예적인 장식적, 또는 양식적 의장에 대해서는 이를 과감히 버리고 있는 사실도 간과할 수 없는 우리의 건축 활동의 한 기본 태도였다.… 또 우리 목조 건축의 한 조형 미술로서 건축물 전체를 미적 대상으로 삼는 데 반해서 일본의 목조 건축은 건축 전체의 조형미는 거의 잃어버리고 단지 건축을 구성하는 부분적인 요소에만 치밀하고 복잡한 장식적 의장을 부가하여 건축을 부분적인 공예품의 집합체로 타락시키고 말았다.[172]

이제 일본인 야나기 무네요시가 한국미를 '무기교의 미'라고 말한 까닭을 이해할 수 있을 것이며, 이제 필자는 일본미는 '형(形)의 미'인 반면 한국미는 '상(象)의 미'임을 적시할 수 있다. 이것이 바로 야나기에 이어 한국인 자신이 한국미를 '자연스러움'이라고 이야기한 바의 진면목이었다. 한국미의 '자연스러움'이란 일본인 야나기가 말한 바 카라고코로(漢意, Chinese Ideas)와 대립하는 마고코로(眞意, Japanese Ideas)를 내세운 일본 국학의 사상과 연결된 것이 아니라, 이처럼 ('눈에 보이는' 세부에 치중하는) 일본인의 '형의 미의식'과 대비되는 ('눈에 보이지 않는' 전체를 추구하는) 한국인의 '상의 미의식'에서 비롯된 것이다.

이같은 한국인의 '상의 미의식'은 한국 문화예술의 도처에서 구체적인 실례로서 등장하는데, 흔히 한국 문화예술의 일격(逸格)으로 손꼽히는 작품들의 경우가 그렇다.

일그러진 달항아리와 휘어진 대들보. 물론 달항아리와 대들보가 언제나 그랬던 것은 아니다. 사실인즉슨 일그러지지 않은 달항아리와 휘어지

---

172) 김정기. 1984. 「한국의 건축과 미의식」. 김정기 · 김리나 외. 같은 책.

지 않은 대들보가 더 많았을 것이다. 하지만 기억해야 할 것은 한국인들이 달항아리가 일그러졌다고 해서 깨뜨려 버리거나, 대들보감이 구부러졌다고 해서 고쳐서 쓰거나 하지는 않았다는 것이다. 나아가 그들은 살짝 일그러진 달항아리나 그럴싸하게 휘어진 대들보, 입술이 약간 휘어져 삐뚜름 능청거리는 사발이 오히려 멋있다는 생각을 했던 것 같다.

> 옛날에는 부잣집에서도 좀 삐딱허게 꾸어진 것도 그대로 사갔어라우. 뜯어보믄 잘 못 생겨서 잘 생긴 것도 있어라우.[173)]

물론 도공이 달항아리를 의도적으로 일그러뜨리거나 목수가 굳이 휘어진 목재를 대들보로 사용하지는 않았을 것이다. 무엇보다 그들은 형(形)과 관련된 최소한의 규칙을 지키도록 훈련된 장인들이었기 때문이다. 하지만 여느 한국인들처럼 상의 문제를 일상의 척도로 사용해온 그들인지라, 그들 역시 상과 관련하여 최대한의 성과에 도달하는 것을 자신들의 작업의 궁극적인 목표로 삼고 있었을 것이다. 따라서 만약 상이 만족스럽다면 설령 형이 약간 허물어지더라도 너그럽게 눈감을 수 있다는 생각을 했을 뿐 아니라, 때로는 형이 약간 허물어졌을 때 도리어 상이 만족스러울 수도 있다는 생각을 했을 것이다.

일그러진 달항아리와 휘어진 대들보를 통해, 우리는 '형의 어눌함'에 뒤따르는 '상의 세련됨'을 볼 수 있다. 달리 말하면 '상의 세련됨'에 앞서는 '형의 어눌함'이다. 이것이 바로 한국문화를 깊이 체험한 이들이 한결

173) 박나섭 구술. 오현주 편집. 1992. 『나 죽으믄 이걸로 끄쳐 버리지』. 뿌리깊은 나무.

같이 이야기하는 고졸이나 아졸, 무관심성이나 비균제성의 본질이다. '그 만듦새는 극히 소박하여 전체적으로의 조화와 균제의 미를 찾았을지언정, 부분 부분 뜯어보면 차라리 거칠다 할 만큼 잔손질이 가지 않은 것이 한층 우리의 주의를 끈다'(김용준). 다시 한번 이야기하면, 평균치를 넘어서는 우아함을 갖춘 상은 어느 정도 형의 졸함을 수반하는 경향이 있다는 것이다. 이것은 도인의 격조를 지닌 선비의 글씨가 어린아이 같은 치졸한 맛을 풍기는 이치와도 같다. 상의 아름다움은 형의 어눌함을 수반하며, 높은 경지의 그것은 필연적으로 그렇게 되는 경향이 있다. 한국문화는 이렇게 상의 세련됨과 형의 어눌함이 어우러진 아졸함 또는 고졸함의 형상으로 넘쳐난다.

> 그러나, 이 원숙성은 원숙하여 도리어 아졸미에 도달하기도 한다. 이것이 바로 대오하고보니 대오하기 전과 같더라는 소식이다. 늙으면 도리어 아이와 같아진다는 얘기다. 그러므로, 멋은 원숙을 발판으로 하면서도 그 원숙에서 오는 능란함의 무난을 뛰어넘지 않으면 안 된다. 그러므로 원숙은 초규격의 바탕이지만 초규격이 곧 원숙은 아닌 것이다.[174]

야나기는 한국미를 '미숙한 아이'의 그것이라고 이야기했다. 그리고 천진난만하여 사랑스러운 그 아이를 '성숙한 어른'으로 자처하는 (일본인) 야나기 자신이 돌봐주겠노라고 약속했다. 한국인은 그 약속을 진정한 호의로 기꺼이 받아들였으며, 반 세기가 넘는 세월 동안 그같은 호의의 그늘 밑에 머물며 짐짓 '겉늙은 아이'의 모습을 시늉했다. 다음과 같은

174) 조지훈. 1996. 「멋의 연구」. 앞의 책.

고유섭의 글이 불상 자체에 대한 묘사로서가 아니라 식민미학의 그늘 밑에서 허허로이 머물고 있는 저자(고유섭) 자신의 심정으로 읽히는 까닭이 여기에 있다.

> 우아로 통하는 섬약미는 색채적으로 단조한 것과 곁들여 적조미를 구성하고 있는데, … 이어나가 이 단색조는 사상적 깊이보다도 사상적으로 어느 정도 만큼의 깊이에 들어갔다가 명랑성으로 화하여 나온다. 말하자면 그것은 사상적으로 철저한 깊이에 들어가지 않고 어느 한도에서 체관적 전회를 한다. 이는 즉 끈기와 고집이 부족한 것이며 반면에 허무, 공무, 운명의 관념이 쉽사리 이루어져 가지고 농조로서의 '유머'가 나오는 것이다. 형태의 불완전, 형태의 선율적이란 것도 이 '유머'의 성립을 돕고 있다. 이리하여 적요(寂寥)와 명랑(明朗)이라는 두 개의 모순된 성격이 동시에 성립되어 있다. 질박, 둔후, 순진이 형태의 파조라는 것을 통하여 다시 '적요한 유머'를 통하여 '어른 같은 아이'의 성격을 내고 있다. 조선의 불상조각에는 이 '어른 같은 아이'가 많다.[175)]

하지만 원숙(圓熟)이야말로 초(超)규격의 바탕이며, 멋은 원숙을 바탕으로 한다. 한국미는 분명 어른의 것이지, 아이의 것이 아니라는 이야기이다. '대오하고 보니' 대오하기 전과 같더라는 것이며, '늙으면' 도리어 아이와 같아진다는 것이다. 요컨대 미의식 또는 멋이란 원숙한 자, 깨달은 자, 연륜을 지닌 자에 대한 이야기인 것이다.

다시 말하면, 멋은 먼저 형식상의 격식을 바탕으로 한다. 즉, 격에 맞지

---

175) 고유섭. 1993.「조선 고대미술의 특색과 그 전승문제」. 앞의 책.

않으면 안 된다. 그러나 격식에 맞는다는 것만으로 멋이 성립되는 것은 아니다. 우리는 격식에는 빈틈없이 맞으면서도 멋이 없는 예술과 행위를 얼마든지 볼 수 있기 때문이다. 이런 뜻에서 본다면, 멋은 격식에 맞으면서도 격식을 뛰어넘을 때, 바꿔 말하면 격이 맞는 변격(變格), 변격이면서 격에 제대로 맞을 때 거기서 멋을 느낀다는 말이다. 그러므로, 우리는 이것을 초격미(超格美)라고 부르는 것이다. 다시 말하면, 이는 '변격이합격(變格而合格)'이요 '격에 들어가서 다시 격에서 나오는 격'이라 할 수 있다.[176]

176) 조지훈. 1996. 앞의 책.

참고문헌

가라타니 고진. 2003. 송태욱 옮김. 『일본정신의 기원』. Imagine.

고유섭. 1993. 『고유섭 전집』. 통문관.

구마쿠라 이사오 엮음. 1998. 김순희 옮김. 『다도와 일본의 미』. 小花.

금기숙. 1994. 『조선 복식 미술』. 열화당.

김리나. 1989. 『한국고대 불교조각사 연구』. 일조각.

김용준. 1993. 『한국미술대요』. 범우사.

김용준. 2001. 『조선시대 회화와 화가들』. 열화당.

김원룡. 1996. 『한국미의 탐구』. 열화당.

김윤식. 2001. 『김윤식 문학기행』. 문학사상사.

김정기 · 김리나 외. 1984. 『한국 미술의 미의식』. 고려원.

김정동. 1997. 『일본을 걷는다』. 한양출판.

루스 베네딕트. 1974. 김윤식 · 오인석 옮김. 『국화와 칼』. 을유문화사.

마루야마 마사오. 1995. 김석근 옮김. 『일본정치사상사연구』. 통나무.

미술사학연구회 편. 1989. 『미술사학1』. 민음사.

박나섭 구술. 오현주 편집. 1992. 『나 죽으믄 이걸로 끄쳐 버리지』. 뿌리깊은 나무.

백성현 · 이한우. 1999. 『파란 눈에 비친 하얀 조선』. 새날.

야나기 무네요시. 2004. 김순희 역. 「시부사에 대하여」. 『다도와 일본의 미』. 소화.

야나기 무네요시. 1980. 김종호 역. 『광화문의 마음』. 도서출판 소금.

야나기 무네요시. 1996. 심우성 옮김. 『조선을 생각한다』. 학고재.

에드워드 사이드. 1991. 박홍규 역. 『오리엔탈리즘』.

조지훈. 1996. 『조지훈 전집』. 나남출판.

천이두. 1993. 『한의 구조 연구』. 문학과 지성사.

최현배. 1930. 『조선민족갱생의 도』. 동광당서점.

탁석산. 2000. 『한국의 정체성』. 책세상.

한국문화교류연구회 편. 1998. 『해학과 우리』. 시공사.

『한국전통표준색명 및 색상』. 1992. 국립현대미술관.

한동석. 1966. 『우주변화의 원리』. 행림출판.

Edward W.Said. 2007. 박홍규 옮김. 『오리엔탈리즘』. 교보문고.

유교사회학의 정립과 한국학의 길 찾기

이 영 찬 (계명대학교 사회학)

1. 사회학과 인문학의 거리

사회학과 인문학의 거리두기는 사회학의 성립 조건이었다. 사회학은 인문학적 가치를 배재함으로써 비로소 존립의 토대를 마련하였다. 사회학 창시자 꽁트(A. Comte)는 사회학을 자연과학적 방법을 통해 실증학문화 함으로써 인문학적 전통에서 벗어나려고 했다. 그는 이른바 '실증과학 서열'을 제시하여 사회학을 수학, 천문학, 물리학, 화학, 생물학 다음에 위치시켰다. 이는 사회학을 자연과학과 동일 선상에 정초한다는 것을 의미한다. 이처럼 사회학은 태생적으로 자연과학적 본질을 가졌고 따라서 인문학적 가치는 도외시되었다. 꽁트 사회학의 실증주의적 본질은 뒤르켐(E. Durkheim)으로 이어졌고, 그는 '사회학 방법론의 제 규칙'에서 '사회적 사실을 사물로 간주하라'를 첫 규칙으로 삼았다. 현대 사회학에 이르기까지 사회학자들은 사회학적 지식을 자연과학적 법칙으로 구성하는 것, 사회학적 지식을 정확한 계산에 의한 인과관계로 조직하는 것, 사회학적 지식의 정당성을 형식논리에 근거하는 것 등을 과학적인 것으로서 신봉하였다.

그러나 지금까지 사회학이 인문학과 거리두기로 일관해 온 것은 아니다. 실증적, 과학적 방법은 인간을 대상화하고 사물시하였는데, 지금까지 사회학 방법론에 대한 논쟁사의 중심에는 항상 인간을 양적(量的) 존재로 환원시킨 실증주의적 방법의 가능성과 타당성에 대한 비판적 논의가 자리했다. 실증주의 비판 논리는 인간의 주체성과 의지 자유를 강조한다는 점에서 인문학적 지향을 가졌고 논쟁의 향배에 따라서 두 영역 사이의 거리는 멀게도 가깝게도 묘사되었다. 사회학과 인문학의 거리는 가치논쟁을 통하여 더욱 복잡한 양상을 띠었다. 가치론적 쟁점은 사회학적 탐구에 있어 가치중립의 문제와 사회학의 규범적 · 실천적 성격 규정과 관련된다. 베버는 가치중립적 태도를 천명하여 사회학을 규범과 실천의 문제로부터 분리해야 한다고 주장했다. 그에 의하면 "사실에 대한 경험과학적 기술과 분석은 사실의 평가와는 '전혀 다른 정신의 차원'에 속하는 것이다."[177] 그래서 존재와 당위, 객관적 사실인식과 주관적 가치판단은 엄격히 구분되어야 한다고 본 것이다.

이와 같이 사회학사를 통해 볼 때 사회학과 인문학의 거리는 사회학의 존재론, 방법론, 가치론의 차원에서 다양하게 나타났다. 고전 사회학에서 보면, 인문학과의 존재론적 거리는 뒤르켐의 '사회학주의'와 짐멜(G. Zimmel)의 '형식사회학' 사이의 거리로, 방법론적 거리는 꽁트의 '실증주

177) 한덕영. 2003.『논쟁의 역사를 통해 본 사회학 : 자연과학 · 정신과학 논쟁에서 하버마스 · 루만 논쟁까지』. 한울아카데미. 171쪽.

의'와 베버(M. Weber)의 '이해사회학'의 거리로 가늠할 수 있을 것이다. 그리고 베버의 '가치자유'와 마르크스(K. Marx)의 '비판적 접근'은 실천의 문제와 관련되기 때문에 가치론적 거리의 지표가 될 수 있을 것이다. 이처럼 사회학과 인문학의 거리는 사회학의 정체성과 본질을 설명하는 기준점이 되었다.

2. 서구 사회학의 위기와 인간주의 이념[178)]

고전적 방법론 논쟁은 20세기에 걸쳐서 이어지는데, 1960년대의 포퍼(K.R Popper)와 아도르노(T.W Adorno)의 논쟁과 달렌도르프(R. Dahrendorf)의 토론으로 이어진 실증주의 논쟁은 실증주의의 가능성과 한계에 대한 본격적 논쟁이었다. 이 논쟁에는 '사회학주의', '방법론 지상주의', '가치자유'에 대한 반성이 내포되어 있었고 사회학에 대한 위기의식이 반영되어 있었다. 그리고 이 위기감의 근원이 결국 사회학이 과학적 논리로 추상화됨으로써 '인간다운 삶'에 별다른 도움이 되지 못한데 있음에 주목하였다.

사회학 방법론 논쟁사에 있어 1960년대는 또 다른 논쟁의 출발점이 되었는데, 바로 '사회학 위기' 논쟁이었다. 이 새로운 형태의 논쟁은 사회학 방법론의 빈곤, 즉 연구과정의 엄밀성과 객관성 등 연구 과정의 과학성 부재에 따른 것이 아니었다. 위기의 본질은 오히려 방법론적 기술이

---

178) 이 절의 '사회학의 위기와 인간주의 사회학'에 대한 보다 자세한 논의는 『유교사회학』(이영찬, 2002)의 34쪽 이하를 참고 할 것.

인간의 관심과 문제를 압도하고 방법론의 정밀함이 도리어 인간문제의 본질을 호도하는 것에 있다는 점을 발견한 것이다. 연구방법의 과학성은 사회학적 진실을 어떻게 발견할 것인가에 대해서는 충고해 줄 수 있지만, 무엇이 진실이라는 것은 말해 주지 않는다. 사회학이 과학주의를 맹신하면 도구적 학문으로 전락할 위험이 있다. 과학주의를 통해 사회학은 과학적 지위를 획득할 수 있겠지만 이로서 비판적 정신을 상실하고 기존의 가치체계의 시녀로 전락할 수 있기 때문이다.

위기에 대한 반성은 사회학의 철학적, 이념적 전제와 함의에 초점이 맞추어져 있었다. 이들 전제와 함의는 근대적 인간관에 근거하고 있다. 사회학의 위기는 인간을 객체적 · 기계적 존재로 인식하고 전제한 서구 사회학의 위기였고, 보다 직접적으로는 이러한 인간관에 토대한 당시 '구조기능주의'와 '실증주의'의 위기였다. 예컨대 파슨스의 구조기능주의, 왓슨과 스키너 등의 행태론에서는 인간의 행위를 사회구조와 외부적 조건의 함수로 설명한다. 이들 이론들은 인간행위를 자연과학의 보편적 법칙으로 분석하고 인간의 자율성과 창조적 선택능력을 과소평가하였다.

실증주의와 구조기능주의의 철학적 기반을 문제삼는 사회학의 위기논쟁 중심에는 인간주의적 이념이 있었다. 니콜라우스(M Nicolaus), 스미스(L.S Smith) 등의 '급진사회학', 굴드너(A.W Gouldner)의 '성찰적 사회학', 버거(P.L Berger)의 '인간주의 사회학' 등은 이러한 사회학 위기에 대한 대안으로 등장하였다. 이 새로운 사회학들은 인간의 자원성, 자율성, 윤리성, 창조성, 적극성을 강조한다. 그들은 사회학을 한낱 '가치자유'라는 신성한 교리에 매여 있어야 하는 '중립적' 학문으로 보지 않는다. 그레이(D.J Gray)는 현대사회학이 표방하는 가치자유의 교리는 크게 두 가지 이유로 잘못된 것이라고 비평한다. "첫째는 이것이 위선적이고, 둘째로 이것은 부적절(inappropriate)하다는 것이다."[179] 여기서 '위선적'이라 함은 현대 사회학이 현실의 진정한 모습을 솔직히 전달하지 못함을 두고 말한 것인데, 현대 사회학의 거대 이론들을 보면 쉽게 이해할 수 있다. 또 '부적절하다'라는 것은 사회학이 어느 학문 못지않게 현실을 체계적이고도 깊이 있게 연구하는 학문임에도 불구하고 가치판단을 내리지 않는 것은 무책임하다는 것이다. 그레이에 의하면 사회학자는 프리드리히가 말한 예언자적 역할 즉 자신이 변화의 주체라는 적극적인 자의식을 가지지 못했다는 것이다.

그러나 서구 사회학 내에서 일어났던 인간주의적 반성은 한계를 가질 수밖에 없었다. 그것은 서구적 인간관과 근대적 이성 내지 합리성에 대한 근본적인 반성이 수반되지 못했기 때문이다. 이른바 '사회학의 사회학자들'이 인간의 자유와 자율, 창조성과 윤리성을 서구 사회학 내부에서 회복하려고 노력을 기울였지만, 보다 근본적인 문제, 즉 서구적 이성과 합리성의 본질에 대한 반성이 전제되지 못했다. 이는 서구사회학의 위기를 초래한 서구 근대적 이성 안에서 다시 위기의 해법을 구하는 모순을 내포하였다. 그래서 인간주의 사회학은 서구의 근대적 이성과 합리성 안에 이루어진 절반의 반성에 머물렀다 하겠다.

한편 서구사회학은 한국사회를 연구할 때에는 여기에 더하여 패러다임적 위기를 동시에 겪는다. 패러다임적 위기는 한국사회에 대한 서구사회학의 과학적 지식과 동양적 세계관에 토대한 삶의 지혜가 현실에서

179) 상게서. 210쪽.

괴리됨으로써 나타난다. 한국사회는 서구화된 영역과 더불어 전통적 영역이 공존한다. 그래서 서구사회학이 한국사회의 서구화된 영역에서는 유용하지만 그것이 서구의 역사와 문화 속에서 배태된 사회학이기 때문에 한국사회의 역사·문화적 특수성을 담아내기에는 부족한 측면이 분명히 존재한다. 유교는 한국사회 전반의 전통적, 심층적 영역에서 지배적인 이념으로 여전히 자리하고 있다. 그리고 유교적 앎에는 서구의 근대적 이성과 합리성으로 초래된 위기를 극복할 지혜를 갖고 있다. 유교의 세계관과 사상에 토대한 유교사회학은 한국의 역사와 문화를 대상으로 삼는 한국학의 발전에 기여하는 바가 많을 것으로 본다.

3. 유교적 앎과 인문정신

서구사회학은 합리주의와 경험주의를 철학적 토대로 하는데, 두 철학의 공통점은 이원론적 사유구조를 가졌다는 점이다. 이원적 사유구조에서 대상은 주체와 분리되며, 주체의 일방적인 탐구의 대상으로 고립된다. 뒤르켐의 '사회적 사실', 짐멜의 '형식', 마르크스의 '토대'는 말할 것도 없고, 파슨스(T. Parsons)의 '사회체계', 미드(G. H Mead)의 '자아'에 이르기까지 서구사회학의 연구대상은 주체에 의해 대상화된 객체적 사실이었다.

반면, 유교적 앎은 사물의 이치(理)를 추구하는데, 리는 사물의 원리로서 소이연의 이유이자 행위의 소당연적 규범이다. 이렇게 유교적 앎이 추구하는 것이 사물의 필연적 법칙이자 인간의 당위적 규범이라는 점은 근대 사회학이 추구하는 과학적 지식의 목표와는 많은 차이가 있다. 유교적 앎의 특징이 갖는 인문학적 함의를 보자.[180]

첫째, 유교 경전에서 추구하는 앎은 '자신을 위한 앎 [爲己之學]'을 지향한다. 위기지학은 '도를 자기 몸에 얻으려는 학문(程頤)', 즉 자신의 도덕적 완성으로 얻어지는 앎이다. 실증적 지식을 추구해온 서구사회학은 유교적 앎의 대상인 본성, 덕, 이치 등과 같은 양화(量化)할 수 없는 것은 비본질적인 것으로 간주하고 앎의 대상에서 추방해 버렸다. 이른바 과학적 지식은 논리적이고 이론적이지만, 비실제적 · 사변적이며 비현실적 · 초월적이다. 반면 "유교의 주체적 사유는 경험의 여과를 거치고 명확한 가치취향을 갖는데, 그 목적은 인생을 포함하여 사물의 '의미'를 획득하는데 있는 것이지, 사물의 객관적 '성질'을 얻는데 있는 것이 아니다"[181]. 유교적 앎은 단순히 일의 소이연(所以然)을 아는[知] 것에 머무는 것이 아니라, 그 이치의 소당연(所當然)을 깨닫는[覺] 것에서 완성되는 앎이다.

둘째, 유교적 앎의 궁극적 대상은 인간과 사물의 본성이다. 유교는 감각적 경험을 통하여 얻어진 지식은 위태로운 것으로 보고 사물의 본성에 접근하여 앎을 이루어야 한다고 본다. 본성은 사물로 말하면 사물의 이치[理]이고, 인간으로 말하면 사람의 도덕적 본성[性]이다. 본성은 행위를 주재하는 마음의 이치이자, 마음의 도리이다. 그러나 서구사회학에서 인간 행위는 본성보다는 후천적인 환경에 의해서 결정된다는 입장이 우세하다. 맹자에 따르면 인성은 본래 선하며 그것이 악하게 드러나는 것은

180) 유교적 앎의 본질에 대한 상세한 논의는 졸고. 「유교적 앎의 사회학 방법론적 함의」. (『한국사회학』, 제35(1) : 91-97쪽(2001))을 참고할 것.

181) 蒙培元. 1993. 『中國哲學主體思想』. 東方出版社 3쪽.

조건[勢]에 의해 부득이한 경우일 뿐이다. 물의 운동에 대한 앎은 물이 동쪽으로 흐르느냐, 서쪽으로 흐르느냐를 관찰하는 것이 중요한 것이 아니다. 물에 대한 앎은 물이 아래로 흐른다는 물의 본성에 대한 앎이 전제될 때 본질적인 앎에 이를 수 있다는 것이다. 인간의 행위에 있어서도 마찬가지다. 행위가 드러난 현상과 그 현상의 조건 못지않게 그 행위의 원리가 되는 마음의 이치, 즉 본성에 대한 자각이 선행되어야 한다고 보는 것이다.

셋째, 유교적 앎 속에서 대상에 대한 앎은 주체에 대한 앎과 분리되지 않는다. "일반적으로 말해 서양 철학적인 인식론이 주관과 객관을 대립시키는 이분성의 논리를 그 근저에 갖고, 거기에서 모든 사고를 전개시키려고 하는 데 비해 중국 철학적인 인식론은 주관과 객관으로 양분되기 이전의 곳, 주관과 객관이 아직 분화되지 않은 혼일적인 경지를 중시한다"[182]. 그래서 서양적인 사유가 이분성의 논리를 바탕으로 칼로 베듯이 명확하게 분석하고 체계적으로 이론화하여 가는 데 비해 중국적인 사유는 명석한 것이라기보다는 혼연일체인 것을, 지적·법칙적인 이해보다는 체험적·전일적인 파악을 선호한다. 이것은 경험의 일반화나 합리적 추론에 의해서 앎을 추구하는 것이 아니라 궁극적으로 깨달음을 통해서 직관하는 앎이다.

넷째, 유교적 앎은 윤리성·실천성을 내포한다. 앎의 윤리성·실천성은 곧 행위에 연계된 앎을 말한다. 논어의 첫 장은 '배우고 수시로 익힘'(學而時習)으로 시작된다. 배움[學]은 본받는다[效]는 뜻이고, 익히는 것

182) 赤塚 忠 외. 1987. 조성을 옮김. 『중국사상개론』. 이론과 실천. 126쪽.

은 실천하여 익숙해지는 것을 말한다. 곧 선각자를 본받아 그것을 내 몸에 배도록 익히는 것이 진정한 학문하는 행위가 된다는 뜻이다.

이렇게 볼 때 유교에서 '앎'의 본질적 내용은 추상화된 개념이나 이러한 개념의 체계화가 아니라, 주체로서의 인간과 대상으로서의 사물이 하나의 원리[理]를 공유함으로써 근원적으로 융합되는 것이라 할 수 있다. 앎은 인간의 삶의 핵심이며, 인간의 전인격성에 관련하고 있기 때문에 인식은 행위를 떠나서는 성립할 수 없고, 종국적으로 '앎'은 행(行)에 의해 완성되는 것이라 할 수 있겠다.

유교적 앎은 가치판단으로부터 자유롭지 않으며 항상 '인간적인 것'에 대한 규범적인 반성을 촉구한다. 유교적 앎은 지식(episteme)과 구별되는 지혜, 즉 윤리적인 앎(phronesis)을 추구한다. 이러한 점에서 유교적 앎은 인문학적 합리성을 추구하고 있다고 볼 수 있다. 인문학이 추구하는 앎, 인문학을 통하여 도달하고자 하는 상태는 서구적 합리성과는 차원을 달리하는 규범적인 것이다. 즉 "우리의 일상생활에서 요구되는 합리성이란 이성적인 것뿐만 아니라 사리에 맞는 것, 있을 수 있는 것, 더 나아가서 바람직한 것에 대한 판단을 모두 포용하는 형태의 합리성이라는 것이다. 합리적 선택이란 예컨대 게임이론의 관점에서 접근될 성질의 것이 아니라 교양과 형성의 차원에서 접근되어야 할 것임을 인문학은 고수한다."[183] 유교적 인식은 사회학에 이러한 인문학적 지평을 넓히는 데 기여할 수 있을 것이다.

사회학의 학문적 특성 가운데 하나는 실용학문이라는 점에 있다. 그러

183) 인문과학연구소 편저. 1995.『인문과학의 이념과 방법론』. 성균관대학교 출판부. 4쪽.

나 현대 사회학은 과학성에 집착하고 지나친 형식논리에 사로잡혀 생명력을 잃고 현실과 동떨어지게 되었다. 실용학문으로서의 사회학이 가지는 정체성은 그 절차의 과학성에 있는 것이 아니라, 그것이 보다 행복하고 바람직한 사회를 이루어 가는데 실제적인 도움을 줄 수 있는가하는 효용성에 있다. 체득에 의한 앎, 윤리적인 앎을 중시하는 유교사상은 인간과 공동체로부터 유리되어서는 성립할 수 없는 사상이고, 이런 점에서 사회학의 '규범적 정체성'을 제고시키는데 도움을 줄 수 있을 것이다. 유교사상을 통해 사회학에서 인문정신의 지평을 넓히고 규범적 정체성을 높이자는 것은 서구 사회학의 입장에서 보면 매우 비합리적이고 비과학적으로 보인다. 그러나 사회학의 목적이 궁극적으로 사회에 인간다운 삶을 실현하는데 있다면, 사회학도 이제 단순한 도구적 학문에서 벗어나 자신의 문화적 토양 위에서 진정 인간다운 삶의 조건이 무엇인가를 반성하여야 할 때이다.

4. 유교사회학과 한국학

유교사회학은 현대사회에 대한 유교적 앎을 추구한다. 이를 위해 유교사회사상을 통한 현대 한국사회의 이해와 근대적 문제를 극복할 수 있는 미래지향적 사회학의 정립을 시도한다. 한국에 사회학이 도입된 지 반세기가 지났다. 이제 '수입학문'의 틀에서 벗어나 '토착화'되어야 하고 나아가 '자생적 학문'으로 결실을 맺어야 한다. 토착화는 다른 풍토에서 자란 서구 사회학을 한국의 문화적 토양에 이식 · 적응시켜 무성하게 하는 것이다. 외래종을 우리의 풍토에 적응시켜 필요를 충족시키는 것이 토착화라면, 자생화는 이식된 것이 아니라 한국인의 유구한 역사와 문화적 풍토에서 싹터 나온 것을 말한다. 따라서 자생적 학문은 서구 사회학과는 다른 세계관과 패러다임적 토대를 전제로 한다.

서구 사회학이 서구 근대과학의 세계관과 패러다임에 근거하듯이 유교사회학은 유교 패러다임을 기초로 하여 성립되었다. 패러다임의 개념에는 세계관과 모델의 의미가 내포되어 있다. 유교사회학도 세계관으로서의 패러다임과 모델로서의 패러다임을 상정해 볼 수 있는데, 우리는 전자를 리기론적 형이상학 체계에 근거한 리기 패러다임으로, 후자를 음양오행론적 논리체계에 근거한 음양오행 패러다임으로 이념형화하고자 한다. 이 두 패러다임은 실체적 개념이라기보다는 분석의 편의를 위한 이념형(ideal type)이라 할 수 있다. 그리고 리기론과 음양오행론이 별개의 이론이 아니듯이 두 패러다임도 설명되어야할 문제의 성격에 따라 상호 교환적으로 사용될 수 있을 것이다. 이 두 패러다임을 논리적 체계로 하여 유교 사회사상을 이론화하는 것이 유교사회학의 주된 과제이다.

유교사회학적 연구는 두 가지 목적을 갖는다. 첫째는 한국사회를 보다 통합적으로 연구하기 위해서이다. 한국 사회는 구조적 이중성을 갖고 있다. 한국은 개항된 지 2세기 남짓 동안 사회 전반이 서구화되었지만, 그럼에도 불구하고 사적 · 생활세계의 영역에는 전통적인 요소가 심층에 많이 남아 있다. 이를테면, 한국인은 사회 모든 분야의 공적·제도적 영역에서는 주로 근대 서구적 합리성에 근거한 행위규범에 따라 행동한다. 그러나 아직까지 사적 · 생활세계 영역에서는 많은 부분 전통적인 유교적 규범에 따른다. 서구적 세계관과 합리성에서 탄생한 서구사회학은 한국 사회의 표층을 이루는 공적 · 제도적인 측면을 연구하는데 매우 유용한 이론과 방법론을 제공한다. 그러나 아직 전통적 요소가 남아있는 사적 · 생활세계의 영역에서는 유교적 세계관과 합리성에 근거한 다른 패러다임의 사회학이 요구된다. 유교사회학은 한국사회의 구조적 이중성을 포섭하는 자생적 한국사회학 정립에 기여하고자 한다.

둘째, 유교사회학은 유교적 앎을 사회학적 지식과 접목하여 인문학적 지평을 넓히고자 한다. 유교사회학은 단순히 학문에 있어 '사제적' 역할뿐만 아니라 '예언자적' 역할을 자임한다. 앞에서 살펴보았듯이, 유교적 앎은 도덕적 완성을 위한 앎, 본성의 실현에 지향된 앎, 체득에 의해 얻어지는 앎, 실천과 분리되지 않는 앎을 추구한다. 따라서 사회에 대한 유교적 앎을 추구하는 사회학은 주어진 현상에 대한 피상적인 지식에 머무는 단계를 넘어 현상의 근원에 작용하는 이치를 깨달아 자신의 본성과 통일시키는 보다 근원적인 지식을 추구한다. 그리하여 사회학이 실증적 방법에 의존하여 현실을 대상화하고 단순히 기술하는 사회학에서 벗어나고자 하며, 천리 · 본성을 자각하여 삶을 우주 질서에 일치시키는 길을 제시하는 천인합일 · 물아일체적 유교적 세계관이 반영된 사회학의 정립을 지향한다. 유교사회학이 추구하는 이러한 이념은 한국학이 지향해야할 이념적 지점에 대해 몇 가지 시사점을 갖는다.

첫째, 패러다임의 전환이다.[184] 유교사회학은 사회학을 서구 근대적 세계관과는 다른 유교적 세계관을 통해 정립하고자 한다. 유교적 세계관이 가장 잘 표현된 이론체계가 선진유교에서의 음양오행론과 송학에서

184) 유교적 패러다임에 대한 보다 상세한 내용은 졸고. 「리기론적 사회학 패러다임 시론」(『동양사회사상』. 2003. 39-74쪽) 참조 할 것.

의 리기론이라 본다. 음양오행론은 대대적, 유행적 사유체계를 가진다. 대대적 사유는 존재를 상대적, 상함적, 상호적 관계 속에서 파악하는데 이는 서구 근대의 이원적, 대립적 사유체계와 대비된다. 유행적 사유는 변화를 생성으로 파악하고 순환적, 질운적(迭運的), 시중적(時中的) 과정으로 인식하는데, 이는 서구의 목적론적, 변증법적 사유체계와 대비된다. 그리고 리기론은 통일체적, 유기체적 사유체계를 갖는다. 통일체적 사유체계는 변화와 불변의 시간적 통일, 부분과 전체의 공간적 통일, 본체와 현상의 존재적 통일, 선과 악의 가치적 통일을 지향한다. 이는 근대 서구의 환원적, 분석적 세계관과 대조를 이룬다. 그리고 유기체적 사유체계는 상관적(相關的), 상인(相因・相成)적 관계, 상함적(相含的), 통체・부분자(統體・部分子) 관계, 상동적(相同的), 분화・통합(分化・統合)의 관계, 통합적(統合的), 공생・공존(共生・共存)의 관계를 지향한다. 이는 근대 서구의 형식적, 기계적 세계관과 대비를 이룬다.

유교사회학은 이러한 음양오행론과 리기론적 세계관을 패러다임적 토대로 하고, 따라서 서구사회학과는 다른 이론적 지향점을 갖는다. 한국학에 있어서도 패러다임적 토대를 어디에 두느냐에 따라 이론적 지향이 다르게 될 것이다. 한국학은 한국의 역사와 문화의 토양에서 자라고 한국인의 사상의 심층에 존재하는 세계관을 반영하는 이론체계가 될 필요성이 있을 것이다.

둘째, 주체적 학문의 정립이다. 서구사회학을 한국사회에 적용할 경우 부지불식간에 오리엔탈리즘적 세계관에 입각하여 한국사회를 이해할 가능성이 많다. 서구의 진화적 발전관, 근대화론, 합리주의적 행위론, 목적합리적 제도론 등 서구이론에는 서구적 세계관에 입각한 학문적 가치관단이 전제되어 있다. 유교사회학은 유교적 세계관과 그에 입각한 사회학 이론화를 통해 학문적 주체성을 확립하고자 한다. 유교사회학적 관점과 이론은 서구사회학에서 후진적, 비합리적, 비논리적이라 여겨지는 것이 오히려 더 선진적이고, 가치 있는 것으로 이해될 수 있다. 이러한 점은 한국학을 정립하는데 있어서도 고려되어야 할 사항이다. 예컨대, "서양의 한국학의 특성은 그들의 한국학이 각각 자국의 인문학적, 지역학적 전통에 포섭되어 있기 때문이다. 미국의 한국학은 한국 내의 한국학에 대응하는, 가치중립성과 객관성을 지닌 타자로서 존재하기보다는 미국 인문사회과학의 논리가 관철되는 미국인문사회과학의 한 분야로 존재한다. 이런 점에서 서양 한국학을 통한 한국학의 정체성 확립, 학문적 체계화, 나아가 한국학의 세계화라는 과제의 달성은 사실상 기대하기 어렵다."[185] 한국학은 한국인이 공유하는 세계관과 한국인의 심층의식에 기초하지 않을 때 스스로 오리엔탈리즘에 젖어 주체성을 잃게 될 가능성이 크다.

셋째, 통합적 학문의 형성이다. 유교사회학에서는 유교와 사회학의 만남을 시도했다. 유교와 사회학의 만남은 인문학과 사회과학과의 만남, 인문정신과 과학적 지식의 만남, 전통학문과 근대학문의 만남 등의 의미를 함축하고 있다. 현대 사회는 다원적, 중층적 사회이다. 현대 한국사회도 동·서양의 문화와 제도가 공존하고, 전통과 현대가 다층적 구조를 이루고 있다. 유교사회학은 현대사회의 이러한 복잡한 특성을 어느 일방적 관점과 시야가 아니라 보다 종합적이고 통합적인 방식으로 이해하자

185) 이영호. 2006.「한국학 연구의 동향과 '동아시아 한국학'」.『한국학 연구』. 15쪽.

는데 목적이 있다. 한국학은 학문의 성격상 이러한 통합 학문적 성격이 더욱 요구된다 하겠다. 그럼에도 불구하고, "현재 한국학의 문제는 인문학적 한국학인 국학과 사회과학적 한국학의 관계가 소원하고 서로 각자의 길만을 가고 있다는 것이다. 그래서 이 두 부류의 한국학을 통합해야 한다는 주장이 나오고 있으나, 아직 통합의 다리가 놓여지지 못한 것 같다. (…) 현재의 한국학 내에서 지속되고 있는 인문학과 사회과학의 대립, 그에 따른 전통과 현대의 대립이라는 갈등구도는 인문학적 한국학 내지 국학과 사회과학적, 내지 지역학으로서의 한국학이 서로 매우 다른 성향으로 대립할 수밖에 없는 것처럼 보이게 한다."[186] 유교사회학적 관점은 한국학이 하나의 통합학문으로 정착하는데 시사하는 바가 많을 것으로 본다.

5. 한국학의 길 찾기와 유교사회학의 길

한국학[187]은 현재 가히 기로에 서서 나아갈 방향을 잡지 못하고 있

186) 윤택림. 2003.「한국학 연구방법의 모색 : 문화기술지적 방법(ehtnographic method)을 중심으로」.『정신문화연구』. 26(1) : 110-111쪽.

187) 여기서 언급되는 '한국학'의 개념은 일반적인 개념과 '국학'과 대비한 특정적인 개념을 혼용하고 있다. 맥락에 따라 의미를 구분할 필요가 있다. '한국학'과 '국학' 두 개념의 차이는 조동일 교수가 일찍이 잘 정리해 두었다. "(가) '국학'과 '한국학'은 학문하는 정신이 다르다. '국학'은 우리가 스스로 하는 학문이고, '한국학'은 'korean studies'의 번역어이며 남들이 하는 학문이다. … (나) '국학'과 '한국학'은 학문하는 사람이 다르다. '국학'은 국내 사람들끼리 하는 학문이고 '한국학'은 외국인과 함께 하는 학문이다. '국문학'과 '한국문학', '국어'와 '한국어', '국사'와 '한국사', '국악'과 '한국음악'이 그런 관계를 가진

는 형편이다. 한국학 앞에 놓인 길은 크게 두 곳의 갈림길로 정리할 수 있겠다.

첫째 갈림길은 한국학의 존재론적 갈림길이라 하겠다. 한국학의 존재론적 정체성은 한국학 연구의 역사적 기원, 한국학 연구의 시대적 범주, 한국학의 연구분야 등을 통해 살펴볼 수 있을 것이다. 우선 한국학은 그 기원을 국내에 둔, 조선시대의 동국학(東國學)으로부터 한말의 본국학(本國學), 일제시대의 조선학(朝鮮學), 1950-60년대의 국학(國學)을 거쳐 오늘날까지 면면히 역사적 전통을 이어온 '국학(national studies)'으로서의 정체성을 갖는다. 다른 한편 한국학은 기원이 서구 열강의 제국주의와 기독교의 선교활동 등에서 비롯되고, 2차 세계대전 이후 특히 미국의 전세계에 대한 헤게모니 전략의 일환으로 국가와 재단, 대학의 연계구도 속에서 붐을 이루었던,[188] '지역학(area studies)'으로서의 정체성을 갖는다. "한국학 (korean studies)은 국외에서 수행되는 한국관련 연구이고, 국학(national studies)은 국내에서 진행되는 한국관련 학문으로 구분될 수 있다. 그러나 국학과 한국학의 구분은 단순한 지리적 차이에 한정되지 않는다. 외국에서 이루어지는 한국학은 일종의 지역연구(area studies)로서, 말하자면 타자의 시선에서 상대를 바라보는 연구이다. 이 때 한국학

다.… (다) 국학과 한국학은 지향점이 구별된다. '국학'의 자기중심적이고 과거지향적인 시각에서 벗어나 남들과 함께 하는 개방적이고 진취적인 학문이 '한국학'이다. 국내의 학문인 '국학'에서 세계의 학문인 '한국학'으로 나아가 이룬 성과의 타당성을 널리 입증하는 것이 이제부터 해야 할 일이다(조동일. 2002. 「한국학 연구의 새 방향」. 『한국학논집』. 29.).

188) 김왕배. 1999. 「'은둔의 왕국' : 한국학의 맹아와 선구자들」. 『정신문화 연구』. 5-6쪽.

의 동력은 해당 국가의 관심이나 이해관계로부터 나올 수밖에 없다. 반면, 국내에서 이루어지는 한국학은 민족주의 정향에서 주로 힘을 얻는다."[189] 한국학은 이렇게 출발점을 달리함으로써 연구대상과 방법론적 지향의 차이를 초래한다.

한편, 한국학은 연구대상을 전통적 한국에 둘 것인가 아니면 현대적 한국에까지 확대할 것인가의 문제를 결정해야 한다. 한국학의 연구대상을 역사적, 전통적인 한국에 한정하자는 주장에는 대체로 우리나라의 고유한 역사와 문화를 보존하고 발전시켜 민족적 자아의식을 고취시키려는 의도가 깔려 있다. '동국학', '조선학', '국학' 등은 주로 한국의 역사와 문화적 전통을 한국학의 대상으로 간주했다. 한국학을 역사적 과거에 초점을 맞추어 접근하는 학자 가운데는 한국학을 역사학으로 환원시켜 이해하기도 한다. 그는 한국학을 넓은 의미의 한국사학으로 파악하고 한국철학사, 한국문학사, 한국법률사 등의 연구영역으로 환원시켰다.[190] 이러한 관점은 오늘날에도 지속되고 한국학의 범주를 설정하는데 중요한 근거로 작용하고 있다.

반면 한국학의 연구대상을 현대의 한국에까지 확대하는 주장으로 최근 해외에서 한국에 대한 관심이 높아지면서 힘을 얻게 되었다. 외국인들의 한국에 대한 관심은 정치 · 외교, 경제 · 교류, 통일 · 안보 등 그들의 현재적 이해관계를 반영하고 있으며 이에 대응하기 위해 한국학의 범위

---

189) 전상인. 2005. 「한국학과 사회과학의 대화 - 역사학과 사회학을 중심으로」. 『21세기의 한국학, 어떻게 할 것인가』. 푸른역사. 69-70쪽.

190) 강봉수. 1996. 「한국학의 성립 가능서에 대한 기존 논의들 －쟁점분석을 중심으로－」. 『한국학 대학원 논문집』. 정신문화연구원. 189쪽.

를 현대사회로까지 확장하였다. 이는 한국학이 국내적 논의에 머물지 않고 세계적 수요에 따르기 위해서는 연구대상의 시점을 현대로 확장해야 한다는 입장이다. 이 입장에서도 물론 한국의 전통이나 역사에 관심을 갖기는 하지만, 한국의 현재적 이슈가 1차적 관심이며 이것의 이해를 돕기 위하여 역사와 전통문화에 관심을 가질 뿐이다.

한국학의 존재론적 정체성과 관련해서 한국학이 포괄하는 연구영역을 어떻게 한정할 것인가가 또한 중요하다. 한국학은 문·사·철을 중심으로 하고 예술, 종교, 등을 포함하는 인문한국학, 인문한국학에 더하여 사회과학을 포함하는 통합적 한국학, 그리고 인문한국학과 통합적 한국학을 포함하여 자연과학까지 모두 포괄하는 '한국에 관한 모든 것'을 연구하는 학문으로서 한국학을 규정하기도 한다. 한국학을 문·사·철 중심의 인문학으로 규정하는 것은 한국의 문화적 특수성이 문·사·철에서 가장 잘 나타나기 때문일 것이다. 자연과학적 대상은 보편적 법칙이 적용되는 영역이기 때문에 굳이 한국학적 대상으로 구분할 필요가 없다. 자연과학적 현상은 역사와 문화와는 상관없이 보편적 자연과학적 법칙을 따르기 때문이다. 이러한 존재론적 갈림길들은 한국학의 정체성에 대한 혼선을 가져왔고 이로써 연구대상보다는 연구방법론 차원에서 한국학의 정체성을 추구하는 시도로 이어졌다.

둘째 갈림길은 인식론적 갈림길이라 하겠다. 이는 한국학의 방법론과 관련되고 한국학의 존재론적 대립이 반영되어 나타난다. 한국학의 방법론으로는 크게 인문학적 방법론과 사회과학적 방법론으로 대별된다. 인문학적 방법은 일제시대 국권상실 아래 민족독립의 역량배양이라는 의도에서 국사학과 국어학을 중심으로 발전해온 '국학'의 전통으로부터 이어져 왔다고 볼 수 있다. 국학의 방법론적 장점의 하나는 한국학에 하나의 통합적 시각을 제시하고 있다는 점이다. "이 시기의 국학에 주목하는 이유는, 그것이 분과학문에 매몰되지 아니하고 문학, 역사, 사상, 민속, 문화, 예술의 제 영역을 넘나드는 통합적 문제의식을 보여주었기 때문이다. (…) 국학은 조선 후기 실학이 취한 통합적 학문방법을 계승하면서 그것을 근대적인 방향으로 전환시킨 의의가 있다."[191] 이런 점에서 국학은 지행합일(知行合一), 천일합일(天人合一), 물아일체(物我一體) 등의 명제가 표방하는 통합학문으로서의 전통적 구학문의 학문방법을 어느 정도 계승하고 있다.

반면 사회과학적 방법은 1970년대부터, 특히 88올림픽 이후 한국에 대한 세계적인 관심이 높아지면서 사회과학적인 한국학이 발전하게 되었다. 사회과학적 방법은 특히 미국의 세계전략에 따라 한국사회를 타자화 하여, 한국학을 '지역학'으로서 규정하고 보편적 법칙을 추구하는 방법론이다. "지역연구는…. 미국의 세계전략적인 관점에서 비구미지역의 현실을 분석해서 거기서 유효한 정책을 입안하는 데 필요한 정보를 얻으려고 만들어진 것이다."[192] 국학적 방법이 통합적 학문방법을 취한다면, 지역학적 방법은 한국을 사회과학의 분과영역으로 분석하는 분과적 학문방법을 취한다고 할 수 있다.

그리고 국학으로서의 한국학과 지역학으로서의 한국학은 방법론적 전

191) 박희병. 2005. 「통합인문학으로서의 한국학」. 『21세기 한국학, 어떻게 할 것인가』. 푸른역사. 51쪽.

192) 미야지마 히로시(宮嶋博史). 2005. 「동아시아세계 속의 한국학」. 『21세기 한국학, 어떻게 할 것인가』. 푸른역사. 92쪽.

략뿐만 아니라, 방법론의 이념적 지향을 달리한다. "국학으로서의 한국학은 항상 일정한 가치판단을 전제로 해왔으며, 그 핵심은 민족주의의 지향이었다. 어떤 의미에서 그것은 모든 나라의 자국학이 갖고 있는 기본 속성이라 할 것이다. 문제는 따라서 그 정도 여하일 텐데, 민족주의 성향이 강할수록 이른바 학문과 과학의 객관성 명제에 부합되기 어렵다. 물론 지역연구로서의 한국학이 가치중립성 및 학문의 보편성이라는 측면에서 국학으로서의 한국학에 대해 절대적 우위를 점하고 있는 것은 아니다. 하지만 적어도 상대적으로 본다면 전자는 과학적 지식체계의 글로벌 스탠더드에 더 가깝고 또한 가까워질 수밖에 없다. 바로 이런 점에서 후자와의 잠재적 긴장은 상존한다고 보아야 한다."[193] 국학은 민족적 가치가 개입되어 있으며, 지역학으로서의 한국학은 가치중립적으로 일반적 법칙을 추구한다는 점에서 전자는 인문학적 지향점을, 후자는 과학적 지향점을 갖는다.

인문학과 사회과학 방법론 사이의 단절과 대립을 극복하는 방법은 두 가지 방향에서 제기되고 있다. 하나는 문화기술지 방법을 통해 두 방법론을 통합하는 것이다. "문화기술지적 방법은 사실상 인문학과 사회과학을 연결해 주는 연구 방법이라고 볼 수 있다. 문화기술지는 사회과학 방법론의 하나이지만, 연구의 목표는 법칙추구가 아니라 해석(interpretation)이다. 인류학적 현지조사는 가설을 검증하는 연역적 작업이 아니라, 다양한 자료로부터 문화의 이해를 도출해내는 귀납적 작업이다. 또한 인류학자가 참여 관찰한 것들을 자세히 구체적으로 기술(description)해내지만, 그

193) 상게서. 전상인. 71쪽.

기술은 하나의 번역(translation)작업이기 때문에, 또한 설명(explanation)이 된다. 그래서 문화기술지는 주관적이면서도 객관적이고, 특수하면서도 동시에 일반적인 성격을 가지게 된다."[194] 문화기술지적 방법에는 사회과학의 객관적, 실증적 방법과 인문학의 주관적, 해석학적 방법이 종합되어 있다.

또 다른 하나의 방법은 특정 사회의 문화문법을 밝히는 것인데, 이는 '한 민족 혹은 그의 하위 집단의 구성원들이 자신들이 처한 환경에 의미를 부여하고, 그 환경 속에서 적절한 행위를 취할 수 있도록 인도하는 내재적인 의미의 체계 혹은 심층구조의 법칙'[195]으로 보는 문화학적 시각이다. "최근 문화에 관심을 보이고 있는 일부 사람들 중에는 문화를 마치 정치, 경제, 종교 등으로 표현될 수 있는 일련의 현상들과는 구분되는 별개의 독립된 다른 영역으로 접근하려는 경향이 있다. 그러나 동일한 경제현상이라도 수요 · 공급 등 경제학의 이론이나 개념에 의해 이해되고 설명될 수 있는 부분이 있는가 하면, 행위자의 혹은 행위자가 속한 집단의 공유된 의미체계 내지 의미의 구성행위를 반영하는 측면이 있다. 우리가 이 후자를 경제행위의 문화적 측면이라 한다면 경제현상을 이러한 시각에서 접근하는 것은 곧 그것을 문화현상으로 다루는 한 예가 될 것이며 이것은 종교현상에 대한 연구나 문학작품 혹은 고전(古典) 등에 대한 접근에도 동일하게 적용될 수 있다. 이러한 시각은 특히 현대 한국 사회의 이해에 유용할 것이다. 그것은 오늘날 '문화분석'이 기존의 학문

194) 상게서. 윤택림. 121쪽.

195) 문옥표. 1998. 「인류학, 현대 문화분석, 한국학 ―이론적 · 방법론적 연계의 가능성―」. 『한국의 사회와 문화』. 78쪽.

적 경계를 넘어서 크게 유행하고 있는 사실에서도 알 수 있는 바와 같이 현대의 사회에서는 정치현상, 경제현상, 종교현상 등으로 이름지어질 수 있는 현상이라도 정치학이론이나 경제법칙 혹은 신학적 해석 등에 의해서 이해되고 설명될 수 있는 부분보다는 문화이론에 의해서 설명될 수 있는 부분이 더욱 커지고 있는 듯하기 때문이다."[196] 한국사회를 문화문법으로 해석하는 작업은 곧 이어 논의 될 유교사회학의 패러다임적 접근과 방법론적 지향점이 유사하다.

한국학이 이와 같이 존재론적, 인식론적 갈림길에 서 있다면, 유교사회학은 한국학의 앞길에 어떤 충고를 해 줄 수 있을까? 우선 한국학의 기원, 시기, 연구분야 등을 염두에 두고 유교사회학을 살펴보자. 유교사회학이 출범하게 된 동기는 한국사회를 서구사회학으로는 제대로 분석할 수 없다는데 있었다. 한국사회는 유교(동양)사회적 구조와 서구사회적 구조로 이중적 구조를 갖고 있기 때문에 한국사회학은 서구적 세계관에 토대한 서구사회학 뿐만 아니라 유교적 세계관에 토대한 유교사회학이 필요하며, 두 사회학은 상호 보완적인 관계를 통해 현대 한국사회를 통합적으로 분석할 수 있을 것이다. 유교사회학은 유교적 관점에서 출발하지만 그 지향점은 현대 서구화된 사회이며, 유교사회학의 관점을 구성하는 많은 개념들도 이미 서구사회학에서 가져왔다. 따라서 유교사회학은 서구사회학에 대한 반성에서 출발하면서도 서구사회학의 개념과 이론을 비판적으로 활용하고 있다. 다만 유교사회학은 서구의 이론에 맞는 유교사상을 선택적으로 수집하는 것이 아니라 서구사회학적 개념과 이론을 활용

196) 전게서. 82쪽.

해서 유교적 사회사상을 이론화하고자 하였다. 한국학에 있어서도 국학과 지역학의 출발점이 다르고, 그 추동력도 다르겠지만, 이 두 연구관점은 상호 배타적이라기보다는 한국학 안에서 보완적인 관계를 통해 한국사회를 보다 통합적으로 분석할 수 있을 것으로 본다.

유교사회학에서 전통과 현대의 관계 설정도 중요한 문제의식의 하나이다. 왜냐하면 한국사회에 수입된 서구 사회학은 현대 한국사회의 각 분야에 있어 전통적인 영역(사적, 비공식적, 생활세계 영역)을 제대로 설명해 낼 수 없었기 때문이었다. 꽁트가 말한 바와 같이 '사회는 산 구성원보다 죽은 구성원으로 더 많이 이루어졌다.' 현재가 과거의 요소로 더 많이 구성되어 있다는 것은 현실사회에서 전통과 현대를 단절적으로 구분하는 것을 무의미하게 한다. 전통은 현대를 이루는 구성원(요소)이라는 의미에서 뿐만 아니라 현대적 문제를 이해하고 미래의 방향을 제시해준다는 점에서 현대와 분리될 수 없다. 전통에서 바람직한 문화적 요소를 찾아 이를 미래 속에 투영시키는 것이 미래지향적인 한국학이 나아갈 길이다. 한국학은 현실적 문제에서 문제의식을 제기하되 그것을 해결하는 지혜를 전통적 자원에서 찾는 것이 한국학적 연구의 방향일 것이다. 문제제기가 현실성을 갖지 못하면 한국학은 연구를 위한 연구를 하게 되어 순수 인문학으로 경도될 것이고, 한국적 문제를 서구 근대적 지식에서 찾는다면 한국학은 보편적 사회과학에 지나치게 경도될 것이다.

한편, 유교사회학에서 유교와 사회학의 만남은 인문학과 사회과학의 만남의 한 표상으로 볼 수 있을 것이다. 유교사회학에서 유교는 사회학에 한국적 정체성을 부여하고, 사회학은 유교에 과학적 체계를 제공하였다. 한국학에서도 한국의 고전적 문·사·철 등의 인문학에서 학문적 정체성을 찾을 수 있을 것이다. 한국학의 학문적 토대를 한국의 고전 인문학에 두는 것은 한국에 도입된 지 1세기도 지나지 않은, 서구 과학의 패러다임을 가진 사회과학으로는 한국 전통문화를 깊이 이해할 수는 없기 때문이다. 한국학은 고전 인문학에서 한국의 문화적 에토스와 문화문법을 찾고 이것을 통해 한국사회의 바람직한 방향을 제시하는 학문이어야 한다. 한편 한국학에서 사회과학의 역할은 인문학적 에토스를 찾는 절차적 방법을 엄밀히 하고 문화적 보편성을 찾아 타 문화와의 소통을 원활히 하는데 기여하는데 있다. 인문학이 '한국학은 무엇을 할 것인가?'란 물음에 답한다면, 사회과학은 '한국학을 어떻게 할 것인가?'란 물음에 답할 것이다. 한국학은 한국문화의 인문학적 에토스와 서구 사회과학적 방법론이 종합될 때 학문적 특수성과 보편성을 담보해 낼 수 있을 것이다.

이제 유교사회학을 통해 한국학의 방법론을 검토해 보고자 한다. 유교사회학은 리기 패러다임과 음양오행 패러다임을 통해서 유교적 사실과 현상에 접근한다. 가족제도, 정치제도, 신분제도에 관한 유교사회학적 연구를 예로 들어보자.[197)]

유교의 가족제도에서 음양 패러다임은 관혼상제 제도에서 잘 드러난다. 혼례의 경우, '남자가 친영(親迎)에 나가기 위해 현면(玄冕)의 예복으로 재계하는 것은 귀신음양의 힘에 경의를 표하기 위해서이다.' '혼례에 음악을 쓰지 않는데 이것은 혼례를 음(陰)의 예로 알기 때문이다.' 이렇게 혼례가 음양의 법칙에 따르며 또한 부부의 도도 음양의 조화에 따라 행해

---

197) 이하 유교사회학적 패러다임을 통한 유교의 가족제도, 정치제도, 신분제도에 대한 연구는 「유교의 사회제도 사상 – 가족, 국가, 신분제도를 중심으로 –」(이영찬. 2007. 『한국학논집』. 34. 271-318쪽) 참조.

진다. '혼례에 남자가 친히 아내를 맞이할 때 남자가 앞서는 것은 강유의 이치에 따른 것이다.' 그리고 '친영할 때 대문에 나와서 남편이 앞 수레에 타고 앞서서 아내를 인솔하면 아내는 남편을 따른다. 부부의 도리는 여기서부터 시작한다.' 가족제도에서 이러한 혼례의식은 음양의 원리가 혼례의 의칙으로 실현된 것이라 하겠다.[198)]

한편 상례와 제례도 모두 자연의 음양과 인간 본성의 인의에 근거를 두고 있다. 예컨대, 상례에서 망자(亡者)와의 관계에 따라 사제(四制)로 구분하여 복 입는 기간을 달리한다. 사제는 자연에서 사시(四時)와 인정(人情)에서 인도(人道)에 근거하여 만든 것으로 음양의 법칙에 따른 것이다. 또한 "(사람이 죽으면) 혼(魂)은 하늘로 올라가고 형백(形魄)은 땅으로 들어간다. 따라서 (사람의 영혼을) 제사지낸다는 것은 음과 양(땅과 하늘)을 향해서 신령을 찾는 것이다."[199)] 그래서 제사는 음양의 법칙에 따르게 되는데, "제주(齊酒) 바칠 때에 명수(明水 : 물)를 곁들이는 것은, 음에 속하는 형백을 제사지내기 위함이며, 희생의 창자의 지방을 떼어서 불에 쬐고 머리를 신에게 바치는 것은, 양에 속하는 혼기(魂氣)를 제사지내기 위함이다."[200)] 이렇게 혼례와 제례가 음양의 법칙에 따른다고 볼 때 유교가족제도는 음양의 패러다임을 통해서 비로소 이해될 수 있다.

또한 유교국가제도에서 경 · 상 · 형 · 벌(慶 · 賞 · 罰 · 刑)을 사정(四政)이라 하여 정치수단으로 삼았다. 동중서(董仲舒)는 "경 · 상 · 벌 · 형은 각

---

198) 이상 언급한 예들은 『예기』(교특생)에 기술되어 있다.

199) 『예기』「郊特牲」: 魂氣歸于天 形魄歸于地 故祭 求諸陰陽之義也 殷人先求諸陽 周人先求諸陰.

200) 『예기』. 「郊特牲」: 祭齊加明水 報陰也 取膟膋燔燎升首 報陽也.

각 춘·하·추·동과 끼리끼리 상응하여, 마치 부절(符節)을 합하는 것과 같다"[201]라고 하여 마치 천지가 사계를 통하여 순행하듯이 국가는 사정에 의해 다스려진다고 보았다. 또 『서경』의 「주례(周禮)」에 의하면 국가조직은 삼공(三公)과 육관(六官)으로 이루어져 있다. 삼공은 왕도를 교훈하는 지위인 태사(太師), 임금의 덕과 의를 펼치는 지위인 태부(太傅), 임금의 신체를 보호하는 지위인 태보(太保)이다. 천자 밑에 삼공(三公), 공 밑에 삼경(三卿), 경 밑에 삼대부(三大夫), 대부 밑에 삼원사(三元仕)는 각기 한 계절이 삼 개월임을 본떴다.[202] 육관은 수상(首相)으로 서정(庶政)을 총리하는 천관(天官), 민사(民事)와 교육을 총괄하는 지관(地官), 국가의 의례와 제사를 주관하는 춘관(春官), 나라의 방비와 군무를 주관하는 하관(夏官), 형벌과 법무행정을 주관하는 추관(秋官), 상공과 과학기술에 관한 사항을 관장하는 동관(冬官)으로 구성되어 있다. 이들 관직의 명칭이 천지와 사계절에서 비롯되었을 뿐만 아니라, 그들이 관장하는 직무도 천지와 춘하추동의 자연현상에 상응한다. 이를테면, 추관인 사도(司徒)는 시비곡직(是非曲直)을 추상(秋霜)같이 밝히는 것을 본업으로 삼는데 이는 결실을 가리는 가을의 본질과 유사한 것이다.

한편 신분제도는 리기 패러다임으로 파악하는 것이 적합하다. 유가들은 기의 차이에 의해 생긴 모든 현상 사이의 차별상은 차별로써 긍정한다. 그리고 그 차별을 궁극 원리인 리에 근거시킴으로써 사물과 인간 일체를 위계적으로 긍정한다. 관직 내지 신분의 위계와 덕의 관계는 곧 기

---

201) 『春秋繁露』. 「四時之部 55」: 慶賞罰刑 與春夏秋冬 以類相應也 如合符 故曰王者配天 謂其道 天有四時 王有四政 若四時通類也 天人所同有也.

202) 馮友蘭. 鄭仁在 역. 1987. 『中國哲學史』. 형설출판사. 260쪽의 註.

와 리의 관계를 갖는다. 신분적 위계는 덕의 위계와 일치함으로써 사회질서로서의 정당성을 얻게 된다. 리기론에 의하면 덕의 차이는 기질의 차이에 기인한다. 그리고 신분의 위계가 덕과 기질의 차이로서 긍정될 때 백성은 한 마음으로 통일되고, 천하는 안정을 얻을 수 있다고 보았다. 맹자는 신분을 천작(天爵)과 인작(人爵)으로 설명하는데 이것도 리기적 신분관계로 파악될 수 있다.

> 천작(天爵)이 있으며, 인작(人爵)이 있으니, 인의(仁義)와 충신(忠信)을 행하고 선(善)을 즐거워하며 게을리하지 않음은 이 천작이요, 공경(公卿)과 대부(大夫)는 이 인작이다. 옛 사람은 그 천작을 닦음에 인작이 뒤따랐다. 지금 사람들은 천작을 닦아서 인작을 요구하고, 이미 인작을 얻고서는 천작을 버리니, 이것은 의혹됨이 심한 자이다. 끝내는 반드시 인작마저 잃을 뿐이다.[203]

여기서 천작은 리적 신분이고 인작은 기적 신분이다. 사회적 신분은 인작의 모습을 갖지만, 인작은 천작을 얻음으로써 부차적으로 따르는 것이다. 천작은 인작의 수단이 아니라 존재의 조건이 되는 관계이다. 보다 일반적으로 말하면 리적 신분을 얻는 것이 우선이고 기적 신분은 리적 신분에 부차적으로 수반되는 지위이다. 유교적 신분의 자원은 인간의 리, 즉 성의 체현에서 오는 덕과 인간의 기, 즉 기질에 근거한 재(才)이다. 유교적 신분은 이러한 덕에 근거한 리적 신분과 재(才)에 근거한 기적 신분이 결합하여 현실적 · 사회적 지위로 형성된 것이라 볼 수 있겠다.

---

203) 『孟子』. 「告子 上, 16장」: 孟子曰 有天爵者 有人爵者 仁義忠信樂善不倦 此天爵也 公卿大夫 此人爵也 古之人修其天爵 而人爵從之 今之人 修其天爵 以要人爵 既得人爵 而棄其天爵 則惑之甚者也 終亦必亡而已矣.

이상과 같이 유교사회학은 유교사회를 유교적 세계관에 토대한 리기 패러다임과 음양오행 패러다임을 방법론적 모델로 하여 분석하고 있다. 한국사회는 한국의 문화적 전통 속에서 이 두 패러다임 이외에 많은 유용한 패러다임의 계발을 통해서 통합적으로 분석, 설명될 수 있을 것이다. 한국학에서도 한국문화의 진수를 읽어낼 코드를 많이 계발할수록, 또한 이를 통해 전통문화에 대한 체계적 인식이 축적될수록 독자적인 한국학의 방법론을 확보해갈 수 있을 것이다.

예를 하나 들어 보자. '한국에 고유하면서도 한국사회 전 분야에 토대가 되는 문화원리'에 대한 접근방법의 하나로 '수(數)의 형식'을 적용해 볼 수 있지 않을까 한다. 우실하는 한국사회 전통문화의 구성원리로 '2수 분화 세계관'과 '3수 분화 세계관'을 제시하였다. "동아시아의 문화나 사상을 논할 때 - 5000년 이상의 문화사나 사상사를 이해하고 정리할 수 있는 - 상대적으로 차별적이고 대립적인 전통이 있다. 두 문화적 전통 중 하나는 북방 수렵 문화의 전통으로, '신 중심적이고 초월적'인 '3수 분화의 세계관(삼재론)'이고, 다른 하나는 남방 농경문화의 전통으로, '인간 중심적이고 현세적'인 '2수 분화의 세계관(음양론)'이다.

북방 샤머니즘의 전통에 기반한 3수 분화의 세계관은 이후에 다른 여러 요인들과 습합되면서 삼재론, 삼신사상, 신선도가 사상, 풍류도 등으로 전개된다. 이런 전통은 항상 초월적이고 탈세간적이며, 영적 세계를 중시하는 특성을 지닌다. 한편 2수 분화의 세계관은 다른 요인들과 습합되면서, 음양론, 역사상, 선진유학, 성리학 등으로 전개된다. 이런 전통은 언제나 현세적이고, 합리적이며, 인간 중심적인 특성을 지닌다."[204] 여기

204) 우실하. 1998. 『전통문화의 구성원리』. 소나무. 61쪽 이하.

에 제시한 3수・2수 분화 세계관과 삼재론・음양론은 한국의 전통문화를 분석하는 문법이며 한국문화를 이해하는 문화원리라 할 수 있다. 음양론적 세계관과 천・지・인의 세계관은 한국의 전통문화를 이해하는 문화코드이며 패러다임이다.

한국사회를 해독할 원리와 문법은 이상의 음양오행 혹은 리기적, 2수 혹은 3수 분화적 패러다임 이외에도 많을 것이다. 한국학은 이들 원리와 문법을 한국의 역사와 문화를 통해 계발하고, 현대 학문적 언어로 정교하게 개념화 하여 이를 고유한 연구 방법으로 축적해 나감으로써 학문적 독립성과 정체성을 확보해 나갈 수 있으리라 본다.

5. 맺는 말

이상 서구사회학의 위기를 인문정신의 상실이라는 관점에서 파악하고 유교의 인문정신을 토대로 한 유교사회학의 정립을 통해 위기의 돌파구를 찾는 동시에 수입된 서구사회학으로부터 한국사회학의 정체성을 확보하고자 하였다. 그리고 이 유교사회학이 기로에 선 한국학의 길 찾기에 어떤 교훈이 될 수 있을지 존재론적, 인식론적 측면에서 살펴보았다. 지금까지의 논의를 통하여 볼 때, 유교사회학은 한국학과 그 지향점에 있어 많은 부분 공유하고 있어 한국학의 한 중요한 분야로서 자리매김할 수 있는 가능성을 발견할 수 있다. 아래에서는 한국학과 유교사회학이 공유하는 관점 내지 지향점을 검토하면서 맺는 말로 삼을까 한다.

첫째, 유교사회학과 한국학은 한국사회를 주어진 현실적 환경과 조건

보다는 한국의 심층을 이루는 역사와 문화를 통해 파악하려고 하고, 한국인의 심층의식에 자리 잡은 세계관과 삶 속에 스며있는 전통적 사상을 통해 인식하고자 한다.

둘째, 유교사회학과 한국학의 학문적 문제의식은 한국의 자생적 학문을 정립하는데 있다. 유교사회학은 서구사회학으로부터 한국사회학의 입지를 새롭게 세우고자 하는데서 출발하였다면, 한국학은 일제의 강점기에서는 국학의 보존을 위해, 세계화를 표방하는 오늘날에는 한국문화의 특수성을 유지하는데 관심이 모아져 있다.

셋째, 유교사회학과 한국학은 한국문화 속의 인문정신을 계발하여 서구적 근대화로 초래된 현대사회의 문제들에 대처하고 이를 극복할 탈근대적 지혜를 찾고자 한다. 서구적 이성이 갖는 한계를 전통 사상에서 돌파구를 찾고자 하는 것이다.

넷째, 유교사회학과 한국학은 한국문화의 국지성에 토대해 있음으로 인한 학문적 특수성을 서구의 과학적 방법을 매개로 소통함으로써 학문적 보편성을 담보하려고 하였다. 그래서 인문학적 연구에 사회과학적 방법론을 도입한다.

참고문헌

『孟子』

『禮記』

『春秋繁露』

김왕배. 1999. 「'은둔의 왕국': 한국학의 맹아와 선구자들」. 『정신문화 연구』.

蒙培元. 1993. 『中國哲學主體思想』. 東方出版社.

문옥표. 1998. 「인류학, 현대 문화분석, 한국학 — 이론적 · 방법론적 연계의 가능성 — 」. 『한국의 사회와 문화』.

미야지마 히로시(宮嶋博史). 2005. 「동아시아세계 속의 한국학」. 『21세기 한국학. 어떻게 할 것인가』. 푸른역사.

박희병. 2005. 「통합인문학으로서의 한국학」. 『21세기 한국학, 어떻게 할 것인가』. 푸른역사.

우실하. 1998. 『전통문화의 구성원리』. 소나무.

윤택림. 2003. 「한국학 연구방법의 모색 : 문화기술지적 방법(ehtnographic method)을 중심으로」. 『정신문화연구』. 26(1).

이영찬. 2002. 『유교사회학』. 예문서원.

이영찬. 2003. 「리기론적 사회학 패러다임 시론」. 『동양사회사상』. 동양사회사상학회.

이영호. 2006. 「한국학 연구의 동향과 '동아시아 한국학'」. 『한국학 연구』. 인하대학교.

인문과학연구소 편저. 1995. 『인문과학의 이념과 방법론』. 성균관대학교 출판부.

赤塚 忠 외. 1987. 조성을 옮김. 『중국사상개론』. 이론과 실천.

전상인. 2005. 「한국학과 사회과학의 대화 — 역사학과 사회학을 중심으로」. 『21세기의 한국학, 어떻게 할 것인가』. 푸른역사.

조동일. 2002. 「한국학 연구의 새 방향」. 『한국학논집』. 29. 계명대학교 한국학

연구원.

馮友蘭 · 鄭仁在 역. 1987. 『中國哲學史』 형설출판사.

한덕영. 2003. 『논쟁의 역사를 통해 본 사회학: 자연과학 · 정신과학 논쟁에서 하버마스 · 루만 논쟁까지』. 한울아카데미.

한국 교육학의 새로운 길 찾기

정 재 걸 (대구교육대학교, 교육학)

1. 완제품으로 수입된 교육학

1) 싸구려 교육학

우리나라 근대 교육의 기점(起點)에 대한 주장에는 여러 가지가 있고, 그 중에는 자생적 근대화를 주장하는 논의도 있지만, 근본적으로 우리 교육에 있어서 근대화란 곧 서구화를 의미하는 것이었다. 교육이라고 하는 현상을 학문의 대상으로 삼는 교육학도 개화기에 "완제품"으로 수입되었다. 개화기에 많이 활용되었던 교육학 도서인 「간명교육학(簡明敎育學)」에서는 교육의 정의를 다음과 같이 내리고 있다.[205]

교육은 성숙자가 미성숙자로 ᄒᆞ야금 도덕적 생활을 완성케 ᄒᆞ기 위ᄒᆞ

205) 정재걸. 2001.「만두모형의 교육관」. 교육신문사. 11쪽 참조.

야 일정 시기 간에 유의성안적(有意成案的)으로 보편적 도야를 행하는 작업이라…….

우리가 수입한 교육학이라는 학문은 서구 근대 대중교육의 산물이다. 물론 우리는 서양의 교육사상가 하면 의례히 소크라테스로부터 코메니우스, 루소, 페스탈로찌 등을 언급한다. 하지만 그들을 교육사상가라고는 할 수 있어도 교육학자라고 부를 수는 없다. 오늘날과 같은 의미-여기서 '오늘날과 같은 의미'라고 하는 말은 "효용성을 가진" 혹은 "목적에 봉사하는"이라는 의미이다-의 교육학은 독일의 헤르바르트(Johann Fredrich Herbart: 1776-1841)로부터 시작되었다. 즉 헤르바르트로부터 비로소 "어떻게 가르치는 것이 가장 효율적인가?"하는 문제가 교육학의 핵심적인 내용이 되었던 것이다. 교육학이 효율성이라는 문제를 통해 학문적 효용성을 갖게 된 것은 "왜", "무엇을", "누구에게" 가르쳐야 하는가 하는 물음을 통해서가 아니다. 또한 개인적인 교수나 지도를 통해서 훌륭한 인물을 길러낸 사례를 통해서도 아니다. 교육학이 효용성을 갖게 된 것은 어떻게 하면 가급적 많은 학생들을 최소의 비용으로 가르칠 것인가 하는 문제를 부르죠아지로부터 위임받게 되면서부터이다.

이처럼 서구 근대 교육학은 근대 공교육의 형성과 함께 시작되었으며, 서구의 근대 공교육은 플라톤의 철인(哲人)교육도 아니고, 로크의 신사(紳士)교육도 아니며, 루소의 소극적 교육(negative education)도 아닌 천박하고 값싼 대중교육(mass education)에서 비롯되었다. 우리는 값싼 대중교육의 아이디어를 로크(J. Locke)의 노동학교와 벤담(J. Bentham)의 감옥학교에서 찾을 수 있다. 즉 로크는 당시 건강한 노동자 부부의 노동으로

부양 가능한 식구 수를 3세 이하의 아동 2명으로 계산하였다. 당시의 열악한 임금으로는 부부가 모두 공장에 나가도 자녀 2명을 양육하기 어려웠다. 따라서 로크는 3세 이상 14세까지의 노동계급 자녀들은 모두 부모로부터 격리시켜 노동학교에 수용할 것을 제안하였다. 노동학교는 교구마다 1개씩 설치하여 남녀를 분리 수용하도록 고안되었는데, 여기서 아이들은 생산노동에 종사하면서 3R's와 도덕을 배워야 했다. 벤담 또한 중산층 자녀들을 위해서는 실과학교(Christendom)라는 교육기관을 구상하였지만, 노동자 자녀들에게는 이와 전혀 다른 감옥학교(Panopticon)를 제안하였다.

노동학교와 감옥학교의 원리는 최소한의 비용으로 최대한의 감시와 처벌을 가능하게 하는 것이었기 때문에, 이를 "경찰교육"(police education)이라고도 부른다. 즉 이들 학교는 학생들의 성장가능성을 극대화하기보다는, 잠재적인 범법자이고 장차 사회 불만 세력으로서 등장할 가능성이 많은 노동자 자녀들을 일정 기간 동안 감시가 용이한 곳에 감금함으로써 경찰의 역할을 대신한다는 것이었다. 어쨌거나 "학교를 열고 감옥을 닫아라"는 구호는 서구 근대 공교육의 보급에 크게 기여해, 20세기 초까지 수많은 공립학교가 이러한 명분으로 설립되었던 것이다.

값싼 대중교육 혹은 경찰교육으로서의 공교육은 영국의 공교육에서 그대로 실현되었다. 영국의 공교육은 산업혁명이후 등장한 노동자 자녀들에 대한 자선 사업의 일환으로 시작되었다. 주로 교회나 자선기관에서 노동자 자녀들을 일요일에 교회에 모아, 읽고, 쓰고, 셈하는 기초적인 교육을 시켰던 것이다. 이러한 교육이 공장법 이후 노동자 자녀들을 대상으로 하는 도덕교육과 종교교육 중심의 강제교육으로 정착되었다. 물론 자본가들과 그들의 집행기구인 국가에서는 이렇게 생겨난 교육기관에 대해 많은 돈을 투자할 생각을 결코 하지 않았다. 따라서 이들 교육기관은 랑카스터(J. Lancaster)와 벨(A. Bell)의 조교제 학교에서 나타난 것과 같이, 가급적 많은 학생을 적은 수의 교사가 가르치는 대중교육기관이 될 수밖에 없었다. 실제로 랑카스터 학교의 조교 출신인 어느 젊은 교장은 혼자서 2,000명 이상의 아동들을 가르쳤다고 보고하였다.

한편 이러한 학교에 자녀를 보내야만 하는 부모의 입장에서 볼 때 공교육의 강제교육은 가계 수입의 커다란 손실을 의미하였다. 따라서 그들은 아이들을 학교에 보내는데 소극적이었다. 또 학생들의 경우도 결코 배우고자 하는 강한 욕구를 가지고 학교에 오지는 않았다. 따라서 많은 학생을, 그것도 배울 의욕이 거의 없는 학생들에게 어떻게 주어진 교육내용을 가르칠 수 있을 것인가 하는 교육방법들이 연구되고 도입되었으며, 특히 학습 동기를 유발하여 학습의 효율성을 높이는 교육이론이 교육학의 핵심 내용이 되었다. 우리가 해방 이후 수입한 수많은 교육이론과 학습이론은 이러한 값싼 대중교육의 산물이었던 것이다. 특히 행동주의 교육학에서 전형적으로 드러나는 것과 같이, 동물을 대상으로 실험하여 만든 이론을 인간에게 적용할 수도 있다고 하는 발상은 바로 이러한 값싼 대중교육을 상정했기 때문에 가능했다고 생각된다.

학습의욕이 없는 다중의 학생들에게 어떻게 하면 효과적으로 주어진 교육내용을 가르칠 것인가 하는 목적에서 성립된 서구의 교육학을 "싸구려 교육학"이라고 부르는 것은 당연하다고 생각한다. 물론 교육학의 연구 대상이 되는 아동들이 싸구려라고 하는 말은 결코 아니다. 그 학문의 동기, 즉 출발이 그렇다는 것이다.

2) 한국교육학의 두 모형 - 주물모형과 도토리 모형

(1) 주물모형

서양의 근대적 세계관은 인간 이성에 대한 무한한 신뢰를 바탕으로 인간과 세계를 완벽하게 설명할 수 있다는 믿음에서 출발하였다. 서양 근대과학의 토대를 마련한 뉴우턴은 어떤 물체이든지 그것의 질량과 그것에 가해지는 힘과 그 방향을 알면 물체의 움직임을 완벽하게 알 수 있다고 생각하였다. 그리고 그의 이러한 믿음은 프랑스의 수학자인 라플라스(Laplace.P.S)에게 확대되어 다음과 같은 유명한 말을 남기게 하였다.[206)]

> 어떤 주어진 순간에 자연에서 작용하고 있는 모든 힘을, 그리고 이 세계를 구성하고 있는 모든 것들의 위치를 알고 있는 지성은, 가장 거대한 우주와 가장 미세한 원자들의 운동을 똑같은 공식으로 파악할 것이다. 즉 그에게는 불확실한 것은 아무 것도 없을 것이며, 미래도 과거와 같이 그 눈앞에 보일 것이다.

이 지성은 물론 인간의 이성이다. 이와 같이 모든 것을 물질로 분해하여 물리적 법칙으로 완벽하게 설명할 수 있다는 생각을 "기계론적 세계관"이라고 부른다. 이러한 기계론적 세계관의 형성에 결정적인 영향을 미친 사람은 데카르트(Ren'e Descartes)였다. 데카르트는 "나는 생각한다. 고로 존재한다"는 유명한 말을 통해 자연을 마음(res cogitans)과 물질(res extensa)이란 두개의 독립적인 영역으로 분할하였다. 이러한 분할을 통해

206) Capra. F. 1988. 이성범, 김용정 옮김. 『현대물리학과 동양사상』. 범양사. 제1장 참조.

인간은 물질을 죽은 것으로 그리고 자신들과는 완전히 분리된 것으로 취급할 수 있게 되고, 물질 세계를 하나의 거대한 기계로 조립된 것으로 볼 수 있게 되었던 것이다.

그렇다면 이러한 세계관에 따른 인간의 모습은 어떤 것인가? 아이러니칼하게도 기계적 세계관 속에서 모든 것을 알고 있는 위대한 이성은 그것이 거꾸로 탐구의 대상이 되자 한없이 초라한 모습으로 전락하였다. 라일(G.Ryle)이 데카르트의 심신이원론을 "기계속의 귀신(Ghost in the Machine)"이라고 비판했듯이[207] 인간의 몸은 자연과학의 법칙의 지배를 받기 때문에 완벽한 설명이 가능하지만, 그 속에 들어 있다고 가정되는 마음은 마치 유령과 같이 알 수 없는 존재로 되어 탐구의 대상에서 점차 배제되기 시작하였던 것이다. 그리고 마침내 행동주의 심리학이라는 "마음을 배제한 마음에 대한 연구"가 나타나게 되었던 것이다.

행동주의 심리학은 실증주의라는 철학적 사조의 궁극적인 귀결점이라고 할 수 있다. 실증주의는 말 그대로 실제로 증명할 수 있는 것만을 학문의 대상으로 삼아야 한다고 하여 인간을 대상으로 하는 사회과학 혹은 인문과학도 자연과학과 마찬가지로 경험적 방법을 통해 증명되어야 한다고 주장하였다. 인간의 마음도 마찬가지이다. 그렇다면 귀신과 같이 알 수 없는 인간의 마음을 경험적 방법을 통해 증명할 수 있는 방법은 무엇인가? 행동주의 심리학은 그것이 바로 행동이라고 생각하였다. 소위 "S-R 이론"이라고 불리는 스키너(B.F.Skinner)의 행동주의 이론에서는 자극(S)과 반응(R)이라는 두 가지 행동을 관찰함으로써 인간의 마음을 과학

---

207) Ryle. G., 1967. *The Concept of Mind*, New York: Routlege and Kegan Paul. 참조.

적으로 설명할 수 있다고 주장하고 있다. 즉 S1 → R1, S2 → R2, S3 → R3..............Sn → Rn 이라는 자료를 수집하면 S → O → R의 관계에서 O라고 하는 인간의 마음을 밝혀낼 수 있다는 것이다.

행동주의 심리학이 교육학에 커다란 영향을 미친 것은 이러한 이론을 통해 인간의 학습이 가능하다는 것을 증명하였기 때문이었다. 즉 학습이라고 하는 것은 결국 어떤 자극을 통해 어떤 반응을 획득하는 것을 의미한다고 할 수 있는데, 교육이란 결국 학습자에게 어떤 반응을 가능케 하는 자극을 주는 것에 다름 아니라는 것이다. 예컨대 학습자에게 한자리 수 덧셈을 학습시키고자 하면 한자리 수 덧셈에 필요한 조건을 제시하고, 여기에 원하는 반응을 보이면 그 반응을 강화하기 위한 정적강화(Positive Reinforcement)를 하고, 원하지 않는 반응을 보이면 부적강화(Negative Reinforcement)를 하여 학습이 가능하게 된다는 것이다. 실제로 스키너는 이 공식을 통해 비둘기에게 한자리 수 덧셈을 가르쳤다고 하는데, 이러한 성공을 통해 자신만만하게 "나에게 건강한 어린아이를 데리고 오면 당신이 원하는 어떤 인간이든 만들어 주겠다"고 호언하였다고 한다.

미국의 행동주의 교육학을 최초로 우리나라에 도입한 정범모는 그의 대표적인 저서인 『교육과 교육학』이라는 책에서 교육을 "인간 행동의 계획적 변화"라고 정의하였다.[208] 이러한 행동주의 심리학의 교육에 대한 정의에서 우리가 눈여겨보아야 할 것은 그것이 가정하고 있는 학습자관이다. 행동주의 심리학에서는 학습자를 어떤 모양으로든지 주형 가능한 진흙으로 본다. 앞서 스키너가 "당신이 원하는 어떤 인간이든지 만들

208) 정범모. 1965. 『교육과 교육학』. 교육과학사. 제1장 참조.

어 주겠다"고 장담하였다고 했듯이 행동주의 심리학에서는 아동의 가소성(可塑性)을 무엇보다도 중요하게 생각하고 있다. 그렇기 때문에 행동주의자들은 극단적인 환경론자들이라고 말할 수 있다. 즉 인간은 태어날 때 아무 것도 가지지 않고 태어나며, 어떤 인간이 되는가 하는 것은 전적으로 그 인간이 처한 환경에 의해 결정된다는 것이다.

영국의 경험론자인 로크(J. Locke)도 아동은 태어날 때 백지(Tabula Rasa)와 같다는 말을 했지만 그와 같이 인간이 태어날 때 아무런 본유관념(innate ideas)도 갖지 않으며, 따라서 그 인간의 선악은 어떠한 의도된 환경, 즉 교육에 의해 결정된다는 생각은 서양 근대 교육학의 초창기부터 지배적인 흐름으로 전개되어 왔다. 이러한 교육관을 "주물 모형"이라고 부른다. 주물이라고 하는 것이 쇳물을 부어 넣어 일정한 모양을 만들어 내는 것이듯이, 교육이란 아동에게 일정한 교육내용을 전달하여 그 사회에 적합한 인간으로 만들어 내는 것이라는 교육관이다. 물론 이 모형에서 교육내용이라고 하는 것은 교과 즉 인류의 문화적 유산, 그 중에서도 핵심적이라고 할 만한 것을 간추린 것을 말한다.

주물모형의 교육관에 있어서 가장 중요한 것은 물론 어떤 모양으로 만들기 위한 "틀"이다. 그 틀을 어떤 모양으로 만드느냐에 따라 교육받은 인간상이 달라지기 때문이다. 예컨대 그 틀을 붕어빵 모양으로 만들면 붕어처럼 생긴 모양이 만들어지며, 그 틀을 국화빵 모양으로 하면 국화꽃 모양의 빵이 만들어지는 것이다. 이 틀을 교육학에서는 교육목표라고 부른다. 그리고 그 다음으로 중요한 것이 그 틀을 채우는 내용물, 즉 교육내용이다. 이 모형에서는 누가(교사) 누구에게(학생) 그 내용을 전달하느냐 하는 것은 부차적인 것이다. 그래서 이 모형을 "교육내용 중심 교육관"이라고 부른다. 흔히 교육의 삼 요소를 교사, 학생, 교육내용이라고 하는데, 이 모형에서는 교육내용을 가장 중요한 요소로 생각하기 때문이다. 주물 모형의 교육관은 근대 자본주의의 이념적 토대가 되는 자유주의 사상과 결합하여 자유주의 교육학 혹은 인문주의(Liberalism) 교육학으로 정착되었다.

(2) 도토리 모형

서양의 근대교육에 있어서 또 하나의 중요한 특징은 아동의 발견이다. 전근대 교육에 있어서 아동은 구약 잠언편 23장 13-14절에 의거 학대와 훈육의 대상이었다.[209] 또한 르네상스 시대에는 성 도미니크가 쓴 『가정의 규칙』에 의거 아동은 부모의 소유물로 간주되었다. 1400년경에 쓰여진 이 책은 피렌체의 거부인 안토니오 알베르티라는 사람의 부인이 자녀교육에 대한 조언을 도미니크에게 구한 데서 비롯되었다. 도미니크는 이 부인의 요구에 응하여 예의범절을 가르치는 방법, 가정교사를 고르는 방법, 장래의 진로를 선택하는 방법 등에 대해 자세하게 상담해 주었는데 이 상담 결과를 모아 이 책을 구성하였다. 이 책에서 도미니크는 "부모의 소유물인 자녀들을 부모 마음대로 할 수 있는 것이다." 혹은 "자녀들은 부모의 덕택으로 태어났다. 따라서 자녀들은 오직 주인의 혜택으로 빵을 먹는 노예나 하인보다 훨씬 엄격한 의무를 부모에 대해 지게 되는 것이다.", "부모가 필요하다면 그의 자녀를 파는 것도 가능한 것이다."라는 말을 되풀이하여 소유물로서의 아동관을 분명히 보여주고 있다.

---

209) '아이를 훈계하지 아니치 말라. 채찍으로 그를 때릴지라도 죽지 아니하리라. 그를 채찍으로 때리면 그 영혼을 음부에서 구하리라.'

루소(J. J. Rousseau) 이후 아동은 비로소 하나의 인격체를 가진 존재로 점차 인식되어 교육에 있어서도 교육내용이 아니라 아동의 내적 자연을 중심으로 해야 한다는 생각이 점차 확산되기 시작하였다. 이러한 교육관을 "아동중심 교육관"이라고 부른다. 이 교육관에서 가장 중요한 것은 바로 학습자 자신이다. 이 교육관에서는 학습자를 무한한 성장가능성이 있는 존재로 파악한다. 즉 인간은 태어날 때 아무 것도 없는 백지 상태가 아니라 이미 특정한 능력이나 소질을 가지고 태어난다는 것이다. 교육이란 따라서 이러한 아동의 성장가능성을 최대한 신장시켜 주는 것이라고 정의된다. 이러한 교육관을 주물모형에 대비하여 "도토리 모형"이라고 부른다. 즉 도토리 속에는 이미 커다란 참나무로 자랄 가능성이 들어 있으므로 교사는 그 도토리가 잘 자랄 수 있도록 물도 주고, 거름도 주고, 가지도 쳐주고 해야 한다는 것이다. 이러한 루소의 아동중심 교육관은 페스탈로찌와 프뢰벨을 거쳐 마침내 미국의 존 듀이로 계승되었던 것이다.

서양 근대교육학의 두 가지 전통은 서로 영향을 주고 받으면서 계속 이어져 왔다. 그렇기 때문에 영국의 섬머힐 학교나 미국의 행동주의 교육과 같은 극단적인 사조를 제외하면 대부분의 교육학은 두 가지 교육의 전통을 어느 정도 절충한 형태로 나타난다. 그렇지만 어떤 교육학이든지 간에 궁극적으로는 두 가지 교육전통의 어느 한 부분에 치우쳐 있게 마련이다. 이 경우 우리는 그 경향이 주물모형에 가까운 경우 그것을 "인문주의" 혹은 "자유주의" 교육학이라고 부르고, 그것이 도토리 모형에 가까운 경우 "낭만주의 교육학"으로 부르고 있다.

2. 근대 교육학의 제 문제

1) 몸값 올리기

중세 기독교적 사회에서 노동은 인간의 타락에 대한 벌과 하나님의 저주의 결과였다.

> 땅 또한 너 때문에 저주를 받으리라. 너는 죽도록 고생해야 먹고 살리라. 들에서 나는 곡식을 먹어야 할 터인데, 땅은 가시덤불과 엉겅퀴를 내리라. 너는 흙에서 난 몸이니 흙으로 돌아가기까지 이마에 땀을 흘려야 낟알을 먹으리라(창세기 3장 17-19절).

그러나 이러한 저주로서의 노동관은 종교개혁 이후 노동에 대한 극단적인 긍정으로 바뀌었다. 루터는 세상일을 수도원의 삶과 같은 가치 있는 것으로 보았다. 마구간의 하녀나 아기 요람 곁의 어머니의 노동은 하나님에 대한 올바른 예배라는 그의 말은 유명하다. 노동은 모든 사람들에게 혼돈을 피하기 위해, '육(肉)'을 죽이기 위해, 그리고 이웃을 돌보기 위해 반드시 필요한 것이 되었다.[210)]

굳이 베버를 인용하지 않더라도 근대 자본주의는 개신교의 이러한 노동에 대한 인식의 변화에서 큰 영향을 받았으며, 그렇기 때문에 근대사회는 직업적 활동과 시민권을 토대로 건설되었다고 말하게 되는 것이다. 따라서 근대에 있어 노동은 물질적 생활을 보장하고 시간과 공간을 조직화하는 수단이며, 자기 자신의 존엄성과 사회적 교환의 표현 공간이 되었

---

210) 허창수 · 정용교. 2003. 『역사 속에서 바라본 노동개념의 변화』. 도서출판 영한. 81-82쪽.

다. 직업과 관계된 노동 시간은 노동 시간 그 자체뿐만 아니라 인생의 여타 순간들에도 그 의미를 부여해 준다. 이제는 서구뿐만 아니라 전지구적으로 인간은 노동을 통해 자기 자신을 실현하고 그의 충만한 인간성 즉 자연의 주인이 되기 위한 노력을 표현한다고 할 수 있다.

근대 계몽주의자의 한 사람인 루소 역시 "근대=노동"이라고 주장했다. 루소는 노동으로부터 독립성과 미덕이 나오며 노동은 소유, 자유, 평등과 같은 사회의 기본적 요소들의 기반이 된다고 하였다. 즉 개인의 존엄성의 근거는 그의 노동과 시민권 행사에 공히 존재한다고 주장하였던 것이다. 우리는 루소뿐만 아니라 아담 스미스와 같은 자유주의 경제학자들, 나아가 당대의 모든 사상가들에게서 근대 사회는 오직 독립적인 노동에 의해서만 진정한 시민이 될 수 있다는 정의를 발견할 수 있다. 종교개혁가 쯔빙글리도 이 우주 가운데 일하는 사람의 모습만큼 하나님의 모습을 닮은 것은 없다고 했다. 또 존 화이트는 "영성은 땀을 대신하지 아니한다. 기도가 산을 옮길지는 모르겠으나 기도와 육체노동은 훌륭한 동역자이다."라고 하였다. 마르크스조차도 근대 자본주의의 준거는 자유로운 임노동의 출현이라고 하지 않았는가?

이처럼 노동이 사회구성의 핵심적인 요소가 되자 교육의 목적 또한 큰 변화를 겪게 되었다. 동서양을 막론하고 학교의 성립 이후 교육의 중심은 종교였다. 학교의 주된 임무는 학생들에게 경전과 그 해설서를 공부하도록 하는 것이었다. 그러나 노동이 중심이 되는 근대교육에 있어서 교육목적은 자신의 노동력의 가치-요즈음 말로는 몸값-를 높이는 것이 되었다. 그래서 근대 사회에 있어서 교육이란-교육과정 목표에 제시된 온갖 미사여구를 제외하면-객관적 지식을 흡수하여 자신의 노동력의 가치를 높이는 활동이 되었다. 국가나 사회의 입장에서 보면 교육이란 유용한 노동력, 즉 인적 자원을 양성하는 것이었다. 이를 교육학에서는 "교육의 세속화"라고 부른다. 교육의 세속화는 근대 교육과 전근대 교육을 구분하는 세 가지 준거[211] 중의 하나로 학교교육에서 종교교육을 배제하고 그 자리를 직업교육으로 대체한 것을 말한다.

노동력의 가치를 높이는 것으로서의 교육목적은 생산양식의 변화에 따라 두 가지 형태로 전개되었다. 근대를 전기와 후기라는 두 시기로 구분한다면, 근대 전기의 노동은 소품종 대량생산을 위한 것이고, 교육은 이러한 노동력을 양성하기 위한 지식의 주입이 그 존재 이유가 되었다. 앞에서 언급한 주물모형의 교육은 이러한 소품종 대량생산에 적합한 노동력을 양성하기 위한 것이었다. 그리고 근대 후기의 노동은 다품종 소량생산을 위한 것이고, 여기에 적합한 노동력의 양성은 학습자의 창의력과 개성을 발현하도록 하는 교육을 통해 이루어졌다. 도토리 모형의 교육은 이러한 목적을 위해 출현하였다.

노동력의 가치를 높이는 교육 목적을 근대 교육학에서는 다른 말로 표현한다. 근대 교육학자 중에서 피터스를 대표로 하는 주물 모형에서는 교육의 목적을 "문명 세계로의 입문"이라고 주장한다. 즉 교육이란 인류 문명의 핵심인 교과를 새로운 세대에게 전달하는 것이라고 본다. 한편 듀이를 대표로 하는 도토리 모형에서는 교육의 목적을 '자아실현', 혹은 '성장'이라고 한다. 말하자면 교육이란 학습자가 가지고 있는 성장가능성을 최대한 발현하도록 도와주는 것이라는 주장이다. 어느 주장이든 교

211) 세 가지 준거는 교육기회의 보편화, 교육의 세속화, 민족주의 교육을 말한다.

육의 목적은 학습자가 살고 있는 물질적 · 현상적 세계를 위한 것이다. 주물 모형이 학습자가 살고 있는 '사회'에 더 큰 의미를 부여하고 있고, 도토리 모형이 '학습자'에 더 큰 비중을 두고 있다는 차이를 제외하면 말이다.

근대교육학에서 주물모형이나 도토리모형을 막론하고 교육의 목적이 사회나 국가의 입장에서는 인적 자원의 양성이고 학생이나 학부모의 입장에서는 몸값 올리기를 위한 수단이라는 것은 분명하다. 그러나 이러한 교육목적은 교육의 본질에서는 크게 벗어난 것이라고 할 수 있다. 그렇지만 우리는 이러한 인적자원과 몸값 올리기로서의 교육목적을 당연한 것으로 받아들이고 조금도 의심하지 않고 있다.

2) 무한 경쟁

오늘날의 학교는 무엇을 하는 곳인가? 학교는 학생들이 공부하는 곳이다. 무엇을 위해 공부하는가? 1등을 하기 위해서? 1등을 위한 학교는 필연적으로 경쟁을 수반한다. 학교에서 우리는 아이들에게 경쟁을 가르친다. 교사는 끊임없이 학생들의 서열을 매긴다. 학생들이 배우는 교과는 노동 시장의 요구에 따라 끊임없이 바뀐다. 영어와 컴퓨터를 못하는 교사들은 무능한 교사로 몰려 사표를 내야 한다. 학생들은 자신이 몸값을 높이는 데 도움이 되지 않는 교사라고 생각되면 대놓고 무시한다. "당신은 나에게는 아무 도움도 되지 않는 존재이다"라는 생각을 과시하듯이 다른 과목 참고서를 꺼내 놓고 읽는다. 이렇듯 우리의 학교에서는 삶이라는 더 큰 경쟁 마당을 위해 아이들을 훈련시킨다. 아이들은 학교에서 어떻게 싸워야 하고 어떻게 자기 자신을 통제해야 하는지, 그리고 어떻게 다른 사람들을 제치고 최고가 되는지를 배운다. 따라서 공부 잘하는 학생이란 결국 잘 싸우는 학생이다. 경쟁은 상대방에 대한 적대감이란 에너지를 먹고 자란다. 교사들은 그것이 자신에게 돌아올 화살인지도 모르고 아이들의 가슴속에 증오와 적대감을 불어넣는다.

서구 근대에 있어서의 발전은 개인과 개인, 국가와 국가 간의 상호 경쟁과 투쟁을 통해 달성된다. 마르크스도 발전이란 계급투쟁을 통해 이루어진다고 가르치지 않았던가? 그렇다면 상호 경쟁과 투쟁의 끝은 어디일까? 100년 전 서세동점(西勢東漸)의 시기에 '사회진화론'을 받아들인 우리의 지식인들은 적자생존, 약육강식, 우승열패를 통해 우수한 사회, 우수한 국가만이 살아남는다고 하고, 이것이 발전이라고 주장하였다. 오늘날 우리의 지도자들도 '세계화'라는 이름하에 상호 경쟁과 투쟁을 통해 열등한 기업이나 학교, 학생은 도태되고 우수한 기업, 우수한 학교, 우수한 학생만이 살아남아야 한다고 주장하고 있다. 이것을 우리는 개혁 혹은 구조조정이라고 부른다. 지금 우리 사회에 전 분야에서 이루어지고 있는 구조조정은 이러한 상호 경쟁과 투쟁을 일상화하고 제도화하는 것에 다름 아니다.

3) 내면의 황폐화

해방 후 서양에서 유입된 두 가지 교육학, 즉 도토리 모형의 교육이나 주물모형의 교육은 모두 개인과 개인, 개인과 사회, 인간과 자연을 대립된 관계로 파악하고 있다. 도토리 모형의 경우 사회란 원자적 개인의 집합으로 간주하여, 이러한 개인의 이익을 최대한 실현하도록 하는 사회를 바람직한 사회로 간주한다. 이를 우리는 자유주의 사회라고 부른다. 반면 주물모형의 관점에서는 사회는 단순히 개인의 총합이 아니라 독자적인 목적을 가지고 있으며, 이러한 목적에 부응하는 인간을 만들어 내야 한다고 주장한다. 이른바 민족주의나 사회주의 국가의 교육, 혹은 60-70년대 우리나라의 발전교육론이 그것이다.

인간과 인간의 관계도 마찬가지이다. 도토리 모형의 개인과 개인의 관계에서 가장 중요한 것은 자유이다. 자유란 개인이 국가권력이나 타인들의 부당한 강압이나 간섭에서 벗어나, 자신의 행위를 자율적으로 결정할 수 있는 상태를 말한다. 자유주의 전통에서는 개인의 자유가 다른 어떤 규범적 가치보다도 중요시되므로, 한 개인이 다른 사람의 자유나 이익을 침해하지 않는 한 어느 누구도 개인의 자유로운 활동을 방해해서는 안된다는 '불간섭의 원칙'(the principle of non-interference)이 입법이나 정책수립의 기본준칙이 되어 왔다.

자유주의가 출발점으로 삼는 인간은 한편으로는 각자 자기의 이익에만 관심을 가지고 이웃이나 공동체 전체의 복지에 대해서는 무관심한 이기적 존재이다. 그리고 이러한 개개인의 사익추구는 자본주의의 성장과 함께 더욱 더 정당한 권리로 인정받게 되었다. 근대 경제학의 창시자 아담 스미스는 시장의 원리를 통해 인간의 경제 행위를 설명했다. 스미스가 상정한 시장은 서로 간에 무관심한 이성적 개체들이 각자 사익을 추구하기 위해 자유롭게 상호 경쟁하는 곳으로 간주된다. 완벽하고 단순한 역학이론으로 물리현상을 설명한 뉴턴 물리학을 고전물리학이라 부르듯, 시장의 합리성과 완벽성에 바탕을 둔 초기 경제학을 고전경제학이라 부른다. 고전경제학이 바탕을 둔 시장의 합리성과 완벽성은 "자유" 경쟁을 그 전제로 하고 있다. 즉 어느 누구에게도 인신적으로나 정치적으로 예속되지 않은 "자유"라고 하는 것이 전제되어야, 합리적인 경제행위가 가능하고 또 이를 물리학의 법칙과 같이 과학적으로 설명할 수 있다는 것이다.

자유주의적 도토리 모형이나 전체주의적 주물모형을 막론하고 서구의 인간관에서는 자연은 인간에 대해 대립적인 것으로 간주된다. 자연은 인간이 극복해야 할 대상이기도 하며 또 인간을 위해 봉사해야할 자원이기도 한 것이다. 그 주인공이 도토리 모형에서는 개인이고, 주물모형에서는 사회나 국가인 차이가 있을 뿐이다.

그러나 무엇을 위한 자유인가? 또 무엇을 위한 자연의 이용과 극복인가? 우리는 매우 빨리 달리는 말을 타고 질주하고 있다. 누가 우리에게 "어디로 가십니까?" 하고 물으면 우리는 "나는 모릅니다. 말에게 물어보십시오"라고 대답할 수밖에 없다. 이 말이 바로 근대가 그렇게 가치롭게 여긴 이성(理性)이다. 우리는 폭탄이라는 말, 환경오염이라는 말, 유전자 조작이라는 말을 타고 있다. 가장 밝다고 생각되는 이성의 빛에는 이처럼 어둠의 맹점이 있다. 불교에서는 이를 무명(無明)이라고 부른다. 이성이나 의지의 힘으로만은 결코 이 말에서 벗어날 수 없다. 이성이나 의지의 힘으로 무명에서 벗어나고자 한다면, 그럴수록 이기주의는 더욱 강해지고 자기로부터 헤어날 수 없기 때문이다.

따라서 이제 더 이상 교육이 인공적인 결핍을 만들어내고 경쟁을 유발하는 것이 되어서는 안 된다. 또한 문명의 다양성을 파괴하고 생물학적 상호의존의 그물을 찢는 것이 되어서도 안 된다. 문화적 다양성은 생물학적 다양성과 마찬가지로 인류 생존의 필수적인 요소이기 때문이다. 이러한 위기의 극복 또한 다른 무엇보다 교육에서부터 시작되어야 한다.

4) 근대의 종말

> 세상의 마지막 나무가 베어져 쓰러지고
> 세상의 마지막 강이 오염되고
> 세상의 마지막 물고기가 잡힌 후에야
> 그때서야 그대는 돈은 먹을 수 없다는 것을 깨닫겠는가?

위의 글은 어느 인디언 추장이 쓴 근대에 대한 경고이다.[212] 이 글은 근대적 이성을 통한 인간욕망의 무한 추구가 초래한 근대의 위기를 잘 나타내 주고 있다. 루소는 이러한 인디언 추장과 같은 사람을 지혜로운 야만인(wise barbarian)이라고 불렀다. 그렇지만 지혜로운 야만인이란 역사가 끊임없이 진보한다는 진보사관이나, 생물의 진화와 마찬가지로 사회도 적자생존, 우승열패의 원리에 의거 진화한다는 사회 진화론과는 양립하기 어려운 개념이다. 따라서 루소의 근대관을 전체적으로 검토해 볼 때 그가 정말로 인디언들을 지혜롭다고 여겼는지 의심이 든다.

앞서 노동이 근대를 형성하는 토대가 되었다고 하였는데, 이처럼 근대를 형성하는 데 토대가 된 노동이 사라지면 어떻게 될까? 19세기 산업혁명의 첫 단계에 있어서 대폭적인 생산성 향상으로 주 80시간의 노동이 60시간으로 단축되었다. 20세기에 있어서도 석유 및 전기 기술이 증기 기술을 대체하면서 급속한 생산성 증대가 있었고, 노동시간도 주 60시간에서 40시간으로 단축되었다. 향후 정보산업의 생산성 증대로 인해 노동시간을 주 30시간 내지 주 20시간 이하로 단축해야 한다는 주장이 점차

212) 조연현 편. 2002.『세계 어디에도 내 집이 있다』. 한겨레신문사. 242쪽.

확대되고 있다.

국제 기계공 노동조합 위원장이었던 윈피싱어(William Winpisinger)는 제네바에 있는 국제 금속노련의 연구를 인용하여 다음과 같이 말하였다. "향후 30년 이내에 세계 전체 수요에 필요한 모든 재화를 생산하는 데 있어서 현 세계 노동력의 단지 2%만 필요하게 될 것이다." 또한 일본의 컴퓨터 정보화 사회의 주창자인 마수다(Yoneji Masuda)는 "조만간 모든 공장들이 완전히 자동화될 것이고, 아마도 향후 20-30년 내에 사람을 전혀 필요로 하지 않는 공장들이 출현하게 될 것이다."고 하였다.[213)]

필리프 프띠의 주장과 같이 리프킨의 "노동의 종말"이라는 주장이 과장되고 또 교육과 복지분야와 같은 영역에서 새로운 노동의 요구가 늘어난다고 하더라도, 여전히 정보사회에 있어서 노동이 큰 폭으로 감소할 것이라는 주장에는 누구나 동의한다.[214)] 산업혁명에 있어서는 서구에 비해 뒤쳐졌지만 정보화에 있어서는 첨단을 달리고 있는 우리 사회의 경우도 예외가 될 수 없다.

우석훈과 박권일이 지은 『88만원 세대』는 우리나라에서 대학을 졸업하고 비정규직으로 일하는 20대를 다룬 책이다.[215)] 88만원은 비정규직 평균임금 119만원에 20대의 평균적 소득 비율 74%를 곱해 나온 숫자이다. 88만원 세대는 우리나라만의 문제가 아니다. 지금 대부분의 선진국들은 20대 후반에서 30대 초반의 젊은이들의 취업난으로 어려움을 겪고 있다.

미국에서는 이들을 '빈털털이 세대'라고 부른다. 대학을 졸업하고도

---

213) 제러미 리프킨. 2003. 이영호 역. 『노동의 종말』. 민음사. 27쪽.
214) 도미니크 슈나페르. 2001. 김교신 역. 『노동의 종말에 반하여』. 동문선 참조.
215) 우석훈 · 박권일. 2007. 『88만원 세대』.

취업을 하지 못해 판매원, 현금출납원, 식당 종업원과 같은 비정규직 저임금 일자리에 취업해 어려움을 겪고 있는 세대를 말한다. 이러한 빈털터리 세대로 인해 미국의 젊은이들의 평균 소득은 부모 세대인 30년 전보다 줄어들었다고 한다. 물가상승률을 고려할 때 1972년 고졸평균은 4,200만원을 받았으나 2002년에는 3,000만원으로 떨어졌으며, 같은 기간 대졸은 5,200만원에서 4,900만원으로 떨어졌다. 즉 건국 이후 최초로 부모 세대보다 못사는 자식 세대가 출현한 것이다. 이런 이유로 미국의 젊은이들 사이에는 주택 마련이 어려워 대학 졸업 후 다시 부모의 집으로 돌아오는 '부메랑 키즈' 현상이 확산되고 있다.

유럽의 경우 월 120-30만원 내외의 소득으로 살아가는 '1000유로 세대'가 확대되고 있다. 프랑스의 경우 이들을 특히 'S세대'라고 부른다. S는 실습생을 뜻하는 프랑스어 스타지에르(Stagiaire)의 머리글자에서 따온 것이라 하는데, 대학을 졸업하고도 정규직 일자리를 갖지 못해 인턴사원으로 돌아다니는 젊은이들을 일컫는 말이다. 그들이 무려 80만명에 이른다고 한다. 더 큰 문제는 이들의 실습이 언제 끝날지 모른다는 사실이다. 프랑스뿐만 아니라 유럽연합(EU) 25개국 청년실업률이 평균 실업률의 2배에 달한다고 한다. 일본의 경우도 예외가 아니다. 일본에서는 우리의 88만원 세대에 해당되는 세대를 '하류사회' 혹은 '비참세대'라고 부른다.

왜 이런 현상이 나타나는 것일까? 우리가 눈여겨보아야 할 점은 이러한 청년 실업이 모두 선진국, 특히 정보화에 앞선 나라에서 공통적으로 나타나는 현상이라는 것이다. 즉 이러한 청년 실업은 정보화의 필연적 산물이라는 점을 분명히 인식해야 한다. 지금 세계는 장기적인 호황 국면에 있다. 미국의 경우 2001년 이후 노동생산성은 무려 15%가 증가하였다. 즉 고용 없는 성장, 나아가 고용이 줄어드는 성장이 지속되고 있는 것이다. 리프킨의 주장과 같이 산업혁명이 기계가 인간의 근력을 대신하는 것이라면, 정보혁명은 기계, 특히 컴퓨터가 인간의 지력을 대신하는 것이다. 따라서 정보화로 인해 가장 먼저 타격을 받는 직종이 대학 졸업자들이 취업하던 사무직인 것이다. 물론 정보화가 진척되면 사무직뿐만 아니라 기술직, 기능직 등의 생산직도 점차 일자리가 줄어들 것으로 예측되고 있다.

노동의 종말, 혹은 감소에 대응하는 방식에는 두 가지가 있다. 그 한 가지는 줄어드는 노동을 소수가 독점하는 것이다. 소위 20대 80의 사회, 나아가 10대 90, 5대 95의 사회를 만드는 것이다. 이것은 효율성을 높이는 장점이 있기 때문에 경쟁력을 중시하는 미국은 이 방식을 고수하고 있다. 또 한 가지는 노동을 나누어 가지는 것이다. 법정 노동 시수를 줄여 줄어드는 노동을 조금씩 나눠 갖는 것이다. 북유럽의 경우 점차 후자의 방향으로 정책을 선회하고 있다. 그러나 장기적으로 볼 때 미국과 같이 소수가 노동을 독점하는 방식은 유지되기 어렵다. 역사적으로 볼 때에도 항상 일하는 다수가 일하지 않는 소수를 먹여 살렸지, 일하는 소수가 일하지 않는 다수를 먹여 살린 경우는 존재하지 않는다. 따라서 현 시점에서 경제 성장을 통해 더 많은 일자리를 창출하겠다는 발상은 시대착오적인 것이다.[216)]

216) 이런 측면에서 얼마 전 타결된 우리나라 병원노련의 노사협상은 우리에게 많은 시사점을 준다. 즉 이들은 올해의 임금 상승분을 비정규직을 정규직화 하는데 사용하기로 합의를 하였다. 이처럼 비정규직 문제의 해결은 기득권을 가지

그러나 더 근본적인 문제는 이러한 노동의 종말 혹은 감소가 초래할 미래 교육의 모습이다. 줄어드는 노동을 나누어 갖는 사회, 일주일에 하루만 일하고 나머지 6일의 여가를 갖는 사회에서 교육의 역할은 어떻게 바뀌어야 할까? 즉 노동이 중심이 아니라 여가가 중심이 되는 정보화 사회의 교육은 어떤 모습이어야 할까? 학생들에게 여전히 자신의 몸값을 높이기 위해 상호 경쟁하도록 해야 할까?

노동이 아니라 여가가 중심이 되는 사회의 교육을 위해 우리는 과거 전통사회에서의 유한계급의 교육에 주목할 필요가 있다. 특히 동양의 유가교육과 불교교육은 전 구성원의 유한계급화에 따른 정보화 사회의 교육의 설계에 있어서 중요한 모델이 될 수 있다. 유가교육과 불교교육은 노동력의 가치를 높이는 것이 아니라 성인이 되고 부처가 되는 것을 목표로 하였다. 한 마디로 우리가 설계해야할 새로운 교육학의 목적은 노동력의 가치실현이 아니라 인간으로서의 가치실현에 있다.

인류는 지금 문턱에 서 있다. 멸망하여 아예 지구상에서 사라지거나 아니면 크게 도약하여 새로운 존재로 다시 태어날 문턱에 서 있다. 수백만년전 원숭이들이 나무에서 내려오면서 인간이라는 새로운 존재의 역사가 시작되었듯이, 우리는 새로운 존재로 다시 태어나든지 아니면 공멸해야만 하는 문턱에 서 있다. 이처럼 새롭게 태어나야할 존재를 유학에서

고 있는 정규직의 손에 달려 있다. 향후 임금 상승분뿐만 아니라 정규직의 임금을 줄여 비정규직을 정규직화 하고 그 대신 더 많은 여가 시간을 갖도록 해야 한다. 적어도 매년 임금 상승분만큼이라도 비정규직을 정규직으로 전환하는데 활용하여야 한다. 이를 위해서는 정규직의 의식 전환이 가장 중요하다. 비정규직 문제의 해결은 기득권을 가지고 있는 정규직의 의식 전환 외에는 다른 길이 없다.

는 작성인(作聖人)이라고 하고 불교에서는 성불(成佛)이라고 한다. 나는 내가 아닌 것으로 구성되어 있다는 불교의 무아(無我)의 설이나, 작위(作爲)의 폐해를 극복하기 위해 스스로 그러함(自然)으로 돌아가자는 도가의 무위설(無爲說), 그리고 천지 만물이 하나라는 유가의 인설(仁說)은 모두 새로운 존재로 다시 태어나야 함을 주장하고 있다. 작성인과 성불은 노동의 필요가 없던 유한계급의 교육목적이었다. 승려나 도사(道士), 양반과 같은 무위도식(無爲徒食)하는 사람들의 교육목적이었다. 그렇기 때문에 신라나 고려사회의 불교가 지배 이데올로기로서 작용했으며, 또 유가(儒家)의 담론이 철저하게 신분에 의존해 있었고, 이기론(理氣論), 심성론(心性論) 등의 형이상학이 당시의 불평등한 현실을 왜곡하는데 기여했다. 그렇지만 이러한 전통사상에서 역사적, 시대적 한계를 덜어내고 나면 그 본질적 이념은 새로운 교육학을 설계하는데 커다란 시사점을 준다.

새로운 존재로의 재탄생을 목적으로 하는 교육의 본질적 이념과 이에 터한 새로운 교육학은 지난 100여년 간의 서구교육이 수반한 각종 폐해, 즉 인간성 상실, 학력의 상품화, 상호경쟁의 일상화, 교육의 공공성의 상실 등을 해결할 수 있는 대안을 제시해 준다. 함석헌 선생이 "박혀 버린 역사의 배를 서양이라는 죽음의 진탕에서 빼내려면, 죽은 듯이 서 있는 저 언덕의 동양 바위를 한사코 박찰 필요가 있다"고 했듯이, 우리는 동양사상에서 근대 이후 사회의 청사진과 새로운 교육학을 찾아내야 한다. 이제 더 이상 자유와 인권과 같은 근대 사회의 이념을 인류의 보편적인 이념으로 간주해서는 안된다. 자유와 인권과 같은 개념은 전근대 사회에서의 인신적 예속을 벗어나기 위해서는 꼭 필요한 이념이었지만 근대 이후의 청사진을 설계하는 데에는 "시대착오"적인 이념이다.

3. 새로운 교육학

1) 교육목적으로서의 참나의 발견

현재의 교육학에서 교육목적은 온갖 미사여구로 장식되어 있지만 그 본질적인 목적은 자기 노동력의 가치－요즈음 말로는 몸값－를 높이는 것이다. 몸값을 높이기 위한 경쟁이 교육의 목적이 된 후 서양에서는 대중의 평균치가 정상이 되었다. 이 평균치에서 위나 아래, 좌나 우로 치우치면 비정상이 된다. 그러나 새로운 교육학에 있어서 모든 사람은 절대적인 존재이다. 사람뿐만 아니라 모든 생물, 무생물도 절대적인 것이다. 수많은 나뭇잎 중에서 완전히 똑같은 나뭇잎이 없듯이, 모든 인간은-일란성 쌍둥이라고 하더라도-완전히 동일한 존재일 수 없다. 따라서 새로운 교육학에 있어서 타인이나 군중과의 비교는 의미가 없다. 오직 비교의 대상이 될 수 있는 것은 자신이 절대적 존재임을 자각한 성인이나 부처일 뿐이다. 성인이나 부처가 되지 못하였다면 나는 아직 비정상의 상태, 즉 병든 것이다.

새로운 교육학에서는 서구 근대교육이 추구하는 몸값 상승이라는 물질적・현상적 세계의 극복을 목표로 삼는다. 유학에서 추구하는 태극(太極)의 세계, 리(理)의 세계가 그것이다. 그러나 태극의 세계 또는 리의 세계라고 해서 물질적・현상적 세계와 단절된 것은 아니다. 유학자들은 태극과 리는 바로 우리 주변의 사소하고 비근한 것에서부터 찾아야 한다고 하듯이 진리의 세계는 현상적 세계와 분리되어 존재하지 않는다.

물질적 세계와 리의 세계라는 차원의 차이를 불교에서는 법계(法界)라고 표현한다. 물질적・현상적 세계인 사법계(事法界)에서는 사물들이 각각 분리되고 고정된 것으로 간주되고, 리법계(理法界)에서는 모든 것이 상호 의존하여 존재하고 끊임없이 변화하는 것으로 간주된다. 그러나 이 두 가지 법계가 독립하여 존재하는 것은 아니다. 사법계 속에 리법계가 존재하고, 리법계 속에 사법계가 존재한다. 이를 리사무애법계(理事無碍法界)라고 한다. 교육이 목표로 삼는 것은 사법계 속에서 리법계를 보고 리법계 속에서 사법계를 보는 리사무애법계이며, 궁극적으로는 물질계 즉 현상적 세계 속에서 모든 차원의 세계를 이해하는 사사무애법계(事事無碍法界)이다. 사사무애법계의 경지에서 우리는 모든 부처의 깨달음의 세계를 볼 수 있지만, 동시에 지옥의 관점에서, 그리고 개의 관점에서도 현상 세계를 이해할 수 있게 된다. 이런 경지를 불교에서는 부처라고 하고 유학에서는 성인(聖人)이라고 한다. 요컨대 교육의 목적은 부처와 성인이 되는 것이다.

그렇다면 성인과 부처는 구체적으로 어떤 존재인가? 성인과 부처의 공통점은 "피부 밑 자아"[217]를 벗어난 존재라는 것이다. 그는 타인이나 자연, 우주로부터 스스로를 분리하여 스스로를 고독하게 만드는 분별적 자기의식에서 벗어나 있다. 유학에서는 성인을 자신의 내부로 향한 끊임없는 수렴을 통해 자신의 외연을 우주 삼라만상과 동일시하는 사람이라고 주장한다. 여기서 중요한 것은 외연의 확대가 아니라 내부로의 수렴이다. 외연의 확대는 수렴의 자연스러운 결과에 불과한 것이다. 마음을 몸 안으

217) 이 말은 알란 와츠(Alan Watts)가 쓴 『자신이 누구인지를 아는 것을 막는 터부에 관한 책』(The Book on the Taboo against Knowing who you are)라는 다소 긴 제목의 책에서 사용한 말이다. 그는 이 말을 통해 피부가 끝나는 데서 인간 개체가 끝난다는 개념이 인간의 심각한 소외를 낳았다고 주장한다(Alan Watts, 2001: 187-188).

로 수렴하여 마치 거울과 같이 고요한 상태로 유지할 수 있게 되면, 나는 분리된 개체가 아니라 온 세상과 연결되어 있음을 깨닫게 된다. 이를 장횡거는 다음과 같이 말하였다.[218)]

> 그 마음을 크게 하면 천하의 물(物)을 체득하여 알 수 있다. 물을 체득하여 알지 못하면 마음은 외물(外物)의 유혹을 받아 물욕(物慾)이 있게 된다. 세상 사람의 마음은 보고들은 협소한 것에 머물고 말지만, 성인은 정성을 다하기 때문에 보고들은 것으로 그 마음을 구속하지 않는다. 또한 성인은 천하를 바라볼 때 내가 아닌 사물이 하나도 없다고 본다. 맹자가 말하기를 '마음을 다하면 성(誠)을 알고 천(天)을 안다'고 하였으니 성인의 이러한 것을 말한 것이다.

마음을 키워 그 기가 천하에 가득 차게 되는 것을 맹자(孟子)는 호연지기(浩然之氣)라고 하였다. 높은 산에 오르면 천하가 모두 눈 안에 들어오듯이 내 마음에 가득 차 마음이 미치지 못하는 부분이 없게 된다는 것이다. 마음이 미치지 못하는 것을 다른 말로 '바깥을 갖는 마음'(有外之心)이라고도 한다. 즉 마음에 사의(私意)가 끼여 사물과 내가 대립하면 비록 부모자식 사이라 하더라도 바깥을 갖는 마음이 생기게 된다는 것이다.

이처럼 바깥을 갖는 마음을 불교에서는 변계소집성(偏界所執性)이라고 한다. 모든 사물은 분리되어 있고 독립적으로 존재한다는 생각이 변계소집성이다. 그러나 연기(緣起)의 관점에서 볼 때 모든 사물은 상호 의존하여 존재하고 있으며 텅 빈 공(空)에서 임시로 빌려와 조합을 이룬 것에

218) 장윤수 편저. 1992. 『정주철학원론』. 이론과 실천.

지나지 않는다. 나의 몸은 종횡으로 우주의 모든 것에 의존해 있고, 모든 존재했던 사물과 또 앞으로 존재할 사물과 연결되어 있다. 즉 나에게는 남이 있을 수 없다.[219]

2) 교육내용으로서의 주관적 지식

근대 교육학에서는 객관적 지식을 교육 내용으로 한다. 객관적 지식이란 데카르트가 말한, 존재하는 것의 외연이다. 이러한 지식을 왜 배우는가? 앞에서 언급했듯이 자신의 노동력의 가치를 높이기 위해서이다. 물론 두 가지 교육관에서 말하는 지식은 다르다. 주물 모형의 지식은 부르너가 말하는 '지식의 구조'이다. 수학이나 과학과 관련하여 말하자면 법칙이나 원리에 가까운 것이다. 반면 도토리 모형에서는 '지식=정보'로 본다. 특히 최근에 인기를 끌고 있는 구성주의 교육학에서는 정보의 습득이 아니라 학생들로 하여금 정보를 생산할 수 있도록 해야 한다고 주장한다. 정보화 사회에서는 교사만이 정보의 원천이던 시절과 크게 달라졌기 때문에 지식전달자로서의 교사의 역할은 설자리가 없다는 것이다. 그러나 어느 입장을 취하더라도 이러한 지식은 학습자의 외부에 있는 것이고, 그런 의미에서 객관적인 지식이라는 사실은 명백하다.

새로운 교육학에서는 주관적 지식을 교육 내용으로 한다. 주관적 지식은 나 자신에게 어떤 의미를 갖는 지식이자 나를 변화시킬 수 있는 지식이다. 공부를 했는데도 학습자에게 아무런 삶의 변화가 없다는 것은 새로운 교육학에서는 어불성설이다. 이런 맥락에서 주관적 지식은 지식이라

219) 김보경. 2002. 『선과 파블로프의 개』. 교육과학사. 179쪽.

기보다는 지혜에 가까운 것이다. 지식은 쌓는 것이고 지혜는 그 지식을 버림으로써 얻는 경지이다. 그래서 노자는 『도덕경(道德經)』 제48장에서 "공부를 하는 것은 하루하루 쌓아 가는 것이고, 도의 길은 하루하루 없애 가는 것"(爲學日益, 爲道日損)이라고 했다. 새로운 교육학에서 나의 삶과 무관한 객관적 지식을 공부하는 것은 평생 남의 돈만 세는 은행원이나, 음식점에서 음식을 먹는 대신 메뉴만을 씹고 있는 어리석은 사람에 비유된다.

주관적 지식의 핵심은 자신이 누구인가를 아는 것이다. 이를 유학자들은 위기지학(爲己之學)이라고 표현했다. 위기지학은 지기지학(知己之學)이다. 반면 이러한 공부에 반하는, 남에게 보이기 위한 학문은 위인지학(爲人之學)이라 한다.220) 위기지학은 자신이 직접 산을 올라가는 것과 같

---

220) 위기지학이란 말 그대로 자신을 위한 공부라는 뜻이며, 위인지학은 다른 사람을 위한 공부라는 뜻이다. 이 말은 "옛날 배우는 사람들은 자신을 위한 공부를 했는데 지금의 배우는 사람들은 남을 위한 공부를 한다"라는 공자의 말에서 비롯된 말이다. 퇴계 선생은 위기지학을 "도리를 우리들이 마땅히 알아야 할 것으로 삼고, 덕행을 우리들이 마땅히 해야 할 것으로 삼아서, 먼 것보다 가까운 데서, 겉보다 속부터 공부를 시작해서 마음으로 얻어서 몸소 행하기를 기약하는 것"으로, 위인지학을 "마음으로 얻어서 몸소 행하기를 힘쓰지 않고 거짓을 꾸미고 바깥을 따라서 이름을 구하고 칭찬을 취하는 것"으로 구분하였다. 그리고 이어서 "군자의 학문은 오직 자기를 위할 따름이다. 이른바 자기를 위한다는 것은 장경부(張敬夫)가 말한 '위하는 바가 없이' 하는 공부이다. 우거진 숲 속에 있는 난초가 온종일 향기를 피우지만 스스로는 그 향기로움을 모르는 것과 같이 자기 자신의 성찰만이 진정한 공부가 되는 것이다"라고 말하였던 것이다(『국역퇴계집』 2, 243). 요컨대 자신을 위한 학문이란 남에게 보이기 위해서, 혹은 자신의 부귀영화를 위해서 공부하는 것이 아니라 자기 자신, 특히 자신의 마음을 공부의 대상으로 삼는 것을 말한다. 서원은 바로 이러한 위기지학을 실현하기 위해 마련된 교육 기관이었다.

성인 말고 유학의 이상적 인간상으로 군자(君子)라고 하는 인간 유형이 있다.

다. 높이 올라갈수록 시야가 넓어지고 새로운 이해가 생긴다. 최종적으로 산 정상에 도착할 때까지 우리는 산 중턱에서 형성한 관념이나 생각을 절대로 절대화하지 말아야 한다. 그런 의미에서 위기지학이야말로 진정한 의미의 객관적 지식이기도 하다. 왜냐하면 정상에 오른 사람들, 모든 성인들은 모두 동일한 말을 하기 때문이다. 퇴계는 정자중(鄭子中)에게 보낸 편지에서 산 정상에 올랐을 때의 경지를 참소식(眞消息)이라고 밝히고 있다(『退溪全書』, 권26).

혹시 군자가 교육을 통해서 도달할 수 있는 현실적인 목표이고, 성인은 사실상 달성 불가능한 존재는 아닐까? 이러한 의문과 관련해서 성리학에서는 인간을 타고난 능력에 따라 세 가지 유형으로 구분하고 있다. 태어나면서부터 아는(生而知) 자, 배워서 아는(學而知) 자, 배움에 곤란이 있는(困而知) 자가 그것이다. 성인(聖人)은 물론 태어나면서 아는 자이다. 배워서 아는 자는 군자(君子)라고 하고, 배움에 곤란이 있는 자를 소인(小人) 혹은 불초(不肖)라고 한다. 이런 맥락에서 성인은 배우고 묻는(學問) 과정을 통해 앎에 도달하는 군자와는 분명히 다른 존재이다. 그러나 군자라고 하는 인간상은 어떤 고정된 틀이나 단계를 의미하지 않는다. 군자는 끊임없이 노력하는 인간이다. 그리고 그 노력의 끝에 성인이 있다. 즉 '저절로' 라는 경지도 결국은 노력을 통해 달성될 수 있다는 것이다. 훨씬 더 어렵기는 하겠지만 소인이나 불초도 이 점에서는 마찬가지이다. 이런 측면에서 정이천의 제자인 양시(楊時)가 말하는 성인의 '과녁설'이 적절한 것인지도 모르겠다. 양시는 "옛날에 배우는 사람은 성인으로써 스승을 삼았으되 그 배움이 지극하지 못함이 있었던 까닭에 그 덕에 차등이 있었다. …… 진실로 성인은 이르기 쉽지 아니하나, 만약 성인을 버리고 공부를 하면 장차 어디서 준칙을 취하겠는가? 성인을 스승으로 삼는 것은 활을 쏘는 것을 배우는 데 과녁을 세우는 것과 같다. 거기에 과녁을 세운 연후에 활 쏘는 사람이 이를 보고 명중시킬 것을 구하니, 그 맞고 맞지 않은 것은 사람에게 달려 있을 따름이거니와 과녁을 세우지 아니하면 무엇으로 기준을 삼겠는가?" 하고 말하였던 것이다(조대봉, 김종석. 1991:165-166). 불교에서의 교육적 인간상인 부처도 물론 교육을 통해 도달할 수 있다. 도가의 지인(至人) 혹은 신선(神仙)도 마찬가지이다.

> 엄숙하게 함양함을 근본으로 삼고 깊이 침잠하여 연색(研索)함을 학문으로 삼아서, 이 도리가 한순간도 떨어지지 않는 곳에서 몸과 마음으로 친절하게 체인하여 그 사이에서 노닐고 젖어서(優游涵泳), 점차 쌓아 오래되면 홀연히 녹고 깨끗해지게(融釋脫灑) 된다. 이를 곧 참소식이라고 한다.

따라서 성인의 말씀인 경전을 공부할 때는 그것을 어떻게 수용하여 자신의 심성을 수양하는 데 적극적으로 활용할 것인가가 중요하다. 보는 데마다 시비하는 마음을 갖는 것(隨看便有是非之心)은 독서의 가장 나쁜 방법이다. 경전을 공부하는 방법으로 성리학에서 주로 활용하는 방법은 정좌(靜坐)이다. 정좌는 말 그대로 조용히 앉아 자신의 마음을 관조하는 것이다. "하루의 반은 책을 읽고 나머지 반은 정좌를 해야 한다"(半日讀書, 半日靜坐)라는 말이 있듯이, 정좌는 독서와 함께 유학 공부의 양대 기둥이었다. 아니 오히려 독서는 정좌를 위한 수단이라고 할 수도 있다. 왜냐하면 유학의 공부가 결국 자신의 마음속에 있는 우주 삼라만상의 진리를 깨닫는 것이라고 한다면, 정좌는 직접 마음을 대상으로 하는 공부이기 때문이다.

새로운 교육학에서는 인간 자신이야말로 세상에서 유일하게 성스러운 경전이라고 간주한다. 경전은 물론 성인의 말씀을 기록한 것이지만 그 자체로는 죽은 것에 불과하다. 경전을 읽은 후에 정좌를 통해 천리(天理)를 체인(體認)하는 것, 화두선(話頭禪)을 통해 부처를 죽이고 조사(祖師)를 죽여야만 하는 것은 죽은 경전을 내 안에서 되살리기 위한 것이다. 신(神)은 우리의 내면에 살고 있다. 신은 우리의 생명, 우리 의식의 핵심이요, 중심인 것이다. 그래서 유학자들은 정제엄숙(整齊嚴肅)을 통해 우리의 몸을 신의 사원으로 만들고자 했던 것이다.

3) 헌신의 대상으로서의 교사

근대 교육학의 두 모형에서 교사의 역할은 전달자와 조력자로 표현된다. 주물 모형의 교사는 인류 문화유산의 핵심인 객관적 지식을 학생들에게 전달해 주는 역할이고, 도토리 모형의 교사는 도토리가 커다란 참나무로 자랄 수 있도록 물도 주고 거름도 주고 가지도 쳐주는 조력자이다. 그러나 새로운 교육학에서는 교사는 학습자가 본받아야 할 모범이고, 성인이 되는 길을 안내하는 등불이다.

수정의 결정을 깨뜨리면 같은 모양의 수많은 결정으로 나뉘고, 그 중의 한 개를 골라 다시 깨뜨리면 다시 같은 모양의 수많은 결정이 나타나게 된다. 비유컨대 이것이 새로운 교육학의 학습자관이다. 즉 아이들은 이미 우주 삼라만상의 모든 진리를 스스로 마음속에 가지고 태어난다. 이를 유학에서는 학습자의 마음속에 우주 삼라만상에 대한 모든 진리가 들어 있다고 말하고, 불교에서는 모든 인간의 마음속에 불성이 갖추어져 있다고 설명한다. 문제는 이렇게 상정할 경우 교사의 역할을 어떻게 규정할 수 있느냐 하는 것이다.

학습자의 마음속에 모든 진리가 들어 있다면 교사는 어떻게 해야 할까? "네 마음속에 모든 진리가 들어 있으니 스스로 탐구해 보도록 해 보아라"라고 말해 주는 것으로 교사의 임무는 다 끝나는 것일까? 불행히도 이러한 진리는 교사가 전달해 줄 수 있는 것이 아니라, 오직 학습자 스스로 체득하는 도리밖에 없다. 그것을 스스로 체득하는 방법은 물론 다양하게 제시되고 있다. 유학에서는 '흩어지는 마음을 쓸어 모으는 방법'(求放

心法), '마음을 끊임없이 깨어 있도록 하는 방법'(常惺惺法), '자신의 마음 속으로 깊숙이 침잠해 들어가는 방법'(潛心自得法) 등이 제시되고 있고, 불교에서는 '자신이 이루고자 하는 목표를 끊임없이 소리내어 말하는 방법'(念佛法), '대상과 자신의 마음을 있는 그대로 바라보는 방법'(觀法), '선인들이 낸 수수께끼를 푸는 방법'(話頭法) 등이 소개되고 있다.

그러나 이러한 방법들은 '교육 방법'이 아니라 모두 학습자 스스로 하는 '학습 방법'이다. 그렇다면 교사는 어떻게 해야 하는가? 전통적인 교육관에서 교사와 학생의 관계는, 교사는 학습자가 도달하고 또 극복해야 할 통일체(統一體)이다. 무슨 말인가 하면, 교사는 학생보다 큰 수정의 결정체라는 것이다. 그렇다면 수정의 작은 결정체인 학생이 보다 큰 결정체가 되기 위해서 어떻게 해야 하는지는 당연한 것이 아닌가? 학생은 교사와 동일한 수준에 도달하기까지는 마땅히 교사가 하는 일을 본받고 따라하는 도리밖에 없는 것이다.

물론 교사는 절대적인 존재가 아니라 학생의 내부에 존재하는 궁극적인 스승에게로 나아가는 수단에 불과하다. 비유하자면 교사는 달을 가리키는 손가락에 지나지 않는다. 학생이 자신의 궁극적인 스승인 달을 보게 되었을 때 손가락은 의미를 잃는다. 그렇지만 손가락이 없다면 어떻게 달을 볼 수 있을 것인가? 학생이 손가락을 떠나 달을 볼 수 있을 때까지 교사는 절대적으로 본받고 따라해야 할 존재인 것이다.

교사의 역할이 단순히 학생들이 본받고 따라하도록 하는 것에 불과하다면 이것은 무척 쉬운 것처럼 생각될 수 있다. 그러나 이러한 교사의 역할은 결코 쉬운 것은 아니다. 또한 교사의 역할은 이것에 그치지 않는다. 교사의 또 한 가지 중요한 역할은 학생의 학습 단계를 정확하게 평가

하는 일이다. 학습의 단계에는 각 단계를 통과할 때마다 뛰어넘기 어려운 문턱이 있다. 교사는 개개 학생의 학습 단계를 정확하게 파악하고 있다가, 이 문턱에 도달했을 때 이를 뛰어넘을 수 있도록 조치를 취해 주어야 한다. 즉 학습자가 깨달음의 문턱에서 그것을 뛰어넘지 못하고 머뭇거리고 있을 때, 교사는 특단의 방법을 사용하여 문턱을 뛰어넘을 수 있게 해야 하는 것이다.

교과서 속의 객관적 지식은 앞에서 언급한 어떤 학습자관을 채택해도 가르칠 수 있다. 그러나 지식에 대한 지식, 즉 주관적 지식은 새로운 교육학의 학습자관에 의해서만 가르칠 수 있다. 그리고 그렇기 때문에 본보기로서의 교사관은 새로운 교육학에서 핵심적인 것이라고 할 수 있는 것이다.

유학의 전형적인 교사상은 조선 시대 서원 교육을 통해 나타난다. 왜냐하면 서원은 성인을 육성하는 것을 목표로 생겨난 교육 기관이기 때문이다. 그렇다면 서원의 원장이 될만한 인품과 덕성은 어떤 것일까? 서원 교육에 있어서 이상적인 스승의 모습은 제자들이 쓴 스승의 행장에서 잘 드러나고 있다.

1) 선생의 안색을 살펴보면 남을 대할 때는 봄날의 태양과 같이 온화하였고, 그 말을 들으면 때맞추어 내리는 비가 대지를 윤택하게 적시듯 사람의 마음에 스며들었다. 그 흉금은 뚜렷하게 틔어 있어 투명하고, 그 온축된 학식을 헤아리면 넓고 넓어 푸른 바다의 끝없음과 같으며, 그의 덕은 극치에 이르러 어떤 아름다운 말로도 형용할 수 없다…… 선생은 앉아 계실 때는 진흙으로 만든 인형과 같고, 남을 접대할 때는 온몸에 화기가 감돌고 있었다(정이천이 쓴 정명도의 행장 중에서).

2) 선생의 기질은 굳고 억세며, 그 덕은 풍성하고 의용이 엄숙하다. 남과 더불어 살아가면 날이 갈수록 친해지고, 자기 집안을 다스리고 남과 접촉하는 데에는 대개 자기를 먼저 올바르게 함으로써 남을 감동시켰다. 남들이 자기를 믿지 않으면 돌이켜 자기 자신을 다스리며 남을 탓하지 않았다. 비록 남들이 자기를 이해해 주지 않아도 편안히 행하면서 후회함이 없었다. 그러므로 아는 사람이나 모르는 사람이나 다 횡거 선생의 사람됨을 듣고 경외하니, 의롭지 아니한 것은 감히 하나의 터럭만큼이라도 하지 않았다(여여숙(呂與叔)이 쓴 장횡거의 행장 중에서).

3) 선생은 나이가 많아지고 병은 깊어 갔지만 학문을 전진시키기에 더욱 힘쓰고 도를 지키기에 더욱 무거운 책임을 느꼈다. 엄숙하고 공경하는 공부는 그윽한 곳에서 혼자일 때일수록 더욱 엄격히 하였다. 보통 때에는 날이 밝기 전에 일어나서 세수하고 머리 빗고 갓을 쓰고 옷을 입고는 온종일 책을 보거나, 혹은 향을 피우고 고요히 앉아서 항상 그 마음 살피기를 해가 처음 솟아오르는 것과 같이 하였다…… 선생은 일상생활에서 어묵동정(動靜語默)이 아주 쉽고 분명해서 지나치게 뜻이 높고 먼 일이 없었다. 그러면서도 모든 행동이 저절로 예절에 맞아서 남들이 이르지 못할 묘한 곳이 있었다…… 욕심을 이기고 심(心)을 기르는 공부는, 어떤 일을 당해도 이미 여유작작해질 지경에까지 이르렀다. 그래서 비록 급하고 갑작스러운 때를 당해도 정신은 한가롭고 뜻은 고요하여 어찌할 바를 몰라 하는 기상이 없었다…… 선생의 학문은 사욕이 깨끗이 없어지고 하늘의 이치가 해처럼 밝아서 물(物)과 나 사이에서 피차의 구별을 볼 수 없었다. 그 마음은 바로 천지만물과 더불어 아래위 한가지로 흘러서 각각 그 곳을 얻는 묘한 곳이 있었다…… 선생은 그 나타난 행실에 있어서 자기를 다스리기를 매우 엄하여, 음탕한 음악이나 간사한 예는 그 마음에 붙이지 않았고 사납고 거만하거나 간사하고 치우친 기운은 그 몸에 보이지 않았다. 그 행동은 본보기나 법도였고 그 말은 도덕이나

인의(仁義)였다…… 남을 대할 때는 공경해서 예로 하였고, 자기에 대해서는 간략했으나 도를 다하였다. 기뻐하고 성냄을 얼굴에 나타내지 않았고, 욕하고 꾸짖음을 남에게 미치지 않게 하였으며, 아무리 어쩔 줄 모를 급한 때에 있어서도 한 번도 말을 빨리 하거나 조급한 얼굴빛을 가진 적이 없었다. 의(義)와 리(利)의 구별이 엄하였고 가지거나 버리는 것을 분간함에 자세하였으며, 의심을 따지고 숨은 것을 밝혀서 털끝만한 일이라도 그저 예사로 지나치지 않았다…… 가슴속은 환히 트이어 가을달이나 얼음 항아리 같았고, 기상은 따뜻하고 순박하여 정한 금이나 아름다운 옥과 같았다. 웅장하고 무겁기는 산악과 같았으며, 고요하고 깊기는 못과 같았다. 단정하고 자상하며 한가하고 편안하며 독실하고 두터우며 참되고 순수하여, 겉과 속이 하나와 같았고 사물과 나와의 사이가 없었다(제자들이 쓴 『퇴계선생언행록』 중에서).

제자들이 스승에 대해 표현한 다양한 기술을 통해 우리가 짐작할 수 있는 것은 스승은 학문이나 지식이 아니라 행동과 마음을 통해 배운다는 것이다. 이것을 흔히 "스승을 배운다"라고 말한다. 그렇다면 스승을 배운다는 것은 무슨 뜻일까?

스승을 배운다는 것을 퇴계 선생은 '오두역거(烏頭力去)'라는 말로 설명하였다. '오두역거'란 말은 북송의 유학자 사상채(謝上蔡)(1050-1103)가 윤화정(尹和靖)(1071-1142)과 함께 정명도(程明道)(1032-1085) 밑에서 공부하던 때의 일화에서 나온 말이다. 사상채는 스승을 하직하고 돌아가는 날 윤화정에게 "우리들이 매일 선생을 따라 행실을 보고 배우며 말을 듣고 깨닫는 것은, 마치 오두(烏頭)를 먹는 것과 같은 것이었다. 그 약을 먹기 시작하면 얼굴빛이 광채가 나고 근력이 강성해지지마는, 하루아침에 오두의 힘이 떠나 버리면 장차 어찌할꼬" 하고 탄식하였다고 한다.

이를 퇴계 선생은 다음과 같이 풀이하였다.[221)]

> 오두(烏頭)는 약 이름으로, 그것을 먹으면 사람의 병을 낫게 한다. 사람이 어진 스승 곁에 있어서 늘 좋은 말과 착한 가르침을 들을 때마다 그 심병(心病)을 고치는 것은, 마치 이 약이 그 몸의 병을 고치는 것과 같은 것이다. 그런데 이제 스승을 떠나 멀리 감으로써 좋은 가르침을 듣지 못하면 장차 병이 다시 도지더라도 그것을 다스릴 약이 없으니, 이것이 오두역거(烏頭力去)의 걱정이 있다는 까닭이다.[222)]

이처럼 보고 배우는 것으로서의 스승의 역할은 유학의 공부 방법인 마음공부를 통한 깨달음의 필연적인 결과라고 할 수 있다. 마음공부란 그것을 하는 학생의 입장에서 보면 지극히 불분명하고 불투명한 것이다. 도대체 한 가지 일에 집중한다(主一無適)는 것이 어떻게 하는 것인가? 혹

---

221) 민족문화추진위. 1974. 『국역퇴계집』. 244-245쪽.

222) 스승의 곁에 있는 것을 명도 선생의 다른 제자 주공섬(朱公掞)은 '봄바람'이라고 표현하기도 하였다. 그는 명도 선생을 여주(汝州)에서 한 달간 만나뵙고 돌아와서는 사람들에게 "나는 한 달 동안 봄바람의 훈훈함을 즐기고 왔다"고 하였던 것이다. 퇴계 선생의 경우도 마찬가지였다. 어느 해 가을 퇴계 선생의 제자 유응현(柳應見)은 퇴계 선생을 뵙고 돌아올 때에 "우리가 매양 여기에 와서 선생의 얼굴을 보고 선생의 말씀을 들으면 묵은 때가 씻기는 듯, 취한 꿈이 깨는 듯하구나" 하고 말하였는데, 이 때 도반(道伴)인 권호문(權好文)은 이렇게 말하였다. "어떤 이가 말하기를 '옛사람의 말에 (스승을 따름은) 구름과 안개를 열어 푸른 하늘을 보고 가시를 베어 내어 바른 길로 간다'고 하였다더니 과연 그런 것이구나. 나는 소싯적에 선생을 보기를, 선생은 귀신의 신명(神明)과 같아서 그 끝을 헤아릴 수 없고 강하(江河)의 넓음과 같아서 그 가를 모르겠다고 하였는데, 이제 스승의 오묘한 말씀이 귀에 들어오면 저절로 이해되고 하시는 일이 눈에 띄어 밝힐 수가 있으니 나의 공력이 조금 나아갈 수 있을 것이다."

은 한 가지 일에 집중하면 마음이 어느 순간 활연관통(豁然貫通)하게 되어 우주 삼라만상의 원리를 꿰뚫게 된다고 하는데, 그것은 얼마나 해야 달성될 수 있는가? 그리고 내가 지금 가고 있는 이 길이 바로 그것인가, 아닌가? 이러한 의문들이 공부의 과정에서 끊임없이 일어날 것이다. 스승은 바로 이런 암중모색에 있어서 안내자요 등불이라고 할 수 있다. 스승의 현존 그 자체가 바로 자신이 나아가야 할 방향을 알려 주고, 동시에 그것이 도달 가능한 것이라는 것을 분명하게 보여 주기 때문이다.

새로운 교육학의 사제 관계에 있어서 스승과 제자의 교섭은 인도의 위대한 사상가 요가난다와 그의 스승 스리 유크테스와르와의 관계에서 다음과 같이 찬란하게 묘사되어 있다.[223)]

> 갑자기 스승께서 나의 가슴을 살짝 건드리셨다. 그 순간 나의 몸은 딱 정지되어 큰 자력에 끌리듯이 호흡이 허파에서 빠져나갔다. 영혼과 마음마저도 나의 모든 털구멍 밖으로 불꽃처럼 빠져나가는 것 같았다. 육체는 마치 죽은 사람처럼 정지되었지만, 의식은 그 어느 때보다도 선명하게 깨어 있었다. 그리고 의식은 육체에서 벗어나 주위의 모든 사물로 확장되었다…… 이러한 모든 것들이 내 시야에서 파동 치고 있을 때, 나의 몸과 스승의 몸, 그리고 둥근 기둥이 늘어선 뜰과 마루와 수목, 태양 등이 갑자기 무섭게 요동치며 빛나는 바다 같은 곳으로 모두 녹아들기 시작했다. 마치 설탕 결정이 유리컵 속에서 흔들리며 용해되듯이, 이 통일된 빛의 바다는 창조된 모든 것에 대한 인과의 법칙을 보여 주면서 물질의 세계와 비물질의 세계를 교차시키고 있었다. 드넓은 대양과도 같은 기쁨이 고요하고 가없는 내 영혼의 바닷가에서 파도쳤다.

223) 김정우 역. 1992. 『요가난다』. 정신세계사. 218쪽.

정말로 아름다운 광경이 아닌가? 이처럼 새로운 교육학에 있어서 가장 중요한 것은 스승에 대한 무한한 믿음과 존경일 수밖에 없다. 정이천(程伊川)의 제자 양시(楊時)의 스승을 모시는 일화는 이런 점에서 많은 시사를 준다.

> 어느 날 이천은 눈을 감은 채로 정좌(靜坐)를 하고 있었다. 이 때 양시는 문 밖에 서 있었는데, 이천이 정좌를 끝낸 뒤 "자네 아직도 거기에 있는가" 하고 말하며 나와 보니, 문 밖에는 눈이 한 자나 쌓여 있었다고 한다.

정좌는 마음을 고요히 내면에 침잠하는 것으로 성리학의 주요한 공부 방법이다. 이 일화는 이천이 정좌하고 있던 몇 시간 동안, 제자 양시는 움직이지도 않고 이천의 곁에서 조심스럽게 모셨다는 사실을 말하고 있다. 스승을 공경하는 제자의 정성스러운 태도를 생동적으로 보여 주고 있는 것이다. 이처럼 새로운 교육학에서 교육의 시작은 곧 스승에 대한 존경(尊師)이며 교육의 마지막 또한 스승에 대한 존경이 되어야 한다.

4) 도량(道場)으로서의 학교

오늘날의 학교는 몸값 올리기를 위한 상호 경쟁의 장에 지나지 않는다. 그렇다면 경쟁 대신에 우리가 아이들에게 줄 수 있는 것은 무엇일까? 그것은 사물에 대한 감수성이고, 또 그것을 통해 자기 자신을 이해하는 것이다. 사물에 대한 감수성은 어떤 것인가? 사물에 대한 감수성은 사물을 있는 그대로 '가슴'으로 받아들이는 것이다. 사물을 볼 때 그것을 머리가 아니라 가슴으로 느끼는 것이다.

사물을 있는 그대로 바라볼 수 있을 때, 바로 그 감수성으로 나는 나 자신을 바라볼 수 있다. 그 때 드러나는 나의 모습은 다른 사람이나 사회에 의해 규정된 나의 모습과는 다르다. 나는 존재계의 한 부분이고, 또 존재계 전체이기도 하다. 그렇지만 우리는 나 자신을 알기 위해 책을 읽고, 전문가에게 상담을 받는다. 그러나 다른 사람에게 "나는 누구입니까?" 하고 묻는 것은 얼마나 어리석은 일인가? 지금 여기 전체로서의 나는 절대적인 하나로 존재하는 것이다. 동양은 자기 자신이 되는 것이 최고의 창조성이고 그런 사람의 현존이 가치 있는 것이라고 생각해 왔다. 우리가 경쟁 대신 아이들에게 줄 수 있고 주어야 하는 것은 바로 이것이 아닐까?

근대 교육학의 두 가지 모형에서 학교는 공장과 시장으로 표현할 수 있다. 주물 모형에서의 학교는 교과라는 지식을 주입하여 일정한 모양으로 만들어 내보내는 공장에 비유된다. 반면 도토리 모형에서는 학생들이 시장에서 다양한 물건을 사는 것으로 비유된다. 그러나 새로운 교육학에서 학교는 신성한 도량(道場)이다. 학교는 고요하고 서늘하고 엄숙한 곳이다. 누구든 그 신성한 장소를 지날 때는 말에서 내려야 하고, 그 안에 들어갈 때는 밖에 신발을 벗어 두어야 한다. 신발 뿐만 아니라 인욕(人慾)이라는 자기 자신을 벗고 들어가야 한다. 신발 뿐 아니라 자기 자신까지 벗어 놓을 때 그 장소는 단순한 집이 아니라 신성한 장소로 변하게 되는 것이다. 이런 맥락에서 조선시대 서원은 도량으로서의 학교의 전형적인 모습을 보여준다.

서원은 크게 제향(祭享) 공간과 교육 공간으로 구분된다. 위패를 모시는 사당이 있는 곳이 제향 공간이다. 사당에는 보통 한 사람의 위패를 봉안하는데, 이를 주향(主享)이라고 한다. 그 밖에 2-4명의 위패를 같이 봉안하기도 하는데, 이를 배향(配享)이라고 부른다. 이 때 배향자들은 주향에 가까울수록 상위가 되고, 또 주향의 왼쪽이 오른쪽보다 상위가 된다.

그런데 이처럼 제향 공간을 교육 공간과 구분한다고 해서 제향 공간이 교육과 무관한 것은 아니다. "공부한다는 것은 본받는다는 것이다"(學之爲言, 效也)라고 하듯이, 성리학의 교육관은 스승을 보고 배우는 것을 중핵으로 한다. 사당은 바로 그 지역에서 활동한 사람 중 가장 본받을 만한 인물의 위패를 모신 공간이다. 그래서 안향의 고향에 있는, 그가 소싯적에 공부했던 숙수사라는 절터에 소수서원(紹修書院)이 세워졌고, 조광조의 묘소가 있는 곳에 심곡서원(深谷書院)이 세워졌으며, 회재 이언적이 은거한 곳에 옥산서원(玉山書院)이, 동춘당 송준길이 상주목사를 지낸 곳에 흥암서원(興巖書院)이 설립되었던 것이다.

사당에 대한 의례는 분향(焚香)과 향사(享祀)로 대별된다. 분향이란 제수를 올리지 않고 향만 사르는 간단한 제사로, 매월 초하루와 보름에 행한다. 향사는 대개 정월 초하루(正謁) 및 봄(春享)과 가을(秋享), 이렇게 세 차례에 걸쳐 행해지는데, 이때에는 서원의 구성원들뿐만이 아니라 지역 사회의 유림들이 모두 참여하였다. 서원의 학생들은 사당에 대한 이러한 의례를 통해 '본받음으로서의 공부'를 실천하였던 것이다.

교육 공간의 중심 건물은 강당이다. 강당은 교육을 총괄하는 원장과 여타 교수들이 거주하는 곳으로, 여기서 바로 학생들이 공부한 것에 대한 평가가 이루어진다. 그리고 강당의 앞에 학생들의 기숙사에 해당되는 2개의 재실이 있다. 방향에 관계없이 강당에서 볼 때 왼쪽에 있는 것을 동재(東齋)라 하고 오른쪽에 있는 것을 서재(西齋)라고 부른다. 동재는 주로 상급생들이 기거하고 서재에는 하급생들이 기거한다. 그리고 강당의 전면에 누각이 있다. 누각은 병산서원의 만대루와 같이 자연을 감상하는 곳이다. 그러나 이러한 자연의 감상도 결코 공부와 무관한 것은 아니었다. 학생들은 자연을 유유자적 감상하면서 자신이 평소에 해결하지 못했던 문제를 문득 깨달을 수 있었다.

결국 서원의 구조는 성현을 본받기 위해(法聖賢) 마련된 '사당', 교사와 학생이 만나 공부한 결과를 평가하기 위한(講儀) '강당', 학생들이 공부하는 공간으로서의 '동재'와 '서재', 그리고 자연을 감상하면서 경전의 내용을 재음미해 보는(優游涵泳) '정자'로 구성되며, 어느 하나 교육과 무관한 곳은 없다.

부르더호프(Bruder Hof) 공동체에서는 건물이나 공간을 교회라 하지 않고 마음과 몸을 교회라고 부른다. 또한 우파니샤드라는 말은 '스승의 옆에 앉아 있음'을 의미한다. 이처럼 학교는 건물이 아니라 사랑과 평화에 충만한 교사가 앉아 있는 그 주변을 일컫는 말이다. 그리고 아이들이 교사의 평화와 사랑이 미치는 장(場) 속에 들어 있는 것을 우리는 교육이라고 불렀던 것이다. 왜냐하면 평화와 사랑으로 아이들을 감싸는 것, 바로 이것이 교육의 본질이기 때문이다.

사랑은 우리가 반드시 배워야 하는 창조적인 기술이다. 사람은 사랑할 수 있는 능력을 갖고 태어나지 않는다. 그렇기 때문에 사랑은 성장이고 성취이다. 사랑은 우리가 도달해야 할 가장 훌륭한 성취이며, 가장 위대한 도약이다. 사랑을 할 때 나는 더 이상 중심이 아니다. 상대방이 중심이 된다. 나는 사랑하는 사람의 그림자에 불과하다. 사랑 속에서는 오직 사랑의 상대방만이 의미를 갖게 되고 상대방을 돌보는 것이 나의 행복이 된다. 이러한 사랑을 통해 우리는 '피부 밑 자아'를 벗어날 수 있다. 그러나 사랑을 가르치는 학교는 없다. 모든 학교에서는 오직 생각만을 가르친다. 이제 우리는 아이들에게 느끼는 법과 사랑하는 법을 가르쳐야 한다.

또한 학교는 평화와 사랑의 장 속에서 학생들의 상호 작용이 이루어지는 장소이기도 하다. 물론 이러한 상호 작용은 상호 경쟁과 투쟁이 아니라 서로 돕고 도움을 받는 상호 작용이다. 우리 교육의 문제는 세계화가 주장하는 상호 경쟁과 투쟁이 부족해서가 아니라 오히려 경쟁의 과다에 있다. 입시 위주의 교육 문제를 한 마디로 정의하면 바로 경쟁이다. 왕따 문제, 학교붕괴 문제도 결국 학생 상호 간의 경쟁에서 비롯된 것이다. 이러한 경쟁을 없애기 위한 한 가지 방법이 바로 복식학급이다. 지금 대도시를 제외한 읍면 지역에는 많은 복식학급이 있다. 상호 경쟁과 투쟁을 제도화하는 전문성 신장의 입장에서 보면, 이러한 복식학급은 전형적인 비효율적 기관이고 하루 빨리 해소해야 할 대상이다. 그러나 상생과 조화의 상호 작용이라는 입장에서 볼 때 복식학급은 적극 장려되고 확대되어야 한다. 복식학급은 궁극적으로 초등학교 1학년부터 고등학교 3학년까지 모두 2명씩 24명이 함께 공부한다. 경쟁은 동일한 연령층의 아이들을 함께 가르치는 데서 비롯된다. 사실 동일한 연령층의 아이들을 모아 학년제로 가르치는 방식은 값싸고 천박한 서구 근대 교육의 산물이다. 서구 근대 교육은 효율성을 가장 중요한 이념으로 삼는다. 서구 근대 교육 이전에는 다양한 연령층의 아이들이 함께 공부하는 복식학급이 일반적이었다. 복식학급의 가장 큰 장점은 학생들 상호간에 협력과 공존이 가능하다는 것이다. 학생들은 서로 가르치고 배울 수 있다.

상생과 조화가 21세기 인류가 추구해야 할 이념이라면 그 이념은 인간과 인간, 인간과 사회, 인간과 자연이 상호 침윤되는 새로운 교육학을 통해 길러질 수 있다. 새로운 교육학에서는 '너' 속에 '내'가 있고 '내' 속에 '네'가 있다. 이를 우리는 "우리"라는 말로 표현한다. 우리 남편, 우리 마누라라는 의미 속에는 나라고 하는 원자적 개인은 존재하지 않는다. 원자적 개인을 전제로 이루어진 서양의 자유와 인권은 필연적으로 대립관계에 있는 둘 이상의 개인이나 단체를 전제로 한다. 예컨대 사랑에 빠진 두 남녀에게 자유와 인권은 아무런 의미를 갖지 못한다. 자유와 인권이 등장하게 되는 것은 두 사람간의 사랑이 깨졌을 때, 재산이나 자식의 양육을 둘러싸고 서로 대립할 때이다. 그래서 마르크스도 인간의 권리니 기본권이니 하는 논의는 인간과 인간을 적대관계로 만들고, 개인을 그가 속한 공동체로부터 이간질시켜 버린다고 지적하면서, 권리란 이기적인 부르죠아들의 전유물이라고 비판한 바 있다. 즉 자유와 인권은 인간과 인간을 서로 떼어놓으려는 고립성에 그 기반을 두고 있지, 인간과 인간을 결합시키려는 화합성에 그 기반을 두고 있지는 않는 것이다.

새로운 교육학에서는 사회 속에 내가 있고 내 속에 사회가 있다. 사회는 나의 외연이고 나는 사회의 내포이다. 이러한 사회관에서 한 개인의 자아는 자신을 타인으로부터 분리 고립시킴으로부터 추출되는 것이 아니라, 타인과의 관계 속에서 차지하는 자신의 위치를 확인함으로써 얻어진다. 따라서 이런 전통 속에서는 나를 주장하고 나만의 이익을 추구하는 것은 결코 정당화되기 어렵다. 그래서 유학에서는 사익을 희생하여 공동선을 따르고 추구하는 자를 군자(君子)라고 하고, 원자적 개인과 같이 사익만을 추구하는 인간을 소인(小人)이라고 한다.

따라서 새로운 교육학에서 자유란 제도적인 것이 아니라 심리적인 것이다. 자유는 외적 억압이나 속박의 부재가 아니라 무엇을 의도하고 기필

하고 고집하는 욕망으로부터의 자유인 것이다. 이러한 자유는 개인들이 타인의 부당한 간섭에서 벗어나 가급적 더 많은 자율적 선택을 넓히려는 서양의 소극적 자유에 비교하여 "적극적 자유"라고도 말할 수 있다.

인간과 자연과의 관계도 마찬가지이다. 새로운 교육학에서는 자연과 인간이 분리된 존재가 아니라고 본다. 그렇기 때문에 자연은 인간이 정복하거나 이용하는 대상이 아닐 뿐만 아니라, 보호해야할 대상도 아니다. 인간이 자연을 보호한다는 것은 어린아이가 어머니를 보호하겠다는 것과 같이 무모한 짓이다. 자연은 인간과 조화롭게 공존해야 하고, 서로 살리는(相生) 존재가 되어야 한다.

21세기는 경쟁과 투쟁이 아니라 상생과 조화의 시대를 여는 새로운 세기가 되어야 한다. 교육학의 관심도 효율성과 수월성이 아니라 상생과 조화에 초점을 맞추어야 한다. 상생과 조화를 위한 새로운 교육학은 우리만의 문제는 아니다. 이러한 노력은 지금 전세계적으로 이루어지고 있다. 신자유주의에 저항하는 국제 연대가 이미 구성되어 있듯이, 세계 도처에서 상생과 조화를 위한 교육이 활발하게 전개되고 있다. 『오래된 미래』라는 책으로 잘 알려진 헬레나 노르베리 호지가 이끄는 북인도의 "라다크 환경개발 프로그램", 1958년부터 시작된, 우주적 깨달음(사르보다야)과 개발(슈라마다나)을 결합한 스리랑카의 공동체 운동인 "사르보다야 운동", 일본인 농부 야마기시 미요조가 자연계의 태양, 공기, 물, 흙, 인간, 동물, 식물이 서로 도우며 함께 번영해 가는 진실세계를 깨닫게 하기 위해 시작한 "야마기시즘 공동체 마을" 등이 그것이다. 그 뿐만 아니다. 지금 우리나라와 전 세계에서 운영되고 있는 수많은 대안학교들은 바로 상생과 조화를 그들의 주요 이념의 하나로 삼아 새로운 교육학을 실천하고 있는 것이다.

새로운 교육학은 단순히 우리의 전통교육의 바람직한 측면을 계승하자는 주장은 아니다. 그것은 서구의 근대적 교육관이 초래한 개인과 개인 간의 무한 경쟁, 인간과 사회와의 갈등, 인간의 자연 파괴로 인한 인류 공멸의 위기를 극복하기 위한 것이다. 그리고 이러한 위기의 극복은 다른 무엇보다도 교육에서부터 시작되어야 하기 때문이다. 그 극복의 대안을 멀리서 찾을 필요는 없다. 지금 바로 우리 곁에 남아 있는 우리의 전통교육을 두고 어디서 그 대안을 찾을 것인가?

6. 맺는 말

학교의 본질적인 역할은 무엇인가? 학교는 자기의 내면을 성찰하는 곳, 깨달음을 얻는 곳, 수행하는 곳이 되어야 한다. 오늘날 우리나라의 학교 교육 위기는 주물 모형의 교육관에서 도출되는 공장 모형의 학교로부터 도토리 모형의 교육관에서 도출되는 시장 모형의 학교로 이전하는 가운데 발생하였다. 지금 우리의 학교는 공장에서 똑같은 물건을 대량으로 생산하는 것과 같이 잘 훈련된 노동력을 양산하는 공장 모형의 학교에서, 학생들이 가진 능력을 최대한 발휘하도록 다양한 교육 내용을 마련하여 학생들이 선택하여 공부하도록 하는 시장 모형의 학교로 변모하는 과정에 있다. 정부와 학계에서는 이러한 변모만이 정보화 사회, 지식기반 사회에서 경쟁력을 갖춘 창의적인 인간을 양성하는 유일한 방법이라고 주장하고 있다. 그러나 시장 모형의 학교에서 학생들에게 요구하는 창의성은 극히 한정된 것에 불과하다. 그것은 가장 낮은 차원의 창의성인 기술적 창의성에 지나지 않는다. 더구나 학교에서 요구하는 기술적 창의성은 오직 시장에 나가 부가가치를 생산할 수 있는 상품성을 가진 것에 한정된다.

기술적 창의성보다 높은 단계의 창의성은 예술적 창의성이다. 시인이나 화가, 작곡가들이 가진 창의성은 한층 더 우리의 존재에 가까이 다가서 있다. 그들은 가끔 종달새처럼 하늘 높이 솟아올라 진리의 세계를 일별하곤 한다. 그렇지만 그것은 말 그대로 일별일 뿐이다. 항상 진리의 세계에서 소요(逍遙)하는 가장 높은 단계의 창의성은 종교적 창의성이다. 종교적 창의성은 자신이 누구인지를 아는 것이다. 물론 이러한 종교적 창의성은 현실의 제도적 종교와는 아무 관계도 없다. 제도화된 종교적 의식들은 우리들이 자신을 찾는 데 오히려 장애만 될 뿐이다.

성장에는 두 가지 유형이 있다. 하나는 무의식적인 자연적인 성장이다. 상황이 주어지면 저절로 자라나는 것이다. 도토리 모형에서 가정하는 학생들의 성장이 그런 것이다. 그러나 영혼은, 아트만은, 내면의 존재는, 내 속에 있는 신성은 성장의 다른 유형에 속한다. 그것은 오직 의식을 통해서만 성장한다. 그것은 자연적이지 않고 초자연적이다. 자연 그 자체로 내버려두면 그것은 성장하지 않는다. 의식적인 노력을 통해서만 자라기 시작한다.

이제 학교는 이처럼 우리의 영혼을 성장시키는 곳이 되어야 한다. 지금 이 시점에서 도토리 모형의 교육관이나 시장 모형의 학교를 받아들이는 것은 시대착오적이고 종속적인 것이다. 이제 우리의 학교는 공장 모형도 아니고 시장 모형도 아닌, 도량(道場) 모형으로 돌아가야 한다. 도량

모형의 학교는 우리가 추구해야 할 '오래된 미래'(Ancient Future)이다.

인류가 학교라는 제도를 만들어 운영한 지 오천 년이 넘는다. 중국의 경우 기원전 11세기에 성립된 주(周)나라에 잘 정비된 학교가 있었다. 공자의 말대로 주대의 제도가 상(商)대의 제도를 본받고 또 상대의 제도가 하(夏)대의 제도를 본받았다고 한다면, 중국의 학교 제도는 기원전 20세기로 거슬러 올라간다. 또한 수메르 문명에서의 학교는 기원전 삼천 년까지 거슬러 올라간다. 인류가 학교라는 기관을 만들어 운영한 그 오랜 기간 동안의 대부분 학교는 경전과 그 해설서, 그리고 이를 위한 문자를 공부하는 곳이었다.

경전이란 무엇인가? 그것은 인류의 성인이라고 하는 석가, 예수, 공자 등의 체험과 지혜를 기록한 것이다. 이러한 경전 공부는 머리와 지성만을 통해서도 전달될 수 있는 일반 기술지식과는 다르다. 경전에 실려 있는 정신의 지혜는 우리의 온 존재, 즉 마음과 머리, 육체와 정신이 한 덩어리가 되어 경험되고 터득되어야 한다. 그래서 학교는-최근 200년을 제외하면-지난 오천 년 동안 자신의 내면을 성찰하는 곳, 깨달음을 얻는 곳이었다. 학교는 지식을 배우는 곳이 아니라 진리을 체험하는 곳이었다.

시체를 해부해서는 영혼을 발견할 수 없다. 그러나 오늘날 학교에서는 학생들에게 교과라는 시체만을 해부하도록 하고 있다. 달개비꽃은 그 자체로 학생들에게 기쁨과 경탄을 준다. 그러나 학교에서는 그 껍질을 벗겨 염색을 해서 현미경으로 관찰하게 한다. 교사는 교과서에 있는 지식을 마른 뼈다귀를 던지듯 학생들에게 던진다. 그러나 진리는 언제나 주관적이다. 진리는 우리 존재의 가장 깊은 곳, 아무도 들어올 수 없는 곳에서 체험된다. 오직 혼자 있을 때에만 진리는 찾아온다.

우리는 학생들로 하여금 몸 안에서 몸을, 느낌 안에서 느낌을, 마음 안에서 마음을, 마음의 대상 안에서 마음의 대상을 주시할 수 있도록 해야 한다. 몸 안에서 몸을 주시한다는 것은 그것을 주시하기 위해 몸 밖으로 나와서는 안 된다는 뜻이다. 주시란 주시하는 것과 주시되는 것이 하나가 되는 것을 말한다. 이러한 주시를 통한 이원성(二元性)의 극복이야말로 새로운 교육학의 핵심이다.

공장 모형의 학교는 불과 200여 년의 역사에 지나지 않는다. 더구나 시장 모형의 학교는 극히 최근의 일이다. 학교는 경건한 쉼터가 되어야 한다. 학교는 공장 모형처럼 두려운 곳이 되어서는 안 되고, 또 시장 모형처럼 재미만 추구하는 곳이 되어서도 안 된다. 학교는 즐거우면서도 경건하고 엄숙한 곳이 되어야 한다. 학교는 우리의 이웃을 내 몸과 같이 사랑하는 것을 배우는 장소가 되어야 하고, 인간과 자연에 대한 개방된 감수성으로서의 인(仁)을 배우는 장소가 되어야 하며, 무엇보다도 살아 있음의 의미를 깨닫는 곳이 되어야 한다.

동양의 전통적인 세계관에 있어서 발전은 물질적인 것이 아니라 상호교감(交感)을 통한 인간의 변화를 의미한다. 『주역(周易)』의 '택산함(澤山咸)' 괘에서는 "하늘과 땅이 교감하여 만물이 화생(化生)하고, 성인(聖人)이 사람의 마음을 감동시켜 천하가 화평(和平)하나니, 그 교감하는 바를 관찰하면 천지와 만물의 정을 볼 수 있을 것이다"라고 말하고 있다. 성인이란 오늘날의 교사를 의미한다. 즉 상생(相生)과 조화(調和)를 통한 발전은 교사와 학생의 교감을 통해 이루어져야 함을 말하고 있는 것이다.

진리는 복잡하고 어려운 곳에 있는 것이 아니다. 진리는 가장 쉽고 가까운 곳에 있다. 현실을 복잡하고 이해하기 어렵게 만드는 사람들은 가깝고 쉬운 주장을 비현실적이라고 몰아붙인다. 그러나 가장 근본적이고 본질적인 것은 쉽고 가까운 것이다. 근본적인 것은 비현실적인 것이라고 주장하는 사람들은 거짓말을 하고 있는 셈이다. 교육에 대한 주장도 마찬가지이다. 우리는 모두 교육의 본질이 학생들로 하여금 자신의 내면에 있는 진리를 체험하게 하는 것이고, 그것은 교사와의 인격적 교감을 통해 이루어질 수 있음을 잘 알고 있다. 그럼에도 불구하고 우리는 교육이 좋은 상품 가치를 가진 학생들을 양성하는 곳이고, 그러기 위해서는 학생들이 상호 경쟁해야 하는 현실이 불가피하다고 생각한다. 그래서 교육에 대해 본질적인 주장을 하는 사람들을 비현실적인 신비주의자로 몰아붙인다. 혹자는 말한다. "이처럼 타락한 사회에서 그런 본질적인 교육이 가능하겠는가?" 또 이렇게도 말한다. "이처럼 영악한 아이들이 그런 교육을 받을 수 있겠는가?"

그러나 타락하고 영악한 것은 사회와 어른이지 교육과 아이들은 아니다. 여전히 우리 아이들의 눈은 열려 있고 무엇이든지 받아들일 준비가 되어 있다. 아이들의 눈은 언제나 놀라움으로 가득 차 있고 작은 것에도 신비를 느낀다. 어른들은 푸른 하늘의 아름다움을 즐기기 위해 특별한 노력을 해야 하지만, 아이들은 그것을 그저 즐길 수 있다. 오늘도 아이들은 해가 떠오르는 광경을 보고 아름다움을 느끼고, 담벼락에 핀 장미를 보고 신비를 느낀다.

또한 아이들은 상품이 아니다. 생명은 결코 누구에게 소유될 수 없는 것이다. 세상의 부모들은 아이들에 대한 소유권을 주장하면서 아이들을 파괴해 왔다. 부모들은 아이를 사랑하기 때문이라고 말한다. 그러나 그것은 사랑이 아니라 욕망이다. 사랑은 욕망과는 다르다. 욕망은 맹목적이지만 사랑은 맹목적이지 않다. 사랑은 가장 분명한 통찰력, 신선한 눈을 준다. 삶이란 사랑 속에서 존재하고, 삶은 창조적인 일 속에 있으며, 또한 학생들이 자신의 내면의 존재를 이해하는 가운데에 있다. 아이는 부모를 통해 세상에 나왔지만, 부모는 단지 통로일 뿐이다. 칼릴 지브란이 말하듯이, 아이들의 영혼은 내일의 집에 살고 있다. 부모들은 결코 찾아갈 수 없는, 꿈속에도 찾아갈 수 없는 내일의 집에. 그래서 부모는 활이요, 그 활에서 아이들은 살아있는 화살처럼 미래로 날아간다.

교육의 본질은 무엇을 아는(knowing something) 데 있는 것이 아니라 무엇이 되는(becoming something) 데 있다. 진리는 내가 진리가 됨으로써 알 수 있는 것이다. 우리 마음이 무엇을 알고 있다고 생각한다면 그것은 무엇에 '대해' 아는 것에 지나지 않는다. 참으로 안다는 것은 그 아는 대상이 됨을 뜻한다. 내가 사랑에 대해 모든 것을 다 안다고 해도 내가 사랑이 되는 것은 아니다. 내가 사랑이 되어야만 비로소 참으로 사랑을 안다고 말할 수 있는 것이다. 아이들을 사랑하는 마음은 노력을 통해 가질 수 있는 것이 아니다. 내가 사랑이 되었을 때 그 사랑은 마르지 않는 샘과 같이 모든 아이들에게 흘러갈 수 있다.

라즈니쉬가 주장하듯 가을에 낙엽이 떨어질 때 학생들은 그 노래를 들을 수 있어야 한다. 그리고 비가 올 때 학생들은 비를 맞으며 춤출 수 있어야 한다. 또한 틱낫한이 『평화로움』이라는 책에서 말하듯, 학생들은 종이 속에서 구름이 떠 있는 모습을 볼 수 있어야 한다. 구름 없이는 물이 없고, 물 없이는 나무가 자랄 수 없으며, 나무가 없이는 종이를 만들 수 없기 때문이다. 또한 종이 안에 햇빛도 있고, 나무꾼도 있고, 나무꾼이 먹은 빵이 있고, 나무꾼의 아버지도 있음을 보아야 한다. 이런 교육을 통해 학생들은 분리된 자아를 비울 수 있고, 전 우주에 가득 찰 수 있다.

우리는 말로만 전인교육을 부르짖어 왔다. 그러나 정말로 전인교육이 무엇인지 모른다. 전체(whole)와 성스러움(holily)은 같은 어원에서 왔다. 성스럽다는 말은 곧 전체의 경지에 있음을 의미한다. 서구 근대가 주장하는 개인과 자아의식이 존재하는 한 나는 전체가 될 수 없다. 개인과 자아란 더 이상 나눠지지 않는(In-dividual) 분리성을 띠고 있기 때문이다. 자아의식은 분열로 이루어져 있으며 나를 계속 쪼개며 분리시킨다. 자아의식이 사라짐으로써 분열 또한 사라진다. 자아는 일종의 사회 제도일 뿐이다. 만일 자신이 진정 누구인가를 알고자 한다면 먼저 자신의 자아를 부수는 근본적인 변화를 거쳐야만 한다. 자아를 부수어 영혼을 발견하지 않는다면 결코 우주 삼라만상과 하나가 될 수 없기 때문이다.

참고문헌

權近. 1981. 권덕주 역. 『入學圖說』. 을유문고.

朱熹·呂祖謙. 1991. 정영호 편역. 『近思錄』. 자유문고.

朱熹. 1993. 성백효 역주. 『論語集註』. 전통문화연구회.

朱熹. 1998. 허탁·이요성 역주. 『朱子語類』. 청계출판사.

晦山戒顯. 1993. 然觀 역주. 『禪門鍛鍊說』. 불광출판사.

程敏政. 1991. 조대봉·김종석 공역. 『心經附註』. 이문출판사.

도미니크 슈나페르. 2001. 김교신 역. 『노동의 종말에 반하여』. 동문선

김보경. 2002. 『禪과 파블로프의 개』. 교육과학사.

김석진. 1997. 『周易傳義大全譯解(상·하)』. 대유학당.

김정우 역. 1992. 『요가난다』. 정신세계사.

김종석 역주. 1999. 『心經講解』. 이문출판사.

김형효 외. 1997. 『퇴계의 사상과 그 현대적 의미』. 한국정신문화연구원.

까르마 C, C. 츠앙(Garma C.C.Chang). 1990. 이찬수 역. 『화엄철학』. 경서원.

라즈니쉬(Osho Rajneesh). 1995. 손민규 역. 『법구경』. 태일출판사.

라즈니쉬(Osho Rajneesh). 2000. 류시화 역. 『또 하나의 여인이 나를 낳으리라 (1-3)』. 정신세계사.

민족문화추진위. 1974. 『국역퇴계집』.

스즈끼 다이세츠(鈴木大拙). 1998. 서명석·김종구 역. 『가르침과 배움의 현상학 -선문답』. 경서원.

아라키 겐고(荒木見悟). 2000. 심경호 역. 『불교와 유교』. 예문서원.

오경웅(吳經熊). 1998. 류시화 역. 『선의 황금시대』. 경서원.

와츠(Alan Watts). 2001. 진우기·신진욱 역. 『자신이 누구인지를 아는 것을 막는 터부에 관한 책』. 부디스트웹닷컴.

제러미 리프킨. 2003. 이영호 역. 『노동의 종말』. 민음사.

우석훈 · 박금일. 2007. 『88민음 세대』.

장윤수 편저. 1992. 『정주철학원론』. 이론과실천.

정범모. 1965. 『교육과 교육학』. 교육과학사.

정재걸. 2001. 『만두모형의 교육관』. 교육신문사.

조연현 편. 2002. 『세계 어디에도 내 집이 있다』. 한겨레신문사.

중국철학연구회 편. 1991. 『동양의 인간이해』. 형설출판사.

틱낫한(Thich Nhat Hanh). 2002. 이현주 역. 『거기서 그것과 하나 되시게』(원제: 마음모음의 기적－명상을 위한 매뉴얼). 나무심는사람.

틱낫한, 달라이라마(Thich Nhat Hanh, Dalai-Lama) 외. 2002. 진우기 · 신진욱 역. 『이 세상은 나의 사랑이며 또한 나다』. 양문.

허창수 · 정용교. 2003. 『역사 속에서 바라본 노동개념의 변화』. 도서출판 영한.

헬레나 노르베리-호지(Helena Norberg-Hodge). 1996. 김종철 · 김태언 역. 『오래된 미래』. 녹색평론사.

홍승표. 2002. 「깨달음의 사회학을 위한 시론」. 『동양사회사상』 5.

Capra. F. 1988. 이성범 · 김용정 옮김. 「현대물리학과 동양사상」. 범양사.

Ryle, G., 1967. *The Concept of Mind.* New York : Routlege and Kegan Paul.

Thich Nhat Hanh. 1987. *Being Peace.* Parallax Press.

저자소개

홍원식은 고려대학교 철학과를 졸업하고 같은 학교 대학원에서 程朱 성리학에 대한 연구로 철학박사학위를 받았다. 현재 계명대학교 철학과 교수로 있으면서, 『오늘의 동양사상』 편집주간을 겸하고 있다. 『실학사상과 근대성』(공저), 『동양을 위하여 동양을 넘어서』(공저) 등의 저서와 「정주학의 거경 궁리설 연구」, 「애국계몽사상의 철학적 기반」, 「동아시아 생태담론에 대한 비판적 검토」 등 다수의 논문이 있다.

Email: wsh683@kmu.ac.kr

김중순은 독일 짜르부뤼켄대학에서 비교종교학으로 철학박사학위를 받았으며 현재 계명대학교 한국문화정보학과 교수로 있다. 영문으로 발행되는 한국학저널 Acta Koreana의 편집장과 Korean Studies Internet Discussion List의 모더레이터를 겸하고 있다. 『머무름과 흐름』, 『디지털은 즐겁다』등의 저서가 있다.

Email: tsk@kmu.ac.kr

박찬승은 현재 한양대 사학과 교수로 있으며 주요 저서에는 『한국 근대 정치 사상사연구』, 『민족주의의 시대』 등이 있다. 한국근대사상사와 한국근대사학사, 한국근현대사회사 등에 관심을 두고 논문을 쓰고 있다.

E-mail: pcshistory@hanyang.ac.kr

이윤갑은 서울대학교 국사학과를 졸업하고 동대학원에서 석사학위를 하였으며 연세대학교 사학과 대학원에서 박사학위를 받았다. 계명대학교 사학과 교수로 재직하고 있으며, 한국학연구원장, 친일반민족행위자재산조사위원회 위원을 맡고 있다. 주요 관심분야는 한국근대농업사와 민족운동사, 사회사상사이며, 『한국근대의 상업적 농업 연구』, 『일제 시대 사회성격론』, 『일제의 식민지 지배와 마을문화의 해체』 등 다수의 논저가 있다.

E-mail: ykl311@kmu.ac.kr

홍승표는 고려대학교 사회학과를 졸업하고, 미국 아이오아 주립대학교에서 사회학 박사학위를 받았으며, 현재 계명대학교 사회학과 부교수로 재직하고 있다. 주요 관심 분야는 동양 사상을 바탕으로 새로운 사회이론을 구성하는 것이다. 현재 과학 이후 새로운 학문의 패러다임을 구축하는 신학문(Beyond Science)의 저술에 전념하고 있다. 저서로는 『깨달음의 사회학』, 『동양 사상과 탈현대』, 『노인 혁명』 등이 있으며, 주요 논문으로는 「현대 사회학의 인간관 비판과 유가 인간관의 사회학적 함의」, 「동아시아 사회사상과 새로운 사회관의 모색」 등이 있다.
E-mail : sphong@kmu.ac.kr

이영찬은 경북대학교 사회학과를 졸업하고, 프랑스 프랑쉬-꽁때 대학에서 사회학 박사학위를 받았다. 현재 계명대학교 사회학과 교수로 재직 중이며, 주요 관심 분야는 유교사회학이다. 근래에는 유교의 사회사상을 사회학 이론화하는 작업에 노력을 기울이고 있다. 저서로 『유교사회학』, 『유교사회학의 패러다임과 사회이론』 등이 있다.
E-mail : lyc@kmu.ac.kr

강영희는 1960년생으로 서울대 동양사학과를 졸업하고, 서울대 국문학과 대학원과 동국대 연극영화과 대학원에서 석사학위를 받았다. 현재 한국학중앙연구원 문화종교계열 종교학 전공 박사과정에 재학 중이다. 저서로는 『나는 그렇게 생각하지 않는다』, 『우리는 자유로에서 다시 만났다』, 『금빛 기쁨의 기억-한국인의 미의식』 등이 있다.
E-mail : okindong@korea.com

저자소개

최재천은 서울대학교를 졸업하고 미국 펜실베이니아주립대학에서 생태학 석사와 하버드대학에서 박사 학위를 받았다. 하버드대학 전임강사와 미시건대학 조교수, 그리고 서울대학교 교수를 역임하고 현재는 이화여자대학교 에코과학부의 교수로 재직하고 있다. 인간을 비롯한 여러 동물들의 성과 사회성의 생태와 진화, 그리고 동물의 인지능력과 인간 두뇌의 진화에 대해 연구하고 있다. 영국 케임브리지대학 출판부에서 출간한 영문서적 두 권을 비롯하여 다수의 전문서적들과 『개미제국의 발견』, 『생명이 있는 것은 다 아름답다』, 『여성시대에는 남자도 화장을 한다』, 『대담』, 『지식의 통섭』 등의 교양과학서들과 『인간은 왜 병에 걸리는가』, 『인간은 왜 늙는가』, 『인간의 그늘에서』, 『음악은 왜 우리를 사로잡는가?』, 『통섭－지식의 대통합』 등의 역서들을 출간했다.

E-mail : jaechoe@ewha.ac.kr

정재걸은 서울대 교육학과를 졸업하고 동대학원에서 박사학위를 받았으며, 현재 대구교육대학교 교육학과 교수로 재직 중이다. 저서로는 『만두모형의 교육관』, 『교육사』 등이 있으며, 주요 논문으로는 「나는 누구인가? - 唯識 30송의 경우」, 「복기초復其初의 의미에 대한 일 고찰」, 「죽음교육에 대한 일 연구-화엄華嚴의 사사무애법계事事無碍法界를 중심으로」 등이 있다.

E-mail : jgjung@dnue.ac.kr

계명대학교 한국학연구 총서 22

인문정신의 회복과 한국학의 길 찾기

인쇄 | 2008년 7월 25일
발행 | 2008년 7월 31일
저　자 | 이윤갑 외
펴낸이 | 신일희
펴낸곳 | 계명대학교출판부
704-701 대구시 달서구 신당동 1000번지
전화 053-580-6233　팩스 053-583-5213
등록 | 1970. 9. 1. (신고번호 제347-1998-1호)

ISBN 978-89-7585-428-6 93000

값 15,000원